Vom Luxus *des Einfachen*

Impressum:

Bibliografische Information der Deutschen Nationalbibliothek
Die Deutsche Nationalbibliothek verzeichnet diese Publikation
in der Deutschen Nationalbibliografie; detaillierte bibliografische
Daten sind im Internet über http://dnb.d-nb.de abrufbar.

1. Auflage, 2010

Grafische Gestaltung: Andrés González Torrejón
Coverfoto: Copyright © StockFood/Ngoc Minh & Julian Wass
Illustrationen: Renate Habinger
Lektorat: Theresia Klugsberger

Druck und Bindung: Grasl Druck & Neue Medien, Bad Vöslau

ISBN 978-3-85033-397-9

Christian Brandstätter Verlag
GmbH & Co KG
A-1080 Wien, Wickenburggasse 26
Telefon (+43-1) 512 15 43-0
Telefax (+43-1) 512 15 43-231
E-Mail: info@cbv.at
www.cbv.at

Friederun Pleterski | Renate Habinger

Vom Luxus *des Einfachen*

Christian Brandstätter Verlag

inhalt

Das Einfache

Nachhaltigkeit

vorwort

Was ist dieser „Luxus den Einfachen"? Eine warme, leichte Jacke aus feinster Wolle, von der man sich nie trennen möchte, ein würziger Sommer auf einer einsamen Almhütte, ein zarter, frisch gefangener Fisch, den man auf den Grill legt, Zeit für ein Lied? Der Luxus des Einfachen ist eine Lebensart, die befreit. Sie befreit uns von Zwängen.

In unserer Wohlstandsgesellschaft frei zu leben, ohne gleich auszusteigen, ist gar nicht so einfach. Und doch funktioniert es in kleinen Schritten. Es beginnt mit einer Auszeit, mit bewusstem Konsumieren, genauem Beobachten, mit der Entdeckung der Natur und der Sorgfalt. Es beginnt mit Verzicht, der zum Gewinn führt.

Wer viel braucht, hat immer zu wenig. Wer wenig braucht, ist reich. Zum Luxus wird das Wenige, wenn es vom Besten ist.

In meiner Kinderzeit sangen wir einen Reim, der ging folgendermaßen: „Spannenlanger Hansel, nudeldicke Dirn, geh'n wir in den Garten, schütteln wir die Birn. Schüttelst du die großen, schüttle ich die klein', wenn der Sack dann voll ist, geh'n wir wieder heim."

So einfach ist das: Wir gehen heim, wenn der Sack voll ist, und machen Feierabend. Wir müssen den Sack ja nicht mit schlechten Birnen füllen. Wenn wir die Früchte nämlich nicht herunterschütteln, sondern sorgsam pflücken, wenn wir nur die reifsten und die wohlschmeckendsten in den Korb legen, dann haben wir wenig, aber das vom Besten. Nichts Neues, werden Sie sagen, ist ja klar: Qualität geht vor Quantität. So? Wirklich? Was tun denn die meisten von uns? Sie füllen immer größere Körbe mit immer mehr Birnen, bis sie die Körbe nicht mehr tragen können und bis sie vom Essen der vielen Birnen Bauchschmerzen bekommen.

Wie glücklich sind die, die nichts haben müssen! Sondern das tun, was ihnen Freude macht. Mein Großvater war so einer. Er liebte die Sonne, wenn sie schien, und den Regen, wenn es regnete, auch wenn es tagelang nicht aufhörte. Im Juni wanderte er auf die Alm, sammelte Arnika und Johanniskraut und kehrte bei einer Sennerin ein. Er trank saure Milch und aß dazu ein Butterbrot. Von dem ehrlichen Käse, den er ihr abkaufte, zehrte er lange. Transportiert hat er seine Schätze meist in Proviantdosen; eine habe ich von ihm geerbt. Eine federleichte, rechteckige Blechdose mit in den Deckel gestanzten Löchern, handlich, unverwüstlich.

Er besaß zwei Anzüge aus feinstem Loden, einen für den Sommer, einen für den Winter. Der Sommerloden war dünn und an den Ellbogen abgewetzt, der Winterloden kompakt und am Kragen speckig. „Ach", sagten dann die Leute, „der könnte sich doch was Besseres leisten."

Er brauchte keinen Luxus im herkömmlichen Sinn. Er nahm sich Zeit, liebte die Natur und pflegte seine Beziehungen. Er ging mit seinem Besitz sorgfältig um, beobachtete seine Umgebung sehr genau und dachte bei seinen Unternehmungen an die nächste Generation. Warf ich etwas achtlos auf den Boden, so fragte er nur, was wäre, wenn dies alle machten? Er öffnete mir die Tür zu den Freuden des einfachen Lebens.

Luxus war das einfache Leben zu seiner Zeit noch nicht. Noch lebten mehr Leute am Lande als in den Städten, noch waren die Zentren kleiner Städte bevölkert und Megastädte gab es auch noch nicht. Die Qual der Wahl beim Konsumieren beschränkte sich und lief man, statt zu gehen, kam die Frage: „Läuft Dir die Zeit davon?" Er hatte die größte Freude an der Natur, und diese Eigenschaft erbte ich nicht von ihm. Sie ist in jedem Menschen vorhanden, man lasse sie nur zu. Wer die Natur beobachtet, und sei sie nur im kleinen Balkongarten zu Gast, lernt, Zusammenhänge besser zu verstehen.

Friederun Pleterski

01

Im Paradies

01

Der Garten Eden

Wonach sehnen Sie sich? Nach Reichtum oder nach Glück? Es heißt, im Grunde wollen die Menschen nicht reich sein, nur ein wenig reicher als der Nachbar. Doch das hört man nicht so gerne. Man denkt, dass Glück von irgendwem oder irgendwo her kommt. „Das Glück ist ein Vogerl", so klingt es im Wiener Lied.

Der Mensch fordert von anderen, dass sie ihn glücklich machen, oder er erwartet sich Lottoglück. Auf die Idee, dass das Glück in ihm selbst liegt, kommt er selten. Vielleicht, so denkt er, könnte ihn eine Reise glücklich machen, an einen Ort, an dem das Glück daheim ist. Er wünscht sich weit weg auf Frühlingsinseln, weil es im Reiseprospekt und in seinem Kopf auf diesen wie im Paradies ist. Wie? Na, paradiesisch eben, mit blauem Meer, feinem weißem Sand und Schönwettergarantie.

Aber das Paradies hatte im Laufe der Geschichte viele Gesichter. Schon vor mehr als 3000 Jahren befuhren die Mittelmeervölker die Meere, aus Neugierde und um Handelswege zu erkunden. Sie kamen über das Rote Meer in den Indischen Ozean, an dessen Palmenstränden sie schließlich landeten. Nach ihrer Rückkehr nach Kleinasien und Griechenland erzählten sie mit leuchtenden Augen von der Schönheit und Üppigkeit, die sie gesehen hatten. Glücklich und sorglos sei das Leben auf den exotischen Inseln; dort wüchsen herrliche Früchte, und die Menschen würden uralt. Das und noch mehr behaupteten sie. Auf manchen Inseln lebe das Volk in Frauengemeinschaft, und das sei gar nicht übel. Man tausche untereinander die Kinder aus und habe geringe Bedürfnisse. Niemand müsse schwer arbeiten, weil jeder mit dem zufrieden sei, was er habe. Habsucht und Ehrgeiz seien unbekannt, denn es gebe keinen Besitz. Besitzlosigkeit, so folgerten daraus die Alten, bringe Glück und Frieden, und Besitz bringe Unglück. Vom Fluch des Habens und vom Segen des Seins sind seither Philosophen und Sozialisten überzeugt; Bauern und Kapitalisten behaupten, es sei umgekehrt.

Wie das Fernweh liegt die Sehnsucht nach Frieden und Glück tief in den Menschen. Shangri-La, Cocooning, Nirwana, Heimkommen, Fortgehen; jeder hat sein eigenes Rezept. „Glück und Frieden werdet ihr im Paradies finden", das

Nützliches und Schönes
gedeiht gemeinsam
im bunten überschaubaren
und umfriedeten Bereich.
Das kleine Glück
liegt in den Händen
der Gärtnerin.

versprechen Islam, Judentum und Christentum, die drei Weltreligionen, die aus der Wüste kommen. Hinduismus und Buddhismus, die Religionen, die aus dem Dschungel kommen, hingegen verbreiten eine andere Botschaft: „Frieden und Glück liegen in dir selbst."

Oder in der Liebe. Als Flower Power in den Köpfen und die Antibabypille in den Leibern wirkten, hieß es: Love, love, love. Die Nächstenliebe sollte die Welt retten; dabei war die Nächstenliebe aber nicht nur spirituell, sondern auch körperlich gemeint. „Make love not war." Eva wurde unabhängig. Eva wurde stark. Und sie machte sich ihren eigenen Reim auf das Paradies. Verständlich, waren doch die Weltreligionen von Männern erdacht worden; in diesen Religionen zogen die Frauen den Schwarzen Peter.

Eva ist von Natur aus Gärtnerin. Sie teilt nicht ein in Gut und Böse, in Himmel und Hölle. Eva breitet ihre Arme aus. Darum hat sie auch Freude an sozialen, an medizinischen, an kommunikativen Berufen. Und wenig Lust, einsam an irgendeiner Speerspitze zu stehen, es sei denn, sie hat ihre Liebsten zu verteidigen – oder sie kommt von der Insel der Amazonen. Was sie braucht, ist ein umfriedetes Areal, in dem Nützliches und Schönes gedeihen. Eva sät, Eva pflegt, Eva erntet, Eva bringt die Erde zum Blühen. Sie braucht ihr überschaubares kleines Reich. Diese Urform des weiblichen Glücks hat sie sich, bis in heutige Zeiten, in vielen Kulturen bewahrt, sei es in der Familie, im Büro oder am Bauernhof. Eva liebt die Vielfalt, die sie um einer harten Karriere willen nicht aufzugeben bereit ist. Auf dem Land bekommt diese Vielfalt Gestalt. Ein Bauer betritt selten den Garten der Bäuerin, es sei denn, sie fordert ihn dazu auf. Der Garten ist ihr Reich. Dorthin zieht sie sich zurück, dort ist sie zufrieden. Das kleine Glück entsteht und stirbt unter den Händen der Gärtnerin.

Aus Eden, Evas Garten, hat einst ein zürnender Vater seine Kinder vertrieben. Wie schade. Gottmutter hätte sich auf ein Schwätzchen dazugesellt. Wie im Paradies könnte das Leben sein, würden Adam und Eva gemeinsam ihren Garten bestellen, pflanzen, was ausreicht, und sich ihrer mühelosen Arbeit freuen. Dazu müssten sie sich bloß ein wenig selbst beschränken, sich mit den Früchten begnügen, die erreichbar sind, sich Zeit für das Schöne nehmen, neugierig auf die kleinen Wunder sein, doch niemals gierig nach dem fernen, dem unerreichbaren Glück.

„Bigger is better", steht in großen Lettern auf den Tafeln an US-Autobahnen. „Je größer, desto besser" steht für den gesamten Konsum. Für das Einkaufsparadies.

„Small is beautiful", hieß es in den Siebzigerjahren. Klein und fein, so sollte es sein. Wenn Sie es fühlen, dass es das kleine Glück ist, nach dem Sie sich sehnen, und nicht „Bigger is better", dann genieren Sie sich nicht! Geben Sie es nur zu. Sie sind auf dem richtigen Weg.

Nichts zu bedürfen ist den Göttern vorbehalten, wer aber wenig bedarf, ist ihnen nahe.

LUKIAN, 170 N. CHR.

Willkommen in Balkonien

Niemand wird ernsthaft behaupten, dass man sich von Obst und Gemüse, von einem selbst am Balkon oder auf einer Dachterrasse gezogen, ernähren kann. Und doch ist, was auf dem bisschen Beton in Töpfen und Kisten vor der Wohnung wächst, Nahrung: Nahrung für die Seele.

Eine Pflanze ist ein lebendiges Wesen, auf dessen Gedeihen man Einfluss nehmen kann. Früh am Morgen, bevor man in die Arbeit fährt, muss man dieses Wesen noch einmal gießen, wird mit ihm vielleicht ein paar Worte wechseln, sich am Abend freuen, wenn man an ihm riechen oder ein paar Früchte ernten kann. Wie, Worte wechseln geht nicht? Oh, doch. Pflanzen sprechen, Pflanzen sehen dich an, brauchen Achtsamkeit und Pflege. Fährt man für ein paar Tage weg, braucht man jemanden, der sich um die Pflanzen kümmert, auch, wenn automatische Bewässerung in Funktion ist. Man weiß ja nie. Und es ist gut so. Pflanzen auf Balkon und Terrasse fördern die Kommunikation, sind wichtig im Zusammenleben der Menschen, im sozialen Gefüge, was natürlich auch seine negativen Seiten haben kann, etwa auf den Balkonen am Land, wenn sie dazu dienen, den Nachbarn mit der Pracht seiner Pelargonien zu übertrumpfen. Wettbewerb führt zum Anschaffen von Statussymbolen, mit dem Luxus des Einfachen hat dies nichts zu tun. Dieser ist etwas für Ladies und Gentlemen, die schweigen und die Kunst beherrschen, im Verborgenen zu genießen.

In den Siebzigerjahren kam die Lust am Balkongarten auf. Balkone waren bis dahin fürs Auge, mit Blumen bepflanzt, an Nutzpflanzen dachten erst einige wenige: Künstler und erste Grüne. Sie wohnten in witzigen Mansarden, Wohnungen mit Innenhöfen oder in zugigen, schlecht isolierten Dachgeschossen. Für Gewürze, Gemüse und Obstsorten, die sich für den Anbau in Containern, Töpfen und alten Blechkanistern eignen, gab es einen kleinen, feinen Markt, auch Tauschmärkte gab es dafür. Kam man in eine ganz normale Gärtnerei und verlangte nach Thai-Basilikum, Oregano oder Zitronengras, wurde man ganz erstaunt angeschaut. Das hat sich in den dreißig Jahren, langsam aber stetig, geändert. Dachgeschoss-Wohnungen sind mittlerweile die teuersten Wohnungen in jeder Stadt, und in jeder Gärtnerei gibt es Angebot für Pflanzen, die auf Terrassen der Sonne und

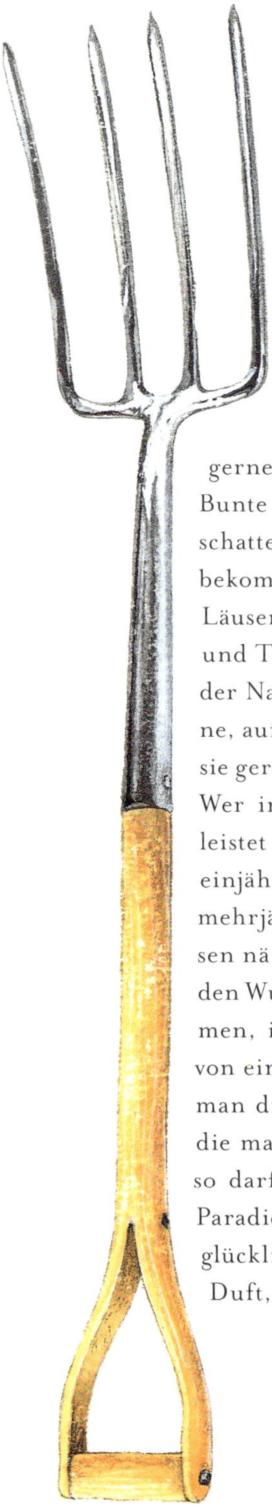

dem Wind ausgesetzt sind, wie auch für solche im schattigen Innenhof. Achten Sie auf die Angabe des Lichtbedarfs der Pflanze: Schnittlauch, Petersilie, Kerbelkraut und Koriandergrün mögen auch Schatten, Majoran, Oregano, Rosmarin, Salbei, Lavendel und Pfefferminze lieben die Sonne, Basilikum, Nudelminze, Verbenen und Zitronengras gedeihen gerne dazwischen. Beim Gemüse will das Bunte in die Sonne, das Grüne in den Halbschatten. Obst braucht Sonne, im Schatten bekommt es gerne ungebetenen Besuch von Läusen. Bei all den Lichtspielen im Balkon- und Terrassengarten ist es wie auch sonst in der Natur: Pflanzen mögen die Morgensonne, auf Sonne am späten Nachmittag können sie gerne verzichten.

Wer in Containern oder Töpfen gärtnert, leistet sich damit kein billiges Vergnügen: einjährige Pflanzen brauchen viel Wasser, mehrjährige brauchen viel Raum. Sie wachsen nämlich nach allen Richtungen, auch an den Wurzeln und müssen, damit sie den Rahmen, in dem sie gedeihen, nicht sprengen, von einer Fachkraft betreut werden. Rechnet man die sieben biedermeierlichen Pfirsiche, die man erntet, in Euro um, dann ... Nein, so darf man nicht rechnen. Balkonien, das Paradies in der Stadt, schafft Wohlbefinden, glückliche Momente, ein Lächeln, einen Duft, den man nicht in Geld messen kann.

Tipps

Kräuter konservieren

Wenn die Ernte von Gemüse auf der Terrasse nicht besonders üppig ausfällt, so verhält es sich mit Kräutern meist gegenteilig. Besonders jene, die ein warmes Klima lieben, wuchern geradezu. Deshalb sollte man sie für den Winter konservieren.

- *Kräuter sollten an trockenen Tagen, aber nicht in der Mittagshitze geerntet werden.*

- *Wenn man Kräuter in Salz einlegt, so rechnet man auf 100 g Kerbel, Oregano, Bärlauch, Schnittlauch usw. 30 g Salz. Man hackt die Kräuter fein, vermengt sie mit dem Salz und füllt sie in dunkle Gläser, die man dunkel lagert.*

- *Man kann auch Kräutersalz herstellen, indem man Blattkräuter fein hackt, mit Salz bestreut, mit breitem Wurf auf einem Backblech verstreut und an der Luft trocknen lässt. Man kann das Gemisch dann in einer Handmühle mahlen.*

- *Kräuter trocknet man im Schatten. Man streut sie auf ein Tuch, auf Papier oder hängt sie büschelweise auf. Sie sind dann trocken, wenn ihre Stiele leicht zerbrechen.*

• Kräuterpasten werden aus Kräutern, Öl und Salz hergestellt. Dabei muss Öl mit Salz gut verrührt werden, bevor man die Kräuter dazu gibt und alles in Gläser füllt, die man an einem dunklen Ort aufbewahrt, nachdem man zuvor noch eine Schicht Öl auf die Paste gegeben hat. Die Kräuter zerkleinert man am besten mit einem Wiegemesser. Besser nicht pürieren, da sie dabei Bitterstoffe frei geben. Mit dieser Paste kann man Suppen und Saucen würzen, aber Achtung: Damit sich der Geschmack entfalten kann, gibt man die Paste erst im letzten Augenblick, kurz vor dem Anrichten dazu. Es eignen sich vor allem Liebstöckel, Petersilie, Estragon, Kümmel, Kerbel, Thymian, Dill, Majoran, Bohnenkraut und Rosmarin.

• Aus vielen Gewürzen kann man wunderbare Tees zubereiten, zum Beispiel aus Majoran und Pfefferminze eine bewährte, beruhigende Einschlafmischung. Wunderbar und erfrischend schmeckt selbstgemachter Zitronen-Eistee aus Zitronenverbenen, Lemongras, Zitrone und Zucker. Verbenen gehören übrigens zu jenen Kräutern, die im getrockneten Zustand nicht an Geschmack verlieren.

• Die meisten Kräuter bewahren ihr Aroma durch Trocknen am besten.

Esst mehr Gemüse, der Umwelt zuliebe

Wir essen zu viel Fleisch. Das belastet unsere Gesundheit – Gicht, vor hundert Jahren noch die Krankheit der Reichen, hat längst schon den Mittelstand erreicht. Aber auch die Umwelt leidet am übermäßigen Fleischkonsum. Für eine Kalorie aus Rindfleisch werden etwa sieben bis zehn pflanzliche Kalorien an die Tiere verfüttert. Für einen „Burger" oder ein faschiertes Laibchen braucht man so viel Getreide wie für drei Laib Brot. Mehr als ein Drittel des weltweit angebauten Getreides wird an Tiere verfüttert. Das Getreide wächst aber nicht an dem Ort, an dem der Stall ist. Die meisten Tiere vegetieren in Fleischfabriken vor sich hin, in die das Futter quer über den Erdball transportiert wird.

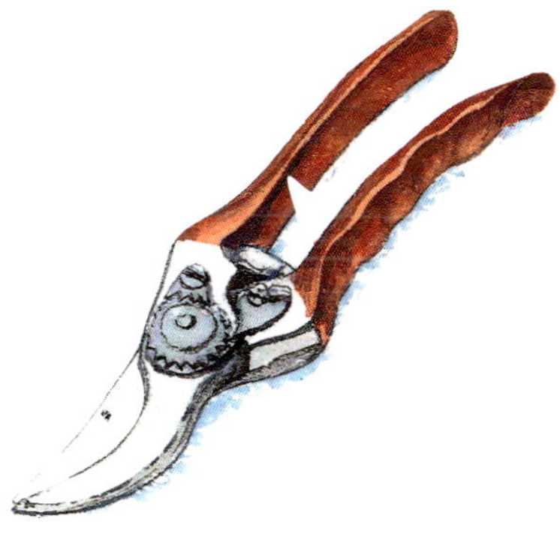

Auf gute Nachbarschaft

Der Mensch ist ein soziales Wesen, die Pflanze auch. Auch Pflanzen gedeihen besser, wenn ihnen ihr Wohnort gefällt und wenn sie nette Mitbewohner haben. Das klingt einfach und ist es auch, wenn man sich Zeit fürs Gärtnern nimmt, fürs Luxusgärtnern, das nichts mit dem Kaufen und Pflanzen einjähriger hybrider, sich nicht selbst vermehrender Pflanzen hat. Luxusgärtnern heißt, sich eine eigene, kleine Welt schaffen, auf die man entspannt und zufrieden blicken kann. Eine Welt, um die man sich kümmert.

Zum Gärtnerglück gehört das Verständnis vom Zusammenleben der Pflanzen und ihren Bedürfnissen. Da gibt es die einjährigen und die mehrjährigen, die Düngerfresser und die, die wenig Dünger brauchen, da gibt es die schnellen und die langsamen, die kleinen und großen, die Kräuter und Unkräuter und die vielen kleinen und größeren Tierchen, die uns Freude oder Kummer machen. Und dann gibt es die Gartenarbeit, die ohne Umstechen auskommt, es gibt den Komposthaufen und die Kräuterjauche zum Schützen und Düngen und die vielen Hilfsgeräte zum Jäten und Setzen, damit man auch ohne Bücken auskommt. Machen Sie, wenn Sie mit dem Gärtnern beginnen und noch kein alter Hase sind, nicht den Fehler und schaffen sich all die tollen Gerätschaften an. Das Wichtigste ist ein Stück Land, wenn möglich von der Morgensonne beschienen. Dann braucht man noch gute, lockere Erde und den festen Willen, sich durch etwaige Misserfolge nicht unterkriegen zu lassen. Ich lernte auch dazu, im Laufe der Zeit, zuerst lernte ich das Gärtnern in 1000 Meter Höhe auf einem Nordhang und danach das Gärtnern auf einer Adria-Insel, wo jeder Tropfen Wasser, der vom Himmel fällt, mehr wert ist als Gold. Ich lernte, dem Boden nichts abzuringen sondern in ihn zu pflanzen, was für ihn gut ist. Das erfordert jahrelange Beobachtung, die man sich aber zum Teil ersparen kann, wenn man sich in der traditionellen Gärtnerei der Gegend ein wenig umsieht. Die Alten wussten schon, was gut wächst und Ertrag bringt, da sie aus dem eigenen Garten leben mussten. Das müssen wir nicht, weil für uns Gärtnern Luxus ist, Luxus, der immer einfacher wird, je weiter wir fortgeschritten sind.

Pflanzen, die in der Natur am geeigneten Ort wachsen, sind nahezu unverwüstlich. Ein tolles Beispiel dafür sind die Oliven, und zwar jene, die seit Jahrhunderten an einem Ort zuhause sind. Auf der Insel, auf der ich mehrere Monate im Jahr lebe, gibt es nur alle paar Jahre so viel Olivenöl, dass man es auch verkaufen könnte. Die alten Bäume tragen nicht jedes Jahr Früchte, dafür gibt es einige, die 1000 Jahre alt sind. Wie das geht, erklärte mir mein Nachbar Frane, ein Philosoph, der so spricht, als wäre auch er so alt wie die Oliven. „Schon wieder kein Öl heuer", bedauerte ich. „Der Sommer war zu trocken", sagte Frane, „und weil der Olivenbaum überleben will, hat er die Früchte abgeworfen. Er braucht jeden Tropfen für sich." Der Sinn eines Olivenbaumes ist es nämlich, über die Runden zu kommen und sich selbst zu erhalten und nicht, uns Oliven zu schenken.

Den Ertrag im Obstgarten sollten wir weitgehend der Natur überlassen, sie gewährt den

Bäumen Ruhejahre. Im Gemüsegarten dürfen wir mehr Einfluss auf den Lauf der Dinge nehmen, ohne gleich zum Superdünger zu greifen. Wenn wir nämlich jene Pflanzen nebeneinander setzen, die gut zusammenpassen, werden sie gesund sein und schöne Erträge bringen. Und wenn wir den Beeten alle sieben Jahre ein Ruhejahr gönnen, werden sie uns dafür dankbar sein. Welche Dünger wir verwenden, hängt vom Boden ab. Wandern wir im Lauf der Jahre mit den Stickstoff produzierenden Pflanzen, den Erbsen und Bohnen, von Beet zu Beet, so können wir uns hier den Dünger sparen. Luchsen wir dem nahen Pferdegestüt, das unsere Enkelinnen lieber als die Schule besuchen, eine Kiste Mist ab! Oder sagen wir Danke, wenn uns des Nachbarn Schafe Mist machen. Wir können uns Einweghandschuhe anziehen und den Mist sammeln. Tut nicht weh und schafft gute Nachbarschaft! Aber wir können natürlich auch Kompost horten und Dünger kaufen, Bio-Dünger, etwas Hornmehl. Das reicht vollauf. Unser Garten soll ein Stück kultivierte Natur sein, in der sich auch die Tiere wohlfühlen. Schaffen wir Lebensraum für Singvögel durch beerentragende Hecken, Wohnraum für Igel durch Laubhügel, schützen wir Fledermäuse, Kröten, Regenwürmer, Marienkäfer und Schwebfliegen, damit uns Ameisen und Läuse nicht ärgern können. Und was tun gegen Wühlmäuse? Wir machen Lärm, dann hauen sie ab. Was gegen Schnecken? Die sammeln wir ein, da bleibt uns nichts anderes übrig. Ein bisschen grauslich darf auch das Luxusgärtnern sein.

Paradiesäpfel und andere Birnen

Kürzlich war ich zu einem noblen Abendessen in einem landesweit bekannten Haubenrestaurant eingeladen. Ich durfte mir aussuchen was ich wollte, und als wir beim Dessert angelangt waren, verlangte ich einen Apfel. Es war Ende September, ein September, in dem die Apfelbäume reichlich trugen. Der Kellner erfüllte meinen Wunsch und brachte einen Apfel, von der Sorte, die es auch im Supermarktregal gibt mit einem Plastikkübel gratis dazu. „Nein", sagte ich „ich hätte gerne einen Gravensteiner". Darauf bestand ich und verwirrte das ganze Personal. „Leider", sagte der Oberkellner, „den haben wir nicht". „Dann eben einen James Grieve". Ich hätte auch einen Himbeerapfel verlangen können oder eine rote Landbirne, diese Sorte halte ich für die beste. Keine einzige der alten Obstsorten wäre vorrätig gewesen, wohl aber zehn Nachspeisen vom Apfelsorbet bis zum Apfel im Schlafrock.

Nun, wer das Glück hat, alte Obstsorten in seinem Keller lagern zu dürfen, der wird auf jede Creme de la Creme verzichten. Ein Bekannter von mir hat so einen Keller. In ihm liegen auf luftigen Regalen dreißig verschiedene Apfelsorten, die von einem einzigen Baum stammen. Er veredelte auf diesem Baum dreißig verschiedene Sorten, die er zu verschiedenen Zeiten ernten kann. Jeder Ast trägt eine andere Sorte. Die frühen Äpfel verspeisen er und seine Frau früher, die späten halten sich bis nach Ostern. Werden die Äpfel schadhaft, dann werden sie ausgeschnitten und zu Kompott verkocht. Viele Äpfel gibt es nicht von einer Sorte, zehn bis zwanzig Stück.

„Raritäten sind eben rar", sagt mein Bekannter. Die Regale sind sorgfältig beschriftet, da manche Sorten einander äußerlich ähneln. Ein Thermometer im Keller zeigt die Lagertemperatur, ideal sind 12 bis 17 Grad.
Der Pensionist und seine Frau sind wohlhabend, sie könnten prassen nach Herzenslust. Aber sie schnippeln lieber in ihrem Garten herum. So einen Apfelbaum hat nicht so bald jemand und auch nicht die Freude daran, täglich zwei Äpfel zu essen, einen vor der Mittagsmahlzeit und einen danach. „Das hält jung", sagt mein Bekannter und strahlt.
Waren alte Sorten vor zwanzig Jahren bereits im Verschwinden, so sind sie seit einiger Zeit wieder am Markt, als Früchte am Bauernmarkt erhältlich, aber auch als Pflanzen, die man in einschlägigen Gärtnereien oder im Versand beziehen kann. Wie wär's mit einem ganz besonderen Apfelbaum im Vorgarten? Im Hof mit einer Schattenmorelle? Einer Himalaya-Marille in extremen Berglagen? Mit Mispeln als Hecke? Oder einer Laube aus duftenden, dunkelblauen Isabella-Trauben?
Wer leider keinen Garten hat, wo er sie pflegen kann, der könnte am Bauernmarkt den Wenigen, die alte Sorten verkaufen, Mut machen. Denn meist zeigen alte Sorten wenig Ertrag, kommerziell rentiert sich ihr Anbau nicht. Auch nicht der von alten Erdäpfel-Sorten, die es in einschlägigen Läden im Angebot gibt.

Tipps

Gemüse einfach & gut Tipps & Rezepte

Stangenbohnen

Ich mag Stangenbohnen, egal ob sie gelb oder grün, dick oder dünn, lang oder kurz sind. Hauptsache, sie haben keine Fäden. Dem Kochwasser gebe ich Salz und auf 500 g Bohnen einen Esslöffel Olivenöl bei. Ich koche die Bohnen ohne Deckel, die dünnen grünen bis sie knackig, die dicken gelben bis sie weich sind. Letzeren gebe ich drei Minuten, bevor ich sie vom Feuer nehme, frisches Bohnenkraut oder Majoran bei, das macht sie bekömmlich. Fett brauchen die Bohnen, gibt man dem Kochwasser Öl zu, keines mehr, sie rutschen auch so die Kehle hinunter. Will man sie als Speckbohnen essen, so schneidet man durchzogenen Speck in ca. ½ cm große Würfel, lässt diese in der Pfanne bei niedriger Hitze brutzeln, bis das Fett ausgelassen ist. Das schüttet man durch ein Sieb, über das ein Haushaltstuch gebreitet ist. So rinnt das Fett ab und übrig bleiben die knusprigen Grammeln, die man warm über die warmen Stangenbohnen gibt. Dazu gibt es gekochte Erdäpfel.

Gedünsteter Chicoree

Chicorée kann man zuhause in einem Blumentopf ziehen. Er wird roh als Salat gegessen, aber auch gedünstet. Man streicht eine feuerfeste Schüssel mit Butter aus und legt sie mit dünnen Speckscheiben aus, darauf setzt man die Blätter. Man gießt noch etwas zerlassene Butter darüber, bestreut mit geriebener Zitronenschale, begießt mit dem Saft einer halben Orange und einer halben Zitrone, salzt, pfeffert und gart alles im Backofen. Da ich ihn selber im Garten ziehe, verwende ich statt Chicorée auch Radicchio di Treviso.

Korianderschalotten

Sie schmecken wunderbar zur südlichen Sommerjause. Man braucht dafür Schalotten, die man schält und nebeneinander in eine Kasserolle schlichtet, in der der Boden 50 cm hoch mit Olivenöl bedeckt ist. Man würzt mit Salz und Korianderkörnern, gießt mit Weißwein auf und lässt die Schalotten darin sehr langsam – ohne Deckel – dünsten. Dabei saugt sich der Weißwein in die Frucht, das Öl dickt den Saft ein und der in den Schalotten von Natur aus enthaltene Zucker bewirkt, dass sie sich mit einer dünnen Schicht Karamell überziehen. Dazu gibt es Weißbrot. Eine Köstlichkeit!

Erbsen

Haben Sie schon einmal handverlesene Erbsen gegessen? Dazu Reis mit Käse darauf. Mit Salat?

Die Erbsen werden geerntet, wenn sie reif, aber nicht überreif sind. Man zieht von der Hülse den Faden ab, knackt die Schalen ein und wirft sie nicht weg. Wenn man mit den (gewaschenen) Schalen einen Fond kocht und diesen zum Aufgießen der Erbsen verwendet, schmecken sie etwas intensiver. Die ausgelösten Erbsen sind verschieden groß, das macht einen Teil des Genusses aus. Denn der Tastsinn isst mit! Wenn alles gleichmäßig geformt ist, was in den Mund kommt, wird das Essen langweilig, man schlingt es zu rasch hinunter. Sind die Bestandteile aber verschieden in Form und Konsistenz, wird Essen auch für Zunge und Gaumen interessant. Bedeckt mit dem Sud, leicht gesalzen und gezuckert werden die Erbsen nun mit einem Stück Sommerbutter gedünstet. Kurz vor dem Auftragen gibt man feingehackte Petersilie dazu und lässt sie eine Minute mitdünsten. In der Zwischenzeit ist der Reis im Reiskocher weich geworden. Geben Sie geriebenen Käse darauf und die Erbsen dazu, das kann als Hauptgericht oder als Beilage zu Steaks, faschiertem Braten (Hackbraten), Fisch, Huhn serviert werden.

Safrankarotten

Nichts schmeckt besser als frisch Geerntetes. Karotten zum Beispiel, frisch aus der Gartenerde. Sie werden nur mit einer Bürste gereinigt und gewaschen. Schneiden Sie die Möhren längs durch, das geht schnell. Dünsten Sie sie mit ein paar Fäden Safran und etwas zerstoßenem Koriander. Salz nach Bedarf, nach Geschmack eine Prise Zucker. Ein nussgroßes Stück Butter vor dem Anrichten darf nicht fehlen.

Spinat

Frischer Spinat will sofort zubereitet werden, er braucht nämlich, wenn er lagert, viel zu viel Platz. Er ist meist nicht schmutzig und schnell geputzt. Sie waschen ihn gut und geben ihn ohne zusätzliches Wasser in den Topf. Es genügt, wenn er vom Waschen nass ist. Dann dünstet er gerade auf die richtige Konsistenz ein, so dass der Geschmack bleibt und nicht vom Wasser aufgenommen wird.

Minestrone

Damit die Gemüsesuppe italienisch wird, sollte man sie nicht wie im Norden einmachen oder mit Rahm eindicken. Aber man sollte immer eine Kartoffel und eine Tomate mitkochen, eventuell vor dem Auftragen Tomatenmark hinzugeben. Mitgekocht wird auch eine Parmesan-Rinde.

Gemüsecremesuppe auf französische Art

Der Titel klingt kompliziert, die Creme ist aber nichts anderes als das übriggebliebene Gemüse vom Vortag oder Mittagessen in pürierter Form. So kommt in französischen Familien meist am Abend ein Teller Suppe auf den Tisch.

Die gute alte Zeit

„Nostalgie" nennt sich das romantische Reisen im Kopf in eine vergangene Zeit, in die „gute alte Zeit". Die gab es schon in der Antike, in der die weit zurückliegenden Zeiten das „Goldene Zeitalter" genannt wurden. Und so soll nach Auffassung der antiken Träumer das Leben im Goldenen Zeitalter gewesen sein: Man lebte im Frieden und ohne Anstrengung. Die Wiesen waren grün, voll würziger Gräser, an den Bäumen hingen reife, wohlschmeckende Früchte, Quellen sprudelten aus dem Boden, und über allem wehte ein leichter Sommerwind, der die Hitze erträglich machte. Leider währte diese schöne, friedliche Zeit nicht lange: Die Menschen wurden besitzgierig und zogen in den Krieg. Eine neue Zeit brach an.

Auf das Goldene folgte das Silberne Zeitalter und das Zeitalter der Heroen. Jetzt bekamen die Türen Schlösser, Mauern wurden um die Höfe errichtet, der Jagdtrieb wurde stärker, man begann sich zu streiten und zu kämpfen. Das Leben wurde mühsam. In dieser Zeit spielen die griechischen Heldensagen mit ihren tapferen Frauen und wackeren Männern, Göttern und Halbgöttern. In den Epen Homers, der „Ilias" und der „Odyssee", gibt es Zweikampf, Heldentum, Krieg und Abenteuerlust. Es gibt aber auch schon den Adel, der vorwiegend aus Rabauken besteht, und es gibt die erste zarte Andeutung einer kultivierten, feinsinnigeren Lebensart. Ja, und die Liebe italischer Prägung, die gibt es auch. Wohin immer auch Odysseus fährt, in wie vielen Armen er auch liegt, am Ende wird er im sicheren Hafen des Ehebetts landen.

Die Reichen werden oft als grausame Schlitzohren geschildert, doch die armen Leute kommen bei Homer gut weg. Sie sind herzlich und anständig. So mancher Held kann von ihnen etwas lernen, wie von Eumaios, dem treuen Sauhirten: Er nimmt Odysseus, der von Athene in einen Bettler verwandelt wurde, bei sich auf, er lädt ihn zu einer kräftigen Mahlzeit ein und lässt ihn auf dem mit Streu bedeckten Boden in seiner Hütte schlafen, auf den er ein Ziegenfell gelegt hat. Damit bringt Homer auch auf den Punkt, worin das Wesen des einfachen Lebens besteht: in einem guten Bett, spontaner Gastfreundschaft und einer kräftigen Mahlzeit.
Heinz Goll, in die Berge Kolumbiens ausgewanderter österreichischer Maler und Bildhauer, schreibt in seinen Empfehlungen „del buen vivir" (wie man gut lebt): „Ein gutes, befriedigendes Leben heißt, dass man eine kräftige, gesunde Kost isst, ungespritzten Salat, ein Steak ohne Hormone, Gemüse, auf dem kein Ablaufdatum steht, dass man ehrlichen Wein trinkt, ein Glas reifen Whisky, dass man einen geschützten Platz inmitten von Wiesen und Bäumen zum Schlafen findet, dass man spürt, wie die Liebe reift, die Liebe zu einem Menschen und zur Natur."
Die Natur wartete lange auf ihre Entdeckung durch die Dichter. Als erster bezeichnete Homer einen Platz mit Bäumen, einen Hain, eine Lichtung mit einer Quelle und einem Bächlein als „schön". Doch mit zunehmender Zivilisation nahm auch die Bewunderung der Naturschönheiten zu: Die Quellen sprudeln, der Windhauch ist sanft, Tautropfen glitzern wie Edelsteine auf Lorbeerblättern. Dazwischen spielen die Hirten Flöte und flechten sich Lorbeerkränze.
Die Schäferidylle entsteht. „Dabei sollten die Hirten doch die Schafe hüten", sagte auf diese Schilderung ein einfacher Mensch vom Land. Es kommt eben immer darauf an, aus welchem Blickwinkel man die Welt betrachtet. Ein Bauer zum Beispiel würde niemals im Wald spazieren gehen und Blumen pflücken. Wenn man ihn im Wald trifft, dann hat er dort etwas zu tun: jagen, Brennholz machen, Bauholz ausformen, Forstpflanzen setzen, Forstwege säubern. Seine Frau sucht Pilze, aber nicht zum eigenen Vergnügen, sondern um sie zu verkaufen. Einen Menschen, der den Wald besingt und schön findet, lacht er (heimlich) aus. Einen Naturschützer der ihm weismachen will, Frösche und Farne gehörten geschützt, hält er für einen Verrückten, für einen Besitzstörer und Eindringling.
Erst in allerletzter Zeit zeigen sich auch die Bauern den Naturromantikern gegenüber verständnisvoll, vor allem dann, wenn es für die entgangene Nutzung feuchter Wiesen Entschädigungszahlungen von der Regierung gibt. Die wachsende Zahl von Bio-Bauern lässt hoffen, auch, weil es eine wachsende Zahl von umweltbewussten Konsumenten gibt, die gerne ein wenig tiefer in die Tasche greifen.

Freunde der Natur kaufen Obst, Gemüse, Brot, Milchprodukte, Hühner, Eier und Forellen „bio", wenn möglich am Wochenmarkt oder beim Produzenten persönlich, der die Produkte gerne auch „im Kistl" nachhause bringt. Das kostet zwar ein wenig mehr, aber es gibt dafür auch mehr Qualität und weniger Verpackung!
Naturnahe Landwirtschaft schont die Landschaft, industrielle Landwirtschaft tut dies nicht. Nutztiere und Nutzpflanzen werden heute in Fleischfabriken gemästet und auf Plantagen gezogen, denn die Weltbevölkerung wächst, und mit ihr wachsen die Städte und der Nahrungsbedarf. Bereits über die Hälfte der Weltbevölkerung lebt in Millionenstädten, Megastädte mit über zehn Millionen Einwohnern wachsen ins Uferlose.
Um die gute alte Zeit in der Landschaft zu bewahren, gibt es neben nachhaltigem Landbau Naturschutzgebiete und Nationalparks. So sind unsere Paradiese heute nicht die Inseln mit dem kultivierten Palmenstrand, sondern wilde Landschaften, Quellgebiete, Wälder, Moore, Sümpfe und Schluchten, die letzten Reservate nahezu unberührter Natur.

Fernweh

Reisen erweitert den Horizont. Wenn sich die Menschheit nie vom Fleck bewegt hätte, säßen wir heute noch in Höhlen fest. Die Reise steht am Beginn der Kultur, die ein fortwährender Austausch ist. Auch die Vorstellung davon, was Glück ist und sein könnte, hängt mit dem Reisen zusammen. Wobei es schon in der Antike die Unrast gab, das Fernweh der Unzufriedenen, die ihr Glück immer woanders suchen. Horaz hat sich darüber seine Gedanken gemacht. Er fragt – und gibt zugleich die Antwort: „Brief an einen Reisenden, der schon vieles gesehen hat, des Reisens und des Lebens satt ist und einen Ort sucht, an dem er wohl leben kann":

Wer, wenn er aus Capua zu Fuß nach Rom geht
und, gebadet in Regen und Koth, einkehrt in die Herberg,
Wollt' in der Herberg bleiben? Und wer, wenn Bäder und Öfen gegen
Erkältung ihm wohltaten, preist schon,
dass nur Öfen und Bad ein glückliches Leben gewähren?
Wenn dich der mächtige Südwind auf Wogen umherwarf,
wirst du im Hafen dein Schiff verkaufen?
Ach, Rhodos und Samos, Lesbos, Chios!
Freund, solange das Glück mit günstigen Blicken uns ansieht,
leben zu Rom wir Samos, Rhodos, Chios von weitem.
Die Stunde, die das Glück dir schenkt,
nimm sie dankend und schieb ihre Süße nicht auf
Dass, wo immer du lebst,
du gerne gelebt zu haben sagen könntest.
So ändern, die über das Meer hinlaufen, das Klima zwar,
doch nicht ihr Gemüt.
Wie fleißig sind wir im Nichtstun!
Suchen zu Schiff und Wagen das Wohlsein.
Wo du bist, ist das Wohlsein,
wenn's dir im Innern nur recht ist.

Ihr Bild vom glücklichen Leben bastelten sich die Alten in der Verwertung und Überlieferung von Reiseberichten zusammen. Ob „per pedes" – zu Fuß, hoch zu Ross oder Elefant: schon vor 2000 Jahren kamen Wagemutige weit herum in der Welt. Zum Beispiel begab man sich in den europäischen Norden. Der Römer Strabon berichtet um 200 v. Chr. von den Briten: „Ihre Lebensgewohnheiten sind teils ähnlich denen der Kelten, teils noch primitiver und barbarischer, so dass einige von ihnen, obwohl sie viel Milch haben, keinen Käse herstellen, weil sie die Kenntnisse dazu nicht besitzen: so dass sie ferner auch Gartenbau und andere Formen der Landwirtschaft nicht kennen."

Die Lebensführung der „anderen" bewertete man also ähnlich wie heute: einerseits fand man sie rückständig, andererseits sah man darin auch Positives. Das einfache Leben härtet die Menschen ab, erhält gesund und verleiht Kraft. Das war, vom Standpunkt der wohllebenden Römer aus gesehen, bewundernswert. Polybios schreibt anerkennend über die Ligurer: „Sie müssen mit dem unfruchtbaren Boden ringen, die Frauen arbeiten wie die Männer, Jagd hält ihre Körper straff und sehnig, das Land bietet seinen Bewohnern wenig, sie nächtigen in einfachen Hütten." Früher seien auch die Römer so anspruchslos und tüchtig gewesen, bemerkt er; schade, dass es vorbei sei. Wie die Römer „früher" waren, wissen wir wiederum aus einem griechischen Reisebericht: „... sie bewahren ihre von den Vätern überkommenen Einrichtungen und nehmen von den anderen überwundenen Völkern nur an, was ihnen vorteilhaft ist. Sie leben bescheiden und kultiviert, sie betreiben Landbau, sind fromm und gerecht, bewahren ihre Kulte, kleiden sich schlicht und essen gerne Früchte, wie Birnen und Nüsse."

Viele Eigenheiten der alten Völker haben sich bis heute erhalten oder haben sich, im Rahmen des Kulturaustausches, weltweit verbreitet, wie zum Beispiel die Grillparty. Sie wurde von den Galliern erfunden. Aus einem römischen Reisebericht: „Sie braten, was sie jagen, am Spieß, dazu trinken sie Weizenbier, gesüßt mit Honig, die Wohlhabenden trinken auch importierten Wein. Sie raufen gerne. Während des Essens springen sie auf, ballen die Fäuste und liefern sich einen Scheinkampf, der auch ausarten kann. Sobald einer dabei verletzt wird, wird Ernst gemacht. Solche Kämpfe von Mann zu Mann können tödlich enden, wenn sich die Umstehenden nicht dazwischen werfen. Sie essen sitzend auf Hundsfellen, die Herdstellen sind mit Glut gefüllt, und die Tüchtigsten bekommen die größten Fleischstücke. Sie tragen kurze Mäntel, enge Beinkleider und Jacken. Sie lassen das Haar lang wachsen und trinken viel Milch. Zum Kochen verwenden sie kein Öl, sondern Butter."

Tacitus berichtet Ähnliches über die Germanen, die in seinen Augen noch primitiver als die Kelten sind: „Sie sind durch und durch einfach. Schmucklos im Äußeren, einfach im Denken. Sie ernähren sich von wilden Früchten, von Topfen (geronnener Milch) und von Wildpret, frischerlegt. Das konservieren sie nicht, sondern essen, soviel sie können, auf einmal auf. Sie bauen klobige Hütten und tragen Felle. Und sie haben ein einziges Laster: die Trunksucht."

Asketen

Reiselust ist Temperamentsache. Es gibt Menschen und Völker, denen liegt das Reisen im Blut; andere bleiben in ihrer Heimat verwurzelt. Manch einer findet nach langer Wanderschaft seinen idealen Ort. Und dann gibt es noch die Einsiedler. Früher zogen sie sich in die Wüste oder in die Berge zurück, wo sie in einem Loch oder auf einem Baum hockten und versuchten, Nahrung durch geistige Nahrung oder durch Meditation zu ersetzen. Es gibt aber auch Einsiedler, die mitten unter uns leben, die Asketen. Sie kasteien sich bei allem, was sinnlich und verführerisch ist.

Als einer der ersten Europäer hat sie vor 2400 Jahren Alexander der Große kennengelernt, der mit seinem Heer bis Indien kam. Er traf dort auf eine besondere Art dieser Zunft, auf die Fakire. An der Indusmündung schickte Alexander Onesikritos, seinen „Presseagenten", aus, um einen indischen Weisen zu interviewen. Das erste was Onesikritos auffiel, war, dass dieser nackt war. Er lachte den Griechen aus, weil er mit Hut, Mantel und Stiefeln bekleidet war. Wolle er mit ihm reden, ließ ihm der Weise mitteilen, so solle er sich ebenfalls nackt ausziehen und sich neben ihn auf denselben Steinhaufen setzen. Onesikritos folgte ihm offenbar, denn sie kamen miteinander ins Gespräch. Der Weise sagte: „Am besten lebt, wer nichts braucht, weil er nichts hat, das er erhalten muss. Um diese Entbehrungen auszuhalten, muss man seinen Körper abhärten. Man muss ein Fakir werden." Onesikritos traf die Fakire aus der Kaste der Brahmanen in den verschiedensten Haltungen an: Sie standen auf einem Bein oder saßen in verrenkten Positionen regungslos mitten auf dem Marktplatz. „Das Erstaunliche ist", schrieb er, ist, „dass sie sich so kasteien, da die Natur hier Überfluss bietet. So nehmen sie eine gewaltsame Entbehrung aus freien Stücken auf sich, ohne dass sie jemand dazu zwingt." Dass der, der nichts hat und in karger Umgebung lebt, Enthaltsamkeit üben muss, um zu überleben, war den alten Mittelmeervölkern geläufig, doch die Selbstkasteiung mitten im Überfluss war ihnen neu.

Neben den Fakiren fand Alexander im alten Indien noch andere Verweigerer, zum Beispiel die Schamanen. Sie waren damals eher Vagabunden als Weise, sie zogen herum, bettelten und dankten dafür mit einem guten Rat.

„Die Menschen in Indien", so berichtete Alexanders „Journalistentross", „sind anspruchslos bezüglich Nahrung und Unterkunft, aber anspruchsvoll, was ihre Dekoration betrifft. Sie schminken sich auffallend, färben sich das Haar, tragen blumenbestickte Gewänder und Sonnenschirme, Gold und Silberschmuck. Die meisten essen kein Fleisch und sind Vegetarier, sie leben sehr enthaltsam, ohne Wein und auch ohne Liebesgenuss." Klingt nicht verlockend, so ein asketisches Leben. Man probiert es ein paar Tage aus, leistet sich den Luxus einer Fastenkur im Kloster, mit Sauna, Schwimmbad und viel Natur. Es tut gut, einmal ganz ohne zu leben, doch selten hält man es auf Dauer aus.

Anders reisen

Vor Jahren traf ich, unterwegs durch das ländliche China, das es jenseits der Metropolen noch gibt, ein junges Paar, auf Rädern unterwegs. Sie waren ungefähr Mitte Dreißig, kamen aus Australien und hatten alles, was der Mensch braucht, in zwei Taschen am Fahrrad untergebracht. So reisten sie aus eigenem Antrieb durch die ganze Welt. Sie übernachteten im Zelt oder Privat, wollten Länder und Leute auf diese Weise kennenlernen. Sie hatten gespart und ihre Wohnung in Melbourne aufgegeben. Kamen sie in zivilisierte Gegenden, machten sie für ein paar Wochen Rast, um in der Gastronomie Geld zu verdienen. Sie strotzten vor Gesundheit und Kraft. Sie hatten keine besonderen Pläne, sie reisten und kamen einfach an.

Eine andere Rucksack-Reisende, auf die ich im Zug traf, war über Sibirien nach China gekommen, sie wollte nach Kambodscha, im nächsten Jahr nach Südafrika und dann nach Brasilien. Kaum stieg sie in einer Jugendherberge ab, setzte sie sich in den Internet-Raum vor den Bildschirm, um die nächste Fahrt zu planen. Sie war mit den Gedanken nie an dem Ort, an dem sich ihr Körper befand. Wir plauderten darüber. Sie erklärte mir, dass die meisten jungen Australier die Welt wie Süchtige bereisen, weil es in ihren überversicherten idyllischen Speckgürtelsiedlungen unendlich langweilig sei. So hegten sie die Hoffnung, auf ihren Reisen endlich etwas zu erleben.

Es gibt Reisende, die suchen, und Reisende, die finden. Wer etwas Bestimmtes sucht, hat meist eine vorgefertigte Meinung. Er liest Bücher über die Gegend, bevor er dorthin reist. Er studiert Prospekte, bevor er die Reise bucht. Und wenn er an seinem Reiseziel angekommen ist, weiß er schon mehr als der, der seit Jahrzehnten dort lebt. Er weiß, wer welchen Palast erbaut hat und warum, er kennt die Gassen, die man sehen muss, für die anderen bleibt ihm keine Zeit. Vor lauter angelesenem Wissen erlebt er den Ort nicht mehr. Es sei denn, er hat das Glück, dass ihm etwas Unvorhergesehenes dazwischenkommt. Wenn ihn etwa ein Weisheitszahn plagt und er auf irgendeiner touristischen Insel der Seligen einen heimischen Arzt aufsuchen muss: dann wird er sich an ein solches Abenteuer ein Leben lang erinnern.

Es gibt Reisende, die möchten an einen Ort gelangen, an dem es genauso aussieht wie daheim in den eigenen vier Wänden, wo es aber wärmer ist und man sich bedienen lassen kann. Sie kennen ihr kleines Paradies schon, bevor sie es gefunden haben. Für diese Reisenden wurden all die Hotels und Feriendörfer an den schönsten Stränden der Welt gebaut. Die Appartements sehen dort aus wie daheim, nur haben sie statt einer Zentralheizung eine Klimaanlage, die noch mehr Strom braucht. Alles bleibt wie gehabt, nur die Aussicht ist anders. Alles ist bestätigbar, kalkulierbar und vorhersehbar. Wer auf diese Art durchs vertraute Leben reist, kann sich dabei durchaus gut erholen, für das bereiste Land, Leute und Kultur wäre es besser, er bliebe daheim.

Reisende, die sich eine ungewöhnliche Gegend aussuchen, um sich überraschen zu lassen, sind Entdecker. Einmal kam ich auf diese Weise nach New Mexico. Ich wollte dem Rheuma und dem europäischen Winter entfliehen und besuchte eine Freundin in Arizona, in einem Aussteiger-Ort, an dem sich alles versammelt, was zwar in Amerika lebt, aber nicht amerikanisch ist. Am Wochenende spielen die alten Boys auf, Blues und Rock, Soul und Samba, alles ganz authentisch. Das ist Balsam für die Seele, aber Gift für die Knochen, wenn man nicht mehr dreiundzwanzig ist. So ergab es sich, dass ich meinen lädierten Wirbeln etwas Gutes tun wollte, ja musste, denn am Sonntagmorgen nach dem Saturday Night Fever war ich ganz steif im Kreuz. Ein alter Hippie gab mir einen Tipp: „Faywood Springs".

Stundenlang fuhr ich mit einem Mietwagen auf einer schnurgeraden Straße mitten durch die Wüste. Rechts nichts und links nichts, im Hintergrund Berge. Ein endloses, von Dornen bewachsenes Hochplateau. Dann bog ich ab und fuhr auf einer Sandstraße weiter. Wäre es nicht New Mexico gewesen, es hätte auch die Sahara oder die Wüste Gobi sein können. Plötzlich erhob sich in der Ferne vor meinen Augen eine Art Vulkan, klein, aber mit der charakteristischen Form. Noch eine Abzweigung, daran ein verstaubtes Schild: „Faywood Springs, geöffnet von 8 bis 20 Uhr". Sanddünen. Eine Farm am Fuße des Felsenkegels. Ein unfreundlicher Farmer mit einer Knarre im Halfter. Ein kleiner Sec. Bäume. Enten schwammen darin, mit buntem Gefieder. Kakteen säumten den Weg. Ein Wassertank. Der Weg schlängelte sich den Hügel hinauf bis zu einem Bretterverschlag. Auf Tafeln wurde vor Klapperschlangen gewarnt. Dann zwei Schilder. Das eine wies in die Richtung für jene, die bekleidet bleiben wollten, das andere in die für die Nacktbader. Hinter dem Bretterverschlag lagen in den Fels gehauene, mit Lehm ausgekleidete, wunderschön geformte Badebecken mit kleinen Wasserfällen. Liegestühle aus Holz standen herum, Kolibris saßen im blühenden Gesträuch. Ein paar Leutchen waren da, bei den heißen Quellen, mitten in der Wüste von New Mexico, Kurgäste der besonderen Art. Unvergessen bleiben meine Nächte am Pool.

Ich mietete einen Wohnwagen aus den Fünfzigerjahren; ein paar dieser Sorte stehen als „Hotel" am Fuße des Berges in einem Kakteengarten herum. Abends zog ich einen Trainingsanzug an und borgte mir ein Frotteetuch aus. Ich bekam einen privaten „Pool" zugewiesen, „Blue Moon" stand darauf. Es war stockfinster. Ich legte mich in reines, heißes Wasser und setzte mir eine Wollmütze auf. Die Nacht war kalt in den Wüstenbergen. Ich war umgeben von wohltuender, heilsamer Wärme. Über mir der Himmel, weit und sternenklar. Der Himmel über New Mexico.

Nach zwei Tagen bei den heißen Quellen war ich vom ziehenden Schmerz geheilt, bereit, mich ein zweites Mal durch Tanzlokale zu bewegen, die noch nie ein organisierter Massentourist aus Europa gesehen hat.

Überall auf der Welt kann man Paradiese finden, die man sich zuvor nie erträumt hat. Manchmal sehen sie wirklich wie karibische Inseln aus, ein anderes Mal wieder findet man sie mitten in der Wüste in einem heißen Bad. Gekostet hat mich dieser Aufenthalt, der viel luxuriöser als jeder Aufenthalt in einem Luxushotel war, fast nichts. Zehn Dollar die Nacht und einen Dollar fürs Handtuch.

Vom Sabbat zum Sabbatical

Im Englischen heißt die Auszeit oder das Freijahr „Sabbatical". Das Wort kommt aus dem Hebräischen – der Sabbat, der heilige Samstag der Juden, ist der Tag, an dem man ruht. An ihm geht man keiner Arbeit nach. Alle sieben Jahre hält man das Sabbat-Jahr ein, ein Jahr, in dem man inne hält, zurückblickt und Kassasturz macht. In diesem Jahr erlässt man auch Schulden. Das „verflixte siebente Ehejahr" hat auch etwas mit dem Sabbat zu tun.

Nach sieben mal sieben Sabbat-Jahren ist man – nunmehr in seinem fünfzigsten Lebensjahr – am Höhepunkt seines Schaffens angelangt und überdenkt, was bisher geschah. Die Juden nennen es das „heilige Jahr", das „Jubeljahr".

Sich ein Freijahr zu gönnen wird zunehmend modern. „Das kann doch nicht alles gewesen sein", denken Sie sich und rüsten zum Aufbruch, bereisen ferne Länder, stopfen zwanzig Metropolen in zwanzig Wochen in sich hinein oder besteigen den Mount Everest, zumindest bis zum zweiten Basislager. Sie vergessen dabei, dass Sabbat Ruhe und Besinnlichkeit ist, Zeit der Einkehr, Zeit für einen Besuch bei sich. Dazu brauchen Sie aber kein Selbstfindungsseminar. Sie brauchen keinen Guru, der Ihnen sagt, wo es lang geht! Ich könnte Ihnen für Ihr Sabbatical etwas anderes als einen Meditations-Schnellkurs in einem asiatischen Kloster empfehlen. Ich rate Ihnen: Werden Sie faul! Hören Sie endlich damit auf, auch in der Freizeit fleißig zu sein. Werden Sie zum Müßiggänger. Bedenken Sie, dass Müßiggang auch in unseren Breitengraden einst das Privileg der feinen Leute war, so lange, bis wir im Westen daran zu glauben begannen, dass man durch unermüdliches Arbeiten und Fleiß in den Himmel kommt, in den Himmel hoch droben oder in den auf Erden. 1799 formulierte Friedrich Schlegel, was er von übermäßigem Arbeitseifer hielt: „Der Fleiß und der Nutzen sind die Todesengel mit dem feurigen Schwert, welche dem Menschen die Rückkehr ins Paradies verwehren [...] und unter allen Himmelsstrichen ist es das Recht des Müßigganges, was Vornehme und Gemeine unterscheidet".

Es gibt aber noch Gegenden auf der Welt, in die dieser vom Protestantismus herrührende Glaube noch nicht hingekommen ist. In so eine Gegend sollten Sie sich im Sabbatical zurückziehen. Auf eine Alm, ans Meer, auf eine Insel, egal ob diese im Mittelmeer oder im Pazifik liegt. Versuchen Sie einmal ein Jahr fern der Zivilisation, alleine oder mit einem Menschen der Ihnen lieb ist, zu verbringen. Sie werden den Lauf der Jahreszeiten erleben, werden Holz machen, gärtnern, selber kochen und versuchen, was kaputt wird, selbst zu reparieren. Die körperliche Arbeit wird Ihnen, der Sie vermutlich ein Bürohengst sind, gut tun.

Gehen Sie am späten Nachmittag zu den Dorfbewohnern an die Boccia-Bahn. Betreiben Sie die Annäherung mit Bedacht. Erst wenn Sie wochenlang zuschauen und geduldig warten, wird man Sie zum Mitmachen einladen. In einem Dorf, auf einer Insel, wo die Festigkeit des sozialen Gefüges wichtiger ist als die Dicke der Brieftasche, werden Sie erfahren, dass man mit Geld nicht alles kaufen kann und dass der Fleißige nicht unbedingt der Angesehene ist.

Stehen Sie mit der Sonne auf, gehen Sie mit der Sonne schlafen. Lassen Sie sich von Ihrem Biorhythmus treiben. Sich treiben lassen, das„Dolce far niente", ist ein göttlicher Lebensstil – die Götter der Antike haben bekanntlich auch nie gearbeitet! Man sitzt im Schatten auf einer Bank und blickt aufs Meer hinaus. Oder man sitzt in seinem Boot und wartet, bis ein Fisch an der Angel ist. Man merkt sich, wo einem ein kapitaler Fang zurück ins Wasser fiel, und rudert wieder dorthin. Tagelang, nächtelang. Vielleicht leistet man sich auch ein 3-PS-Tucker-Boot. Man vergisst die Zeitung zu lesen, dreht das Radio nicht an. Wird eins mit dem Meer und dem Boot. Das Ganze könnte man auch in einer Hütte zelebrieren, in einer Hütte im Wald wie Thoreau, der schrieb: „Was Neuigkeiten! Viel wichtiger, das zu wissen was nie alt war!".

Eine Auszeit ist die beste Zeit, um die Spreu vom Weizen zu trennen. Man könnte lesen, ein wesentliches Buch. Etwa Hemingways Parabel vom Leben: „Der alte Mann und das Meer". Lesen Sie die Klassiker! „Nur solche schwätzen davon, dass die Klassiker vergessen werden könnten, die sie nie gekannt haben", so Thoreau.

Gönnen Sie sich Ruhe, nehmen Sie sich Zeit und Raum zum Nachdenken. Setzen Sie sich auf den Baumstumpf auf der Waldlichtung, auf die Parkbank am Ufer des Sees. Spazieren Sie durch den Wald. Lassen Sie nun Ihren Gedanken freien Lauf. Ganz von alleine wird Ihnen so manches einfallen, etwa beim Gärtnern oder Spazierengehen. Oft kommt die Inspiration sogar, während Sie unter der Dusche stehen! Lassen Sie sich von niemandem zu einer komplizierten exotischen Technik überreden, mit der man das Nachdenken lernen und seine innere Ruhe finden soll. Finden Sie selbst heraus, was Sie inspiriert und zufrieden macht: das Faulenzen im Liegestuhl, das Joggen am Morgen, das Schwimmen im Meer.

Nehmen Sie in Ihr Sabbatical nur das Nötigste mit, da Sie das Wichtigste ohnehin Tag und Nacht dabei haben: sich selbst. Sie brauchen deshalb nicht gleich H. D. Thoreau zu kopieren. Der amerikanische Schriftsteller, der sein karges Leben mit dem Allernotwendigsten mitten im Walde an einem See beschrieb und damit seit 1854 alle Aussteiger der Welt fasziniert, hat nämlich gewaltig geschummelt. Wenn der Magen zu sehr knurrte, verließ auch er sein Holzfäller-Idyll, um in der Kleinstadt Concord bei Freunden und Geschwistern sich den Bauch vollzuschlagen und sich mit Informationen zu versorgen.

Shopping in Kakanien

Vom grenzenlosen Konsumieren, ohne dafür arbeiten zu müssen, träumen die Menschen schon lange. Dieser Wunsch, durch fremde Produkte und ohne eigenes Zutun schön, reich und glücklich zu werden, wird durch die Werbung genährt. Die Shopping City ist das Schlaraffenland. Einige, so scheint es, leben schon darin, und die anderen haben nichts anderes im Sinn, als dorthin zu gelangen. Das ist traurig aber wahr.

Im Mittelalter wurde das Wort „Schlaraffe" geformt. Es ist eine Zusammensetzung aus dem mittelhochdeutschen „slur", was soviel bedeutet wie Faulenzerei, und Affe; also kein besonders schmeichelhaftes Wort.

Die Griechen erfanden ihr Schlaraffenland als Parodie auf das Goldene Zeitalter und ließen schon im 5. Jahrhundert vor Christus Bäche mit Milch, Honig und Wein munter und natürlich gratis durch die Gegend fließen. Sie erzählen von Suppenströmen, die gleich die Löffel mit sich führen, von Fischen, die ins Haus schwimmen und sich selber braten, von gebackenen Tauben, die durch die Luft in die offenen Münder hineinfliegen, und davon, dass statt Äpfeln auf den Bäumen Bratwürste wachsen.

Das Scharaffenland ist ein Paradies für Kleinkinder. Stellen Sie sich ein Kind vor, das mit seiner Mutter in den Supermarkt einkaufen fährt, im Einkaufswagen sitzt, also nicht einmal selbst zu laufen braucht, und mit der Hand auf all die Dinge zeigt, die es haben will. Stellen Sie sich vor, die Mutter hat so viel Geld, dass sie dem Kind jeden Wunsch erfüllt. Das Kind weiß ja nicht, dass dies alles was kostet, und wenn es begreift, dass die Dinge etwas kosten, weiß es immer noch nicht, wie viel die Eltern arbeiten müssen, damit sie dem Kind die Dinge kaufen können. Eine Gesellschaft also, die sich nach nichts anderem als nach dem Schlaraffenland sehnt, ist nichts anderes als eine geistig und emotional auf der Stufe eines Kleinkindes steckengebliebene Gesellschaft.

Bei den Römern heißt das Land, in dem Milch und Honig fließen, „Cucania", übersetzt wird es mit „Kakanien". In Neapel heißt die Fastnacht heute noch „Cuccagna".

Als die Kunde vom antiken Kakanien, ausgehend von Italien und Frankreich, im 16. Jahrhundert in Deutschland eintraf, gesellte sich zu ihr der erhobene Zeigefinger. In unzähligen Variationen kann man sich seither die Geschichte vom Völlern auftischen lassen, so, dass einem das Wasser im Mund zusammenfließt. Wenn am Ende die Moral kommt, hat man davor immerhin eine Menge Spaß gehabt.

Das Schlaraffenland verteufelt heute keiner mehr, im Gegenteil. Seine Existenz ist bei den Rechten wie bei den Linken hocherwünscht. Beide rufen zum Konsum auf, da nur dieser die Wirtschaft weiter bringt, oder, bei Krisen, retten kann.

Aus dem Paradies ist das Einkaufsparadies geworden, das greifbar nahe liegt. Waren machen glücklich, sagen die Verkäufer, heute heißen sie Marketingspezialisten und studieren auf der Universität. Dinge machen nicht glücklich, sagen die Philosophen. Sie heißen immer noch so. Darum hört man sie wahrscheinlich nicht, sie sagen nämlich nichts Neues.

Waren können glücklich machen, sage ich, wenn sie ausgesucht sind, wenn man sich schon lange auf sie gefreut hat, wenn man sie braucht. Zufriedenheit ist eine angenehme Nebenerscheinung bei einem geglückten Kauf. Wer aber sein ganzes Glück im Shopping sucht, ist ein bedauernswerter Mensch. Von seiner Sorte gibt es bereits Milliarden auf unserer schönen Welt.
Shopping ist in großen wie in kleinen Städten zur Haupt-Freizeitbeschäftigung der Jugendlichen geworden. Ihr Treffpunkt ist das Shopping-Center. Will man sich mit jemandem ein Date ausmachen, heißt es: „die Rolltreppe hinauf, zwischen Starbuck und Walmart", egal ob man sich in Trippstrill trifft oder in Peking. In vielen Ländern geht man mit besonderer Vorliebe am Sonntag shoppen. Auch, weil man sonst keine Zeit zum Einkaufen hat, verbringt man seinen arbeitsfreien, seinen ganz persönlichen Feiertag zwischen Ramsch und Krempel.
Shopping macht happy. Wir alle fallen hin und wieder darauf herein. Ich allerdings bin noch glücklicher, wenn ich in einer Umgebung bin, in der es nichts zu shoppen gibt. Als meine Kinder klein waren, verbrachten wir viele Sommer in einem gemieteten, einfachen Häuschen an der jugoslawischen Küste. Zum staatlichen Kaufhaus mussten wir eine Stunde fahren, das Angebot war karg, die Auswahl beschränkt. Es gab nur eine Sorte Joghurt und eine Art von Brot. Es war eine richtige Erholung, nicht zwischen zwanzig Sorten wählen zu müssen. Jahre später fand ich auf einer Insel ein Häuschen. Auf dieser Insel gibt es auch heute noch nur ein einziges Kaufhaus, das die notwendigsten Nahrungsmittel und Haushaltswaren führt. Kürzlich besuchte mich dort eine Freundin. Sie hatte ihre Wanderschuhe vergessen und fragte, wo denn das Kaufhaus sei. Sie wollte sich gleich welche kaufen. „Gibt's nicht" sagte ich. „Ja, aber ..." Die Enttäuschung dauerte kurz. „Nun, da geh ich eben mit den Gummischlapfen", meinte sie. So schnell gewöhnt sich ein Mensch ans Verzichten, wenn nichts da ist.
Lesen Sie das alte Märchen vom Schlaraffenland, ich lege es Ihnen ans Herz, in der Version von Bechstein, vor eineinhalb Jahrhunderten zu Papier gebracht. Es ist die Vision von Warenhaus und Wohlfahrtsstaat, von der Welt, in der wir leider leben.

Das Märchen vom Schlaraffenland

Hört zu, ich will euch von einem guten Lande sagen, dahin würde mancher auswandern, wüsste er, wo selbes läge. Aber der Weg dahin ist weit für die Jungen und für die Alten, denen es im Winter zu heiß ist und zu kalt im Sommer. Diese schöne Gegend heißt Schlaraffenland, da sind die Häuser gedeckt mit Eierfladen und Türen und Wände sind von Lebzelten und die Balken von Schweinebraten. Was man bei uns für einen Dukaten kauft, kostet dort nur einen Pfennig. Um jedes Haus steht ein Zaun, der ist von Bratwürsten geflochten und von bayerischen Würsteln, die sind teils auf dem Rost gebraten, teils frisch gesotten je nachdem sie einer so oder so gern ißt. Alle Brunnen sind voll Malvasier und andren süßen Weinen, auch Champagner, die rinnen einem nur so in das Maul hinein, wenn er es an die Röhren hält. Wer also gern solche Weine trinkt, der eile sich, dass er in das Schlaraffenland hineinkomme. Auf den Birken und Weiden da wachsen die Semmeln frischbacken, und unter den Bäumen fließen Milchbäche, in diese fallen die Semmeln hinein und weichen sich selbst ein für die, so sie gern einbrocken, das ist etwas für die Weiber und die Kinder, für Knechte und Mägde. Holla, Gretel, holla, Steffel. Wollt ihr nicht auswandern? Macht euch herbei zum Semmelbach und vergesst nicht, einen großen Milchlöffel mitzubringen.

Die Fische schwimmen im Schlaraffenlande obendrauf auf dem Wasser, sind auch schon gebacken oder gesotten und schwimmen ganz nahe am Gestade, wenn aber einer gar zu faul ist und ein echter Schlaraff, der darf nur rufen, bst! bst! – so kommen die Fische auch heraus aufs Land spaziert und hüpfen dem guten Schlaraffen in die Hand, dass er sich nicht zu bücken braucht.

Das könnt ihr glauben, dass die Vögel dort gebraten in der Luft herumfliegen. Gänse und Truthähne, Tauben und Kapaunen, Lerchen und Krametsvögel und wem es zu viel Mühe macht, die Hand darnach auszustrecken, dem fliegen sie schnurstracks ins Maul hinein. Die Spanferkel geraten dort alle Jahr überaus trefflich, sie laufen gebraten umher und jedes trägt ein Transchiermesser im Rücken, damit, wer da will, sich ein frisches, saftiges Stück abschneiden kann.

Die Käse wachsen in dem Schlaraffenlande wie die Steine, groß und klein, die Steine selbst sind lauter Taubenkröpfe mit Gefülltem, oder auch kleine Fleischpastetchen. Im Winter, wenn es regnet, so regnet es lauter Honig in süßen Tropfen, da kann Einer lecken und schlecken, dass es eine Lust ist, und, wenn es schneit, so schneit es klaren Zucker, und wenn es hagelt, so hagelt's Würfelzucker, untermischt mit Feigen, Rosinen und Mandeln.

Im Schlaraffenland legen die Rosse keine Rossäpfel, sondern Eier, große, ganze Körbe voll und ganze Haufen, so dass man tausend um einen Pfennig kauft. Und das Geld kann man von den Bäumen schütteln, wie Kastanien. Jeder mag sich das beste herunterschütteln und das minder Werte liegen lassen.

In dem Lande hat es auch große Wälder, da wachsen im Buschwerk und auf Bäumen die schönsten Kleider: Röcke, Mäntel, Hosen und Wämser von allen Farben, schwarz, grün, gelb, blau oder rot und wer ein neues Gewand braucht, der geht in den Wald, und wirft es mit einem Stein herunter, oder schießt mit dem Bolzen hinauf. In der Haide wachsen schöne Damenkleider von Sammet, Atlas, Barege, Madras, Taff u.s.w. Das Gras besteht aus Bändern von allen Farben, auch ombrirt. Die Wacholderstöcke tragen Brocken und goldne Nadeln und ihre Beeren sind nicht schwarz, sondern echt. An den Tannen hängen Damenuhren und Armbänder, sehr künstlich. Auf den Stauden wachsen Stiefeln und Schuhe, auch Herren und Damenhüte, Marabouts und allerlei Kopfputz mit Paradiesvögeln verziert.

Dieses edle Land hat auch zwei große Messen und Märkte mit schönen Freiheiten. Wer eine alte Frau hat und mag sie nicht mehr, weil sie ihm nicht mehr jung genug und hübsch ist, der kann sie dort gegen eine junge und schöne vertauschen und bekommt noch ein Draufgeld. Die alten und garstigen kommen in ein Jungbad, damit das Land begnadigt ist, das ist von großen Kräften, darin baden die alten Weiber etwa drei Tage oder höchstens vier, da werden schmucke Dirndlein daraus von siebzehn oder achtzehn Jahren.

Auch viel und mancherlei Kurzweil gibt es in dem Schlaraffenlande. Wer hierzulande gar kein Glück hat, der hat es dort im Spiel und Luftschießen wie im Gesellenstechen. Mancher schießt alle sein Lebtag nebenaus und weit vom Ziel, dort aber trifft er, und wenn er der allerweiteste davon wäre, doch das Beste. Auch für die Schlafsäcke und Schlafpelze, die hier von ihrer Faulheit arm werden, dass sie Bankrott machen und betteln gehen müssen, ist jenes Land vortrefflich. Jede Stunde Schlafens bringt dort einen Gulden ein, und jedesmal Gähnen einen Doppeltaler.

Wer im Spiel verliert, dem fällt sein Geld wieder in die Tasche. Die Trinker haben den besten Wein umsonst, und von jedem Trunk und Schlunk drei Batzen Lohn, sowohl Frauen als Männer. Wer die Leute am besten necken und aufziehen kann, bekommt jeweils einen Gulden. Keiner darf etwas umsonst tun, und wer die größte Lüge macht, der hat allemal die größte Krone dafür. Hierzulande lügt so mancher drauf und drein, und hat nichts für diese seine Mühe, dort aber hält man Lüge für die beste Kunst, daher lügen sich wohl in das Land allerlei Procura-, Doc- und andere Toren, Rosstäuscher und Handwerksleute, die ihren Kunden stets aufreden und nimmer Wort halten. Wer dort ein gelehrter Mann sein will, muß auf einen Grobian studiert haben. Solcher Studenten gibts auch bei uns zu Lande, haben aber keinen Dank davon und keine Ehren. Auch muss er dabei faul und gefräßig sein, das sind drei schöne Künste. Ich kenne Einen, der kann alle Tage Professor werden.

Wer gern arbeitet, Gutes tut und Böses lässt, dem ist jedermann dort abhold, und er wird des Schlaraffenlandes verwiesen. Aber wer tölpisch ist, gar nichts kann und dabei doch voll dummen Dünkels, der ist dort als ein Edelmann angesehen. Wer nichts kann als schlafen, essen, trinken, tanzen und spielen, der wird zum Grafen ernannt. Der aber, welchen das allgemeine Stimmrecht als den faulsten und zu allem Guten untauglichsten erkannt, der wird König über das ganze Land, und hat ein großes Einkommen.

Nun wisst ihr des Schlaraffenlandes Art und Eigenschaft. Wer sich also auftun und dorthin eine Reise machen will, aber den Weg nicht weiß, der frage einen Blinden, aber auch ein Stummer ist gut dazu, denn der sagt ihm gewiss keinen falschen Weg.

Um das ganze Land herum ist aber eine berghohe Mauer von Reisbrei. Wer hinein oder heraus will, muss sich erst überzwerg durchfressen.

02

Luxus

02

Woher das Wort „Luxus" kommt

Woran würden Sie beim Begriff „Luxus" denken? An das große Fressen, an schwarze Limousinen und Schlosshotels? Oder an Abendroben beim Opernball? Landläufig hat Luxus meist mit Feiern, Essen, Wohnen und Kleidern zu tun, mit prunkvollen Dingen, die uns unerreichbar erscheinen, oder mit Dingen, die rar sind. An ein einfaches Leben denkt man bei Luxus eigentlich nicht. Und doch kann auch das Einfache Luxus sein.

Luxus hat viele Gesichter, und bevor wir uns den Kopf darüber zerbrechen, was das einfache Leben mit Luxus zu tun hat oder haben könnte, sollten wir im Wörterbuch nachsehen, woher der Begriff stammt. Dort lesen wir, dass das Adjektiv „luxus, -a, -um" im Lateinischen ursprünglich „verrenkt", im verwandten griechischen Ausdruck „gebogen, schräg" oder „schief" bedeutete und dass in der Medizin eine Luxation eine akute und schmerzhafte Verrenkung eines Gelenks ist. Luxus meint in diesem Sinn also die Abweichung vom Normalen und Alltäglichen. Was aber ist heute alltäglich? Was Luxus im Sinn von abweichendem Verhalten ist, hängt vom Betrachter ab. Luxus ist, was mir Luxus zu sein scheint.

Das Substantiv „luxus" bedeutet im Lateinischen „Üppigkeit". Diese Üppigkeit wurde und wird vorwiegend mit materiellem Besitz, mit Essen und Sexualität in Verbindung gebracht. Ein Bacchanal, ein Trinkgelage, ein lukullisches Fest in gemischter Gesellschaft, das war der ursprüngliche Luxus. Vieles, das heutzutage nur so vor Üppigkeit, Nebensächlichkeiten und Abweichungen strotzt, gab es bei den Römern aber noch nicht, sie hatten weder 29 Sozialversicherungen noch 173 Fernsehprogramme noch unzählige Verordnungen und Gesetze oder Beipackzettel. Nicht nur die Römer, auch unsere Altvorderen hatten bis in die neuere Zeit bloß ein paar Dinge, mit denen sie ihr Bedürfnis nach Luxus befriedigen und sich gegenseitig übertrumpfen konnten: Essen, Kleider, Häuser, fahrbare oder laufende Untersätze und Beziehungen.

Neben dem Wort „luxus" kennt das Lateinische noch „luxuria"; der Begriff bedeutet frei übersetzt „hemmungsloses, luxuriöses Leben". Die luxuria nährt sich von der Gier. Sie gilt den Römern als etwas Unnatürliches, weil die Begierden der luxuria nicht von Natur aus vorhanden sind, sondern durch künstliche Anreize geschaffen werden.

Sallust beschreibt das Wesen der luxuria so: „Man wartet nicht Hunger, Durst, Kälte und Müdigkeit ab, um sie dann zu befriedigen, sondern stimuliert sie schon vorher künstlich durch gesteigerte Sinnenreize." In diesem Sinne ist die luxuria die Lebensweise unserer Zeit. Eine bunte Werbewelt ruft Bedürfnisse wach, die vorher gar nicht da waren, und weckt Wünsche, auf die man nie von selbst gekommen wäre.

Wie man Bedürfnisse erzeugt, damit Nachfrage entsteht, wussten allerdings auch die alten Römer schon. Der Komödiendichter Plautus bemerkt: „Man muss den Leuten nur etwas vormachen, dann machen sie es von selbst nach, so typisch menschlich ist der Nachahmungstrieb."

Von Oscar Wilde stammt das Bonmot: „Ich bin ein bescheidener Mensch. Ich will immer nur das Beste." Das heißt lange nicht, dass es das Teuerste ist. Haben Sie schon einmal Wein blind verkostet? Oder auf T-Shirts Etiketten vertauscht?

Kluge Köpfe distanzieren sich vom Luxusleben im Sinne von luxuria. Der amerikanische Schriftsteller und Philosoph Henry David Thoreau schreibt: „Das meiste von dem, was man unter dem Namen Luxus zusammenfasst, und viele der sogenannten Bequemlichkeiten des Lebens sind nicht nur zu entbehren, sondern geradezu Hindernisse für den Aufstieg des Menschengeschlechtes."

Der Motor der Wirtschaft

Konsum schafft Arbeitsplätze: Das haben Sie sicher schon oft genug gehört, wenn Sie mit Ihrem Spruch „Weniger ist mehr" und der Ermahnung zur „neuen Bescheidenheit" ins Fettnäpfchen getreten sind. Wer gegen Zuwächse ist, will ja angeblich die Arbeit abschaffen; die Arbeit, die größtenteils Luxus erzeugt: Fast-food, Urlaubsreisen, Tiefkühlmenüs, Schokoriegel, Fernsehshows ...

Wo also wären wir nur ohne diesen Luxus? Wir wären dort, wo die Menschen in Agrargesellschaften heute noch sind: in der Hütte im Wald. Alle ideologischen oder religiösen Versuche, Menschen von der Lust am Konsumieren krankmachender und überflüssiger Dinge abzuhalten, sind bisher fehlgeschlagen. Und schon im 18. Jahrhundert wurde das Schlagwort geprägt, das der feindlichen Einstellung dem Luxus gegenüber den Wind aus den Segeln nahm und bis heute gedroschen wird: „Luxus schafft Arbeit."

Bald glaubten es auch die Gegner des Luxuslebens. Was hätten all die Seidenweber und Kürschner, die Graveure und Arrangeure, Stukkateure und Konditoren ohne Luxus denn gemacht? Sie wären verhungert. „Luxus schafft Arbeit", sagten auch die Merkantilisten, „aber nur, wenn er im Inland erzeugt wird."

Sie teilten die Luxusgüterkonsumenten in gute (brave) und schlechte (böse) ein. Die guten konsumierten, was im Inland produziert wurde, die schlechten, was aus dem Ausland kam. Diese Einteilung folgte einer alten Tradition. Schon die Römer untersagten je nach Bedarf an Steuergeldern abwechselnd die Einfuhr von Seide, Gold, Gewürzen und Parfüms, weil sie wussten, dass diese Dinge dann erst recht konsumiert wurden und sie die hohen Geldstrafen kassieren konnten. Verbote erhöhen den Reiz des Konsums.

Später betrachtete man den Luxus vorwiegend unter seinem ökonomischen Aspekt. Man hielt ihn, der das Unnotwendige produziert, für notwendig, weil er Arbeitsanreize schaffe, die Geldzirkulation fördere und Produktion und Konsumation vorantreibe. Ja, Luxus wurde sogar als moralisch nützlich bezeichnet, einfach deshalb, weil er der Trägheit und dem Müßiggang entgegenwirke. Die britischen Ökonomen des 18. Jahrhunderts empfahlen, das Wort „Luxus" zu vermeiden, „damit die Arbeitsamkeit nicht gefährdet wird". Sie entwickelten Methoden,

mit denen man Luxusgüter künstlich schaffen konnte: Man produzierte etwas und drosselte die Produktion, regte die Nachfrage an und steuerte sie. Waren die Menschen dann wild nach dem Produkt, konnte man es verteuern und die Käufer dazu überreden, immer mehr zu arbeiten, um sich mehr leisten zu können.

Eine industrielle, künstliche Welt verfügt, wenn es um Essen, Kleidung, Möbel und fahrbare Untersätze geht, über unendliche Ressourcen. Knappheit und Seltenheit werden künstlich gesteuert. Anders ist es in der Natur: was dort knapp ist, bleibt knapp. Raum und Zeit kann man nicht künstlich vergrößern, Meere, Seen, Flüsse und Luft nicht künstlich sauber halten (man kann nur verhindern, dass sie – noch mehr – verschmutzt werden). So ist Natur, früher eine Selbstverständlichkeit, heute zum Luxusgut geworden. „Die Einfachheit und Schönheit einer Wiesenblume ist", so Le Corbusier, „weniger selbstverständlich als die einfache Langeweile einer holländischen Glashaustulpe". Es sind nicht mehr die Länder die reichen, in denen die Schlote rauchen, sondern jene, die es sich leisten können, auf rauchende Schlote zu verzichten. Die schlotfreien Industrienationen leisten sich eine biologische Landwirtschaft und den Konsum naturnaher Produkte, Konsumentenschutz, Ursprungsgarantien, Biozertifikate und Naturschutz, den Rückbau regulierter Flüsse und Bebauungsverbote – keine Selbstverständlichkeiten, sondern reiner Luxus.

Die Lust an der Last

Nehmen wir an, Sie gewinnen im Lotto eine Million Euro. Was werden sie damit tun? Wenn Sie ein ganz normaler Lottomillionär sind, werden Sie sich damit ein Haus bauen, ein schnelles Auto kaufen, einen tollen Urlaub machen und einen Teil des Gewinns auf ein Sparbuch legen. Wenn Sie keine Million gewinnen, sondern nur die Hälfte, werden Sie sich, wie die meisten, „etwas anschaffen". Es ist von keinem Lottomillionär bekannt, dass er sich keine tollen Dinge anschafft, sondern das Geld verschenkt oder es einem Anlageberater übergab, der es vielleicht verschenkt. Welcher Lottomillionär legt sein Geld mit Risiko an, um von den Zinsen zu leben, Müßiggänger oder Privatgelehrter zu werden, Musiker, Maler, Dichter, Erfinder oder Lottoberater?

Sobald man in die glückliche Lage kommt, nicht mehr arbeiten zu müssen, schafft man sich Dinge, also Belastungen, an. Warum eigentlich? Ich vermute, aus Lust an der Last.

Ich zum Beispiel habe über zwei Hektar Wiese rund ums Haus, einen Bio-Garten, den ganzen Tag Sonnenschein (falls die Sonne scheint), Sonnenauf- und -untergänge, ein Igelpaar und eine Steinpilzkultur. (Ja, sowas gibt es auch!) Ich halte all diese Lasten für kostbar und selten. Weit und breit kein Fertighaus. Kein Supermarkt. Nur Stille und viel, viel würzige Luft, reiner Luxus!

Doch ich gehöre nicht zu denen, die besitzlos leben. Im Gegenteil. Ich liebe, was ich habe. Ein Haus, in dem man gerne lebt, ein Garten, der einen nährt, ja selbst ein Auto, das man gerne fährt, sind keine Belastung. All diese Dinge, die mich schon viele Jahre immer wieder aufs Neue erfreuen, kann ich eines Tages, wenn ich will, verschenken oder verkaufen. Wenn man sich nicht an den Besitz klammert, machen Lasten sogar frei.

Luxus heißt, von den Dingen, die man sich kauft, nicht in Abhängigkeit gezwungen zu werden. Luxus heißt auch, eine Arbeit wählen zu können, die einem Spaß macht, und sich frei eine andere zu suchen. Wer sich vom Besitz fesseln lässt, wird damit nicht glücklich werden. Das Geheimnis eines geglückten Lebens kann die Befreiung von Besitz und Verpflichtung sein. Aber auch, und dies ist wesentlich realistischer, der spielerische Umgang mit dem, was man gerne hat und macht. Wichtig dabei ist, dass Sie mit all den Dingen kommunizieren, dass Sie sie benützen, dass die Sachen keine zusätzlichen Kräfte kosten und vor allem: keine Sorgen machen.

Nehmen Sie niemals für Autos, Möbel oder den Urlaub einen Kredit auf! Dann wird der Luxus zur Last. Wie soll denn ein Urlaub Freude machen, wenn man dafür Schulden macht? Wenn man sich das teure Auto nicht leisten kann oder all seine Ersparnisse in die Erhaltung eines Ferienhauses steckt? Dann ist Luxus Belastung. Oder schlicht und einfach: dumm. Über die Hälfte der Privatkredite werden für Dinge aufgenommen, die keiner braucht.

Wer wenig Geld hat, muss aber trotzdem nicht auf alles verzichten. Gute Dinge müssen nicht teuer sein. Was für mich, was für Sie gut ist, hängt immer von der gegenwärtigen Situation ab. Eine Wohnung, in der statt eines Wandverbaus Bretterregale angebracht sind, wo statt teuren Teppichen eine Strohmatte liegt und wo man – fürs erste – die Matratze auf den Boden legt, mit einem bunten Wiesenblumenstrauß im Marmeladenglas und der Sonne, die durch das Fenster scheint, kann hundertmal schöner sein als eine Wohnung mit einer Einrichtung, die man im Schlussverkauf, womöglich gegen Kredit, gekauft hat.

Ein Bett, eine Matratze,
auf der man liegen und
Sitzen
kann, braucht jeder.
Stühle sind nicht unbedingt notwendig, wie die Kulturgeschichte zeigt. In ganz Afrika, Südamerika und Asien
lebte man jahrtausendelang
ohne künstliche
Sitzgelegenheit.
Zum Vorteil der Menschen.
Denn das Hocken, für das es
nahezu hundert Möglichkeiten
gibt, macht
den Menschen
biegsam
und stark.

Es gibt ungefähr
eintausend Stellungen,
in denen man
längere Zeit
verharren kann –
welch ein Reichtum
im Vergleich zum einfallslosen Sesselkleben nach westlicher Art.

Sitzen ohne sich anzulehnen muss man nur wollen,
dann funktioniert es schon. Die Belohnung
ist ein gesunder Rücken
und eine aufrechte Haltung noch
im hohen Alter. Durch freies Sitzen
kräftigt sich die Muskulatur,
das Rückgrat wird entlastet,
die Bandscheiben
nützen sich weniger ab.

Der Untergang Roms

Mit einem luxuriösen Leben prunken geht am einfachsten, indem man „auffahren lässt" und sich zu den Gelagen ausgesuchte Gäste einlädt, die dann darüber berichten. Man braucht dazu weder Kultur noch Herzensbildung. Völlerei ist die primitivste und einfallsloseste Form des Luxus. Danach kommt der Sex. Man vergnügt sich öffentlich mit dem anderen – oder dem eigenen – Geschlecht. Orgien nannten die Griechen ihr erotisch-kulinarisches Tohuwabohu, die Römer Bacchanal, ihre Nachfahren „Dolce Vita". In der modernen Massengesellschaft wird es organisiert und heißt „Life Ball" oder „Love-Parade". In den gemäßigten oder klimatisierten Zonen findet es im kleinen Kreis als Faschingsdienstag oder Weihnachtsfeier statt. So schließt sich der Kreis zur Antike, wo man zu Weihnachten die Saturnalien und nach Weihnachten den Karneval feierte, Feste, bei denen die Schranken zwischen den Geschlechtern und Klassen aufgehoben wurden und Sex auch durch den Magen ging. Diese Feste haben etwas Gutes: Sie sind auf eine bestimmte Zeit beschränkt, man feiert sie innerhalb bestimmter Grenzen. Am Tag danach ist man wieder „normal". Nach dem Karneval kommt die Fastenzeit. So sollte es sein. Immer Karneval schadet, der Brieftasche, dem Blutdruck und der Leber. Feiern ist wichtig, doch zu viel feiern macht krank.

Im alten Rom schrieb man die Lust am verschwenderischen Leben gerne den reich gewordenen Freigelassenen und den Söhnen und Töchtern reicher Bürger in den Städten zu. Prudentius (daher kommt der Begriff „prüde") behauptete, das Luxusleben mache die Menschen vor allem in der Stadt krank, auf dem Land, wo es die luxuria nicht gebe, seien die Menschen gesund, weil unverdorben. Auch andere Dichter meinten, Reichtum mache die Menschen übermütig, leichtlebig und gierig. Sie setzen luxuria mit Laster gleich.

Nicht von ungefähr ist luxuria im Lateinischen ein weibliches Wort. Irgendwie hat luxuria mit Weiblichkeit zu tun, mit Süßigkeiten und Farbenpracht, mit Kleidern und exotischen Gewürzen. Eine luxuriös lebende Gesellschaft wird allmählich weiblich und weich, „verweichlicht", „verweiblicht". Das fanden die kritischen Geister im alten Rom bedenklich, weil dadurch ihrer Meinung nach Dekadenz entstehe.

Schon 500 Jahre n. Chr. aber gab es neben dem Luxus des Übermäßigen, Überflüssigen und Opulenten – also der Quantität – einen Luxus der Qualität, der sich im Gebrauch des Exotischen, Seltenen und Außergewöhnlichen äußerte. Es waren nach Boethius (geb. um 475 n. Chr.) die „verfeinerten Genüsse, das Vermischen des Weins mit Honig, das Färben von Kleidern, der Import von Gold und erlesenen Dingen aus dem Ausland". Wurde die Raffinesse übertrieben, führte sie zu einem überspannten, exaltierten Benehmen, das im Verfall der Sitten mündete. Anhänger des Raffinements wollten nicht mehr, denn das hatten sie schon. Sie wollten etwas anderes oder etwas, das es nicht gab.

Bald prophezeiten die römischen Dichter den Untergang Roms, und die Schuld daran sollte die lasterhafte luxuria haben. Der Luxus, der sich in Trinkgelagen und üppigen Mahlen äußerte, schien ihnen weniger verwerflich, ja sogar wünschenswert, wenn damit ein bestimmter Zweck verfolgt wurde. So schildert Vergil, der sonst nicht mit Kritik am Luxusleben spart, bewundernd ein opulentes Festmahl, bei dem man aus goldenem Geschirr zu Ehren königlicher Gäste schlemmte. Erst wenn zu Wein und Gesang das Weib als Programmpunkt hinzukam, bekam Luxus (in Rom) einen anrüchigen Beigeschmack.

Willst du reich werden, so vermehre nicht deine Güter, sondern verringere deine Wünsche.

EPIKUR, 347 N. CHR.

Brot und Spiele

Homo ludens, der verspielte Mensch, und Homo agens, der zielgerichtete Arbeiter, diese beiden Charaktere waren schon den alten Römern bekannt. Im Menschen sind beide Eigenschaften, wenn auch selten harmonisch gewichtet, vorhanden. Spielen ist so alt wie die Zivilisation. Mit den Kinderspielen fängt es an, man lernt das Leben spielerisch kennen. Dann kommen die Spiele der Erwachsenen, man spielt sie zum Zeitvertreib im Sportclub oder auf der Kegelbahn oder in Form eines Wettkampfs als Kräftemessen im Sport, in der Wirtschaft, am Gasthaustisch. Oder man sieht sich Spiele an, das Fußballmatch oder das Ratespiel im Fernsehen oder die olympischen Spiele, lauter Spiele, bei denen sich andere messen und wir dafür Eintritt zahlen. Bleibt noch das Glücksspiel, die Hoffnung darauf, das große Los zu ziehen, den Glückstreffer zu erzielen. In der Kurzgeschichte „Die Lotterie von Babylon" des argentinischen Dichters und Nobelpreisträgers Jorge Luis Borges arbeitet man nicht mehr, sondern man würfelt nur noch, schließlich auch um sein Leben.

Mit dem Glücksspiel, aber auch mit Spielen, bei denen die Leute zuschauen, kann man eine Menge Geld verdienen – und verlieren. Was hat es nun mit dem Spielen auf sich? Ist Spielen Zeitverschwendung, Zeitvertreib, Luxus? Zeiten, in denen man in so genannten Pimperl-Vereinen um Lob, Ehr und Tadel spielte, gehören der jüngeren Vergangenheit an. Spiel und Sport kosten. Um Austragungsort einer Fußballweltmeisterschaft oder der olympischen Spiele zu werden, stürzen sich Städte und Länder in riesige Unkosten, und angeblich kommt das Geld wieder herein. Welche Spiele sind Luxus und welche nicht? Wie verhält es sich mit Fußball und Golf?

Vorläufer aller Spiele im Sportstadion sind die Spiele in der Antike. Sie gehörten zu den Höhepunkten des Daseins. Das Leben der Bürger Roms war kurz, dreißig Jahre im Durchschnitt, und man glaubte nicht oder nur halbherzig an ein Jenseits. Also ließ man es sich, solange es ging, auf Erden gut gehen. Die reichen Bürger Roms schlugen sich die Bäuche voll, frühstückten lukullisch, besuchten Bäder, Schenken und Bordelle. Anders hielten es die ersten römischen Christen. Sie fasteten und kleideten sich in Sackleinen, und sie warteten geduldig auf den Jüngsten Tag, von dem man glaubte, er stünde knapp bevor.

Die Spiele wurden von einer Organisation getragen und vom Kaiser oder von hohen Beamten gesponsert.

Je aufwendiger die Spiele, desto beliebter der Kaiser oder der hohe Beamte und desto besser waren die Spiele besucht. Das Eintrittsgeld (munus), das in Form eines Almosens eingehoben wurde, erhöhte sich mit der Attraktivität der Sponsoren und des Programms. Verwendet wurde es für Soziales. Im Grunde glichen die Spiele einer heutigen Benefiz-Gala oder Charity-Veranstaltung.

Christliche Eiferer wetterten gegen die Spiele, bei denen munus eingehoben wurde. Als das nichts half, machten sie auf ihre Art mit und entwarfen das Szenario des Spiels der Spiele, des Jüngsten Gerichts. Tertullian verheißt den Christen im Jenseits sogar großen Spaß: dann werde es lustig zugehen, schreibt er, „wenn die Guten von den Bösen geschieden werden und die Heiden in die Hölle kommen".

Als das Christentum salonfähig wurde, änderten die Kirchenväter ihre Meinung zum Spektakel. Man fand die Spiele gar nicht mehr verwerflich, waren sie doch Teil des öffentlichen römischen Lebens. Die Kirche, die sich zu etablieren begann, brauchte Geld und übernahm den Brauch, munus einzuheben. Dass sich diese Abgabe mit der Größe des Spektakels erhöhte, brachte Cyprianus, den Bischof von Karthago, auf eine glänzende Idee. „Welches Spektakel ist das größte?" fragte er. Die Antwort hieß: „Das Jüngste Gericht". „Und wer steht noch höher als der Kaiser?" – Na eben, der liebe Gott. So wurde der Klingelbeutel erfunden und der Ablass, eine Art Spieleinsatz für das allergrößte Glücksspiel am Jüngsten Tag.

Nun konnte man sich sein Seelenheil auch mit Geld erkaufen. „Das kann doch nicht sein", erzürnte sich der Mönch Martin Luther bei einem Besuch in Rom. Er verfasste 95 Thesen, die direkt auf den Ablass Bezug nahmen und in weiterer Folge zur Konfession des Protestantismus führten, deren Anhänger glauben, dass man durch fleißiges Arbeiten in den Himmel kommt. Vier Jahrhunderte später ist der Himmel auf der Erde angekommen, man kauft Anleihen, Aktien, Versicherungen und Versprechungen der vielfältigsten Art, in der Hoffnung, den Lebensabend nicht in der Vorhölle sondern im Vorhimmel zu verbringen.

Spielen, so wie früher

Gerade in der Woche, in der ich die Spielzeugkiste meiner erwachsen gewordenen Kinder samt Inhalt der Caritas geschenkt und meinen Fernseher entsorgt hatte, gaben erholungsbedürftige Eltern ihre Sprösslinge, zwei Mädchen im Alter von neun und elf Jahren, für ein paar Tage bei mir ab. Ich hatte nur den Spieltisch meines Großvaters behalten, mit dem Schachbrett auf der einen Seite der Tischplatte und dem grünen Filz, der als Unterlage zum Kartenspielen gedacht ist, auf der anderen. Spiele, die nichts kosten außer Zeit und Grips, also Schach, Bridge oder Tarockieren, hatte den Kleinen noch niemand beigebracht. Also ließen wir uns eben etwas anderes einfallen: wir spielten, so wie früher.

Können Sie sich noch an die einfachen Spiele Ihrer Kindheit erinnern, ans „Schifferlversenken", an „Himmel und Hölle" oder „Blinde Kuh"? Oder ans Sackhüpfen? An Papierflieger basteln, Figurenwerfen, Topfgehen, Tischfußball spielen (mit dem Lineal), „Fitschigogerln", Buchstabenraten, Stille Post, Stadt – Land, Räuber und Gendarm, Musizieren mit Gläsern, Kochlöffeln und Töpfen, an Mikado, Schwarzer Peter, Halma, Mensch ärgere Dich nicht, Drachenfliegen? Hat Ihnen Ihr Vater gar einen Panzer aus einer hölzernen Zwirnspule und einem Gummiringerl gebaut? Lassen Sie uns Ihrer Erinnerung nachhelfen oder Ihnen Altes und Einfaches neu präsentieren. Es kostet nichts, bringt Kinder und/oder Erwachsene zusammen, befriedigt den Spieltrieb und macht Spaß.

Kluge Erben

Grün folgt auf Gold, heißt es. Man muss erben, damit man sich Spleens leisten kann wie nachhaltiges Leben, Freiheit von Konsumzwängen oder einen Rückzug in den Wald wie Thoreau. Ein Selfmademan, einer, der „sich hinaufgearbeitet oder hinaufspekuliert hat", hat selten Spleens, er klotzt und zeigt, was er hat. Er schafft sich Dinge an, mit denen er beeindrucken kann, tolle Autos, schöne junge Frauen und irgendwann ein Schloss. Als das römische Reich auf dem Höhepunkt seiner Macht stand, konnte sich nicht nur der Adel ein unglaublich luxuriöses Leben leisten, auch die Soldaten lebten in Überfluss. Sie beuteten die Schätze jener Provinzen aus, die von der Natur reich beschenkt waren. Am aufwendigsten jedoch lebten die Freigelassenen, die ihren neuen Reichtum voller Stolz herzeigen wollten. Ihren Kindern schenkten sie schnelle Pferde und prächtige Villen, und sie ließen ihnen Bildung zukommen, ein Luxus, für den sie selbst keine Zeit (gehabt) hatten. So war etwa Horaz, der berühmte Dichter, der Sohn eines sizilianischen Selfmademan, der viel Geld dafür ausgab, dass sein begabtes Kind die besten Lehrer bekam und sich später ein kultiviertes, einfaches Leben auf dem Land leisten konnte.

Horaz war ein wahrer Luxusmensch, der seinen Lebensinhalt nicht darin sah, sein Vermögen zu mehren, und auch nicht darin, es an die Armen zu verschenken wie der ehemalige Playboy und spätere Heilige Franz von Assisi. Horaz legte sein Vermögen so an, dass es ihm ein angenehmes Dasein ermöglichte. Als man ihm das Amt eines Kulturministers anbot, meinte er: „Wozu soll ich Minister werden? Da müsste ich früh aufstehen und arbeiten, damit ich mir einen sechsspännigen Wagen leisten kann. Da bleibe ich doch lieber auf meinem kleinen Gut am Land, komme auf Besuch nach Rom und lasse es mir gutgehen."

Wer reich und ehrgeizig ist, möchte nicht noch reicher, sondern berühmt werden. Umworben und beliebt. Wie der Kaiser im Märchenland, der sich von zwei betrügerischen Schneidern ein Kleid aus Luft aufschwatzen ließ. Der Kaiser, der sehr viel Wert auf Repräsentation legte, läßt sich von den beiden einreden, daß sie in der Lage sind, einen

Stoff zu weben, der so dünn ist, daß ihn nur der Kluge sieht. Die anderen, behaupten sie, seien zu

blöd, etwas so Feines wahrzunehmen. Nun weben sie gegen sehr viel Geld ein Gewand aus Luft und ziehen es dem Kaiser an. Und der spaziert nackt vor seinen Untertanen herum. Jeder sieht, daß er keine Kleider anhat, doch keiner traut sich, was zu sagen, denn keiner möchte blöd sein. Bis schließlich ein

kleines Kind auf den Kaiser zeigt und ruft: „He, der hat doch gar nichts an!"

Adam und die Luxusfrau

Es ist alles schon dagewesen, sogar die Luxus-Frau ist „alt". Doch wer ist sie? Eine Frau, die man kauft und die kostet, oder eine, die sich selber erhalten kann? An die erste wagen sich Männer eher heran als an die zweite, denn die ist unberechenbar.

Finanziell unabhängige Frauen gab es gelegentlich schon in der Antike: Witwen oder Töchter, Erbinnen beachtlicher Vermögen mit einem Sinn fürs Geschäft. (Kleopatra ist ihre bekannteste Vertreterin.) Sie lebten in den südlichen Provinzen des römischen Reichs, in Nordafrika und im heutigen Sizilien. Den männlichen Hütern der Moral waren sie ein Dorn im Auge, denn sie passten nicht in das antike Alltagsbild, in dem die guten Frauen den Haushalt führten und die anderen im Bett regierten. Von welcher Sorte eine Frau war, ob Madonna oder Hure, konnte man schon äußerlich erkennen. Hausfrauen gingen in Sack und Asche, Huren trugen bunte Gewänder. Die brave Gattin war anspruchslos, unscheinbar, still und genügsam, sie schminkte sich nicht und trank keinen Wein. Die Verführerin umrandete ihre Augen mit Kohle, trug schweren Schmuck, sang, spielte die Leier und erzählte allerhand Geschichten; sie war trinkfest und mitunter auch gebildet. Jahrhundertelang waren Dirnen und Hetären die klügeren Frauen, die schreiben und lesen und deshalb auch besser denken konnten als die Hüterinnen des Herds. Erst in der römischen Kaiserzeit wurden auch die Hausfrauen anspruchsvoll. Sie begannen sich zu bilden und zu schmücken. Kluge und schöne Ehefrauen wurden für den Ehemann zu einem teuren Spaß, und so mancher sehnte sich nach den alten Zeiten zurück.

„Früher, als die Frauen noch sittsam waren", klagte der frühchristliche Moralist Tertullian 250 n. Chr. in seinen Anklageschriften über den „Weiberkult", „gab es weder Scheidungen (Scheidebriefe) noch anspruchsvolle Ehefrauen. Sie schmückten sich nicht und tranken auch keinen Wein. Enthielten sie sich nicht, so konnte man sie töten, ohne dafür bestraft zu werden." Nebenbei erklärt er auch die Herkunft der Sitte, Frauen auf den Mund zu küssen. „Man küsste die Frauen auf den Mund, um festzustellen, dass sie nichts getrunken hatten."

Alle Frauen, so behaupteten die Moralhüter, seien von Natur aus Sünderinnen. „Wenn die Frauen ihre Lage und Stellung in die sie durch den Sündenfall Evas geraten sind, erkennen, so müssen sie konsequenterweise ein Leben lang trauern und büßen und diese Buße durch die entsprechende Kleidung zum Ausdruck bringen."

In einer weiteren Schrift gibt der alte Spaßverderber „der Frau" sogar die Schuld am Kreuzestod von Gottes Sohn. Auch diese Schuld lasse sich seiner Meinung nach tilgen: Wenn Frauen schmucklos und freudlos durchs Leben gingen, dann könnten sie so viele Pluspunkte für das Jenseits sammeln, dass ihnen ebenso wie den Männern ein Platz im Himmel sicher sei.

Tertullian lebte in Karthago, in dem es zu seiner Zeit viele reiche Frauen gab. Sie legten Wert auf ein attraktives Aussehen und ein körperbewusstes Leben. Von farbigen Stoffen, Lederwaren, Hausgeräten, Tafelgeschirr aus

Luxus heißt: zu haben, was man haben will, und auf alles zu verzichten, was man haben soll.

CARL LASZLO, 1960

Silber, Parfüms und Toilettenartikeln wird berichtet, die zum Haushalt dieser Frauen gehörten. Bei Theaterbesuchen trieben sie Farbenluxus. Das war dem Asketen nicht recht. „Hat", so fragt er, „der liebe Gott denn blaue, rote oder gelbe Schafe gemacht?"

Hat er nicht! Wer sich in die Herde einfügt, trägt am besten Uniform. Wie die aussieht, bestimmen heute die Dresscodes. Christine Bauer-Jelinek, an Universitäten und in Banken referierender weiblicher Wirtschafts-Coach, rät Business-Frauen mit Karriereabsicht zu zwei Kleiderschränken: einen für den Job, einen fürs Private. Im Job-Schrank findet sich die dunkelblaue, graue oder schwarze Hose oder der Rock, dazu die Bluse und darüber der Blazer oder das Sakko. Müssen sich Frauen aber tatsächlich als Männer verkleiden oder als graue Mäuse, wollen sie die Karriereleiter hinauf klettern?

Wie Kulturen zur Weiblichkeit stehen, sieht man an Kleidungsvorschriften. Sind Sie schon einmal mit der indischen oder Sri-Lanka-Airline geflogen? Oder mit der aus Singapur? Wie schön sind die uniformierten Stewardessen anzusehen! Sie tragen ihre traditionelle, bunte Kleidung, und sie lächeln! In Indien ist es den Frauen, die immer mehr in die öffentliche Verwaltung und in akademische Berufe drängen, nicht erlaubt, westliche Kleidung zu tragen! Gott sei's gedankt. Sie tragen ihren Sari, vor Kurzem wurde auch ein wesentlich praktischeres Kleidungsstück zugelassen, bestehend aus einer weiten Hose und einer langen Bluse darüber. Schränken Kleidungsvorschriften die Anzahl der Kleidungsstücke, die eine Frau hat, ein? Überhaupt nicht! Inderinnen zum Beispiel betreiben Farben-Luxus, wie auch meine Mutter, eine erfolgreiche Geschäftsfrau. Sie hatte sich schon früh aus praktischen Gründen für „das Hemdblusenkleid" entschieden. Ein und derselbe Schnitt hing in fünfzig Farb-und Mustervariationen in ihrem Kasten.

„Eine anständige Frau", so schrieben die Moralisten, „darf in keinem anderen Menschen Begierde erwecken. Sie soll sich nicht schön machen und dekorieren, soll ihre angeborene Wohlgestalt verhüllen, ihre Reize verheimlichen und sich überhaupt am besten ganz vernachlässigen." Ähnlich Christine Bauer-Jelinek: „Weibliche Reize sollten nicht von der Kompetenz ablenken."

Lang und breit wurde in den ersten Jahrhunderten nach Christus die Verschleierung der Frauen diskutiert. Die Frauen sträubten sich. Schließlich einigte man sich darauf, dass sie wenigstens bei der heiligen Messe in der Kirche ihr

Gesicht verhüllen sollten. Die spanische „Mantilla", ein reizvoller Schleier aus schwarzer Spitze für das Gesicht, ist ein Relikt aus dieser Zeit.

Doch frau hat sich gegen Kleidervorschriften meist auf ihre Art zu wehren gewusst. Haben Sie schon mal in islamischen Ländern tief verschleierten Frauen in die kajalumrandeten, tiefgründigen dunklen Augen geguckt? Oder die Kurven unter dem wallenden Tschador erahnt? Na eben!

„Die Schönheit", so hieß es im frühen Christentum, das unsere Sittenlehren prägte und im Islam immer noch prägt, „ist ein Geschenk Gottes, dessen sich die Frau nicht rühmen darf". Eine Frau darf nur ihrem Ehemann gefallen, ist sie von Natur aus nun schön oder nicht – für ihn wird sie immer schön sein, vor allem wenn sie auf Sittsamkeit Wert legt. Sie soll niemand anderem gefallen und Körperpflege nur im notwendigen Rahmen betreiben. Sie sollen sich das Gesicht weder schminken noch schmücken. Optische Veränderung, hieß es, täusche etwas vor, sei also eine Lüge und damit verboten. Ebenso verboten war das Färben der Haare. Vor allem, wenn man damit seine Herkunft oder das Alter verleugnen wollte, wo doch fortschreitendes Alter nach christlicher Auffassung so wunderbar war, weil man der Ewigkeit immer näher kam. Tugendhaften Frauen empfahl man, überhaupt nicht zu heiraten, sondern „Priesterinnen der Keuschheit" zu werden. Sie sollten jungfräulich bleiben und sich Christus vermählen, denn nur die Jungfrauen erwarte im Himmel ein besonderer Lohn.

Fast nackt

Sich anmalen kann jede – und jeder! Mit sich und seinem Aussehen Krieg zu führen geht besonders leicht. Man sieht sich an, was für Geschminke derzeit modern ist, und pappt es sich ins Gesicht. Oder man tut alles, um aufzufallen: indem man sich in Kleopatra verwandelt, obwohl man aussieht wie du und ich, oder indem man sich einen Bart wachsen lässt. Beim Verstecken haben es Männer leichter. Frauen bleibt nur die Mähne, die ins Gesicht fällt, und höchstens eine Brille.

Kleine oder größere Schönheitsfehler haben wir alle, niemand ist perfekt. Das wird uns nur eingeredet. Wer Pin-up-Girls und Filmstars einmal aus der Nähe gesehen hat, weiß, dass neben den Schminkmeistern und den Fotografen die wichtigsten Personen die Retuscheure sind, die aus großen Nasen kleine und aus kleinen Augen große machen. Mit Computerprogrammen lassen sich Fotos heute schon so wunderbar manipulieren, dass es sich jedefrau und jedermann leisten kann, der Nachwelt ein geschöntes Bild ihrer selbst zu hinterlassen. Und der Schönheitschirurg wird auch immer preiswerter. In zwanzig Jahren wird es in der Diskontklinik die Gesichter schon aus dem Katalog geben. All das hat mit Geld und mit Künstlichkeit zu tun und ist nichts für uns. Wir sind Persönlichkeiten – aber gut aussehen wollen wir trotzdem.

Sehen wir uns also einmal im Spiegel genauer an. Machen wir uns dabei nichts vor. Was macht uns interessant, was anziehend? Streichen wir die Vorteile heraus, betonen wir unsere Pluspunkte und bringen wir

unsere schwächeren Seiten zum Verschwinden. Einer gut geschminkten Frau merkt man es nicht an, dass sie geschminkt ist. Sie sieht nur besser aus. Also ran an die zarte Manipulation unserer Gesichtszüge und unserer Gesichtshaut! Dazu brauchen wir – oh, wie sehr dieser Luxus des Einfachen immer etwas mit Zeit, Sorgfalt und Verstand zu tun hat! – ein offenes und heiteres Gemüt, einen gut beleuchteten Schminkspiegel, eine ehrliche Einstellung zu uns selbst, ein paar wenige, der Mode nicht unterworfene Utensilien und ein paar Tipps erfahrener Schminkmeisterinnen. Sie sagen:

- Betone das Positive (z. B. sinnliche Lippen).
- Bringe das Negative zum Verschwinden (z. B. eine rote Nase).

Vom Falten-verschwinden-Lassen oder ähnlichem Unsinn sagen sie nichts. Allerdings auch nichts davon, Falten zu betonen. Sie behaupten, dass großflächig aufgetragenes, deckendes Make-up zwar die Pickel verschwinden, aber die Falten hervortreten lässt. Darum empfehlen sie für ein natürliches und ungeschminktes Aussehen kein großflächig deckendes Make-up, sondern Abdeckfarben in mehreren hautfarbenen Schattierungen, die man mit einem Pinsel nur auf jene Hautstellen zart aufträgt, die man kaschieren möchte. Bei den meisten Gesichtern sind das die Nasen, Nasenflügel, die Partie rund um die Brauen, die Schatten unter den Augen. Dazwischen ist die Haut in den meisten Gesichtern okay, warum also soll man sie hier zudecken?

Ganz wichtig für den natürlichen Fast-nackt-Look oder Nude-Look ist es, dass nur Farben verwendet werden, die an Haut, Brauen und Wimpern ohnehin vorkommen: alle Schattierungen von Grau, Beige über Braun bis zu zartem Rot. Den natürlichen Nude-Look gibt es in verschiedener Intensität. Er macht aus dem Gegebenen das Beste, ohne aufzufallen. Zu jeder Tages- und Nachtzeit.

Angenommen, Sie haben wenig Lust, wenig Zeit und wenig Geld, um es für dekorative Kosmetik auszugeben, möchten aber doch gut aussehen. Dann widmen Sie sich bitte vor allem Ihren Augen, genauer gesagt: den Augenbrauen. Sie müssen gepflegt sein, denn sie geben dem Gesicht Ausdruck. Es gibt dabei so etwas wie „perfekte" Brauen, die als Richtlinie zur Annäherung dienen können. Sie liegen an der Innenseite etwas tiefer, haben in der Mitte einen hohen Bogen und neigen sich am äußeren Ende wieder nach unten. Eine Binsenweisheit, meinen Sie? Mitnichten! Sehen Sie sich doch mal auf der Straße um, was da alles an nachgemalten oder nicht gepflegten Brauen herumläuft. Steil nach oben gezogene, als Querbalken laufende, zu weit außen beginnende Brauen und so weiter und so fort. Von Natur aus haben nur wenige Menschen keine Brauen, weil diese ja ein tierisches Erbe sind, das die Augen vor Staub und Sonne schützen soll. Falls Sie aber sehr blonde und deshalb kaum sichtbare Brauen haben, stricheln Sie sie nach. Dazu verwenden Sie ein Bürstchen und eine Mischung aus grauem und braunem Brauenpuder. Wenn Ihre Brauen wild herumwachsen, dann zupfen Sie die Härchen zurecht. Zupfen Sie aber

keinen dünnen Bogen! Den hatte nur Marlene Dietrich wegen ihrer Corporate Identity, und die wurde ihr in Hollywood verordnet.

Sobald die Augenbrauen in Form sind, widmen Sie sich den Hautrötungen und den Augenschatten. Kaschieren Sie diese mit einem Pinsel und dem entsprechenden Abdeck-Hautton; in Augennähe sollte der Abdeckstift cremiger sein. Nehmen Sie sich dafür Zeit. Sommersprossen decken Sie nicht zu, sie sind immer sexy, egal welcher Frauentyp gerade modern ist. Bei den meisten Frauen sind die „Problemzonen", die der sorgfältigen Abdeckung mit dem Pinselstrich bedürfen, meist die Augenwinkel, die Nase, die Zone über und unter den Augen, manchmal auch die „Schnurrbartzone".

Lippenstift brauchen Sie keinen, aber eine Creme für die Lippen, eine Nährcreme oder Fettcreme. Die Lippen sollen glänzen und gepflegt wirken.

Wenn Sie ein bisschen mehr Geld und Zeit investieren möchten, dann stellen Sie sich vor, wodurch eine Schwarzweißfotografie (oder ein anderes Schwarzweißbild) wirkt: durch Licht und Schatten. Mit Licht und Schatten arbeiten Sie nun auch. Sie verstärken optisch bestimmte Regionen in Ihrem Gesicht durch dunklere Schattierungen.

- Beginnen Sie bei den Augen, geben Sie dem Lidrand – also dem Bereich, aus dem die Wimpern wachsen – Kontur. Aber nicht, indem Sie einen Strich machen! (Striche kennt die Natur nicht), sondern indem Sie zwischen die Wimpernansätze am Oberlid kleine dunkle Punkte zeichnen. Dann geben Sie Ihren Wimpern etwas Farbe. Sind die Wimpern dunkel, biegen Sie sie nur mit der Wimpernzange leicht nach oben. Die Brauen stricheln Sie in grau und/oder braun mit einem geeigneten Brauenpuder nach.
- Decken Sie die Rötungen und Schatten im Gesicht mit dem Pinsel ab, danach geben Sie Transparentpuder darüber. Die Wangen betonen Sie mit einer Farbe, die man nicht als Farbe erkennen soll, also mit einem Wangenpuder in Rosabraun, das jenem Farbton ähnelt, der an Ihren Wangen entsteht, wenn Sie spazieren

Tipps

Tipps: Natürlichkeit schminken

Brauen:

Innenwinkel tiefer, hoher Bogen, Außenwinkel tiefer. Außerhalb der Form wachsende Brauen zupfen, die Brauenlinie sollte nicht zu schmal sein.

Lid:

feinste Punkte zwischen die Wimpernansätze zeichnen, Lidlinie mit grauem und/oder braunem Puder betonen, erst an der Mitte des Lids nach außen ziehen.

Wimpern:

einzeln vom Ansatz zum Ende hin tuschen. Darauf achten, dass nur wenig Wimperntusche, diese dafür aber mehrmals hintereinander aufgetragen wird, so dass keine Klumpen entstehen.

Lippen:

Kontur mit braunrosa Stift nachziehen. Lippen mit Glanz oder die natürlichen Lippenfarbe betonendem Stift mit Hilfe eines Pinsels oder Bürstchens ausfüllen.

Haut/Nase:

Schatten und Rötungen mit Hilfe eines Pinsels und einer Abdeckung in der Farbe der Haut unsichtbar machen. Die anderen Stellen der Haut „ganz Natur" belassen. Transparentpuder auftragen. Wangen mit unauffälligem braunrosa Puder betonen.

gehen. Sie „färben" damit jene Wangenpartien, die sich in der frischen Luft röten würden. Wenn Sie ein wenig gebräunt aussehen möchten, dann tragen Sie noch etwas Bronzepuder an den Konturen des Gesichts auf. Zum Schluss tragen Sie – wieder mit einem Pinsel oder mit einem Lippenbürstchen, aber nicht mit den Fingern – farblosen oder lippenfarbenen Lippenglanz auf. Den Pinsel braucht man auch hier, um die Konturen auf natürliche Weise einhalten zu können und nicht mit dem plumpen Finger darüberzupatzen.

- Immer noch ganz natürlich wirkt es, wenn Sie auch den Lidrand am Unterlid betonen, indem sie die Zwischenräume zwischen den Wimpernansätzen mit dunklen Punkten füllen. Einen Eyeliner verwenden Sie nicht, wohl aber grauen oder braunen Puder, mit dem Sie eine dunklere Färbung der Lidlinie erreichen. Beginnen Sie mit der Färbung aber nicht im Innenwinkel der Augen sondern erst in der Mitte, die Kontur im äußeren Winkel können Sie ein wenig verlängern. Spielen Sie mit kleinsten Mengen von mattem grauem und braunem Puder und verwenden Sie rund um die Augen keinen Glanz. Augen glänzen von selbst, solange sie interessiert und neugierig sind. Vermeiden Sie es, klare Linien zu zeichnen: alle Begrenzungen in der Natur, auch auf ihrem natürlichen Gesicht, verlaufen in Schattierungen.
- Tragen Sie Wimperntusche besonders sorgfältig, Wimper für Wimper auf. Dabei achten Sie darauf, dass die Tusche dünn ist und nicht klumpt. Nehmen Sie das Zuviel an Farbe schon vorher mit Papier vom Bürstchen ab und bürsten Sie die Wimpern mehrmals hintereinander, immer vom Grund nach oben, statt sie einmal vollzupappen, was schneller geht, aber den natürlichen Look zunichte macht.
- Den Lippen geben Sie mit einem Lipliner in Rosabraun Begrenzung; den Lippenstift tragen Sie mit dem Pinsel oder dem Bürstchen auf. Die Farbe ist immer der natürlichen Lippenfarbe angepasst, rosabraun, mal etwas dunkler, mal etwas heller. Transparenten Puder, Wangenpuder und Bronzepuder für die Konturen tragen Sie wie oben beschrieben auf. Wenn Sie Puder mit einem Papiertuch aufs Gesicht pressen, hält er länger – vom Morgen bis zum Abend.

Erotik und Verschwendung

In seinem Werk „Liebe, Luxus und Kapitalismus" erklärt Werner Sombart plausibel, wie Erotik und Geld zusammenhängen. Man muss nicht alles, was er 1920 schrieb, gutheißen, doch lohnt es sich, Sombarts Buch zu studieren. Luxus entstehe nicht dort, wo man fleißig arbeite und Geld aufhäufe, lautet seine These, sondern dort, wo der Sex mitspiele – wo die Mätressen regierten. „Vergeudung und Verschwendung entsteht erst dort, wo sich Reichtum mit Erotik verbindet. Wo sich das Liebesleben nicht wirklich entfalten kann, führt der Reichtum nur zur Anhäufung von Gütern und Edelmetallen, nicht zur Verschwendung. Liebe und Geiz schließen einander aus. Der Geizige hat nur eine Leidenschaft: sein Geld."

Wo also gibt es, nach Sombart, heute Vergeudung und Verschwendung? Vor allem im Showgeschäft. Hier gibt es keine Tabus, sondern schrille Erotik, gepaart mit Geld. Wie anders geht es dagegen in großen Konzernen zu! Dort wird hart gearbeitet, rund um die Uhr. Die graue Flanellgesellschaft rechnet und macht Überstunden. Das Kapital vermehrt sich, nicht jedoch Karrierefrau und Karrieremann. Dazu fehlt ihnen die geeignete (Luxus-)Zeit.

Wo Erotik und Geld zusammenkommen, wird viel Zeit verschwendet. Kostbare Arbeitszeit. In großen Konzernen wird deshalb auch selten an erotische Zeitverschwendung gedacht. Erotik aber beflügelt die Phantasie. Und schafft auch Arbeitsplätze, von der Unterwäscheerzeugung bis zur Gummiproduktion.

Bei einer Umfrage wurden Männer gefragt, welche Frauen sie besonders erotisch finden. „Solche mit dem Riesenbusen", hätte man wahrscheinlich gern gehört. Doch die Antwort war: „Kühle Frauen, bei denen man ahnt, dass hinter der Fassade ein Vulkan brodelt."

Sichtbar wird dieser Vulkan in der Unterwäsche. Unter dem einfachsten Kleid und den normalsten Jeans sind Seidenunterhöschen und Spitzen-BHs das Nonplusultra einer kühlen und aufregenden Frau.

Lucrezia Borgia scheint eine solche gewesen zu sein. Bei ihren wilden Ausritten trug die Renaissancefürstin unter dem Rock nichts außer Strumpfbändern aus Smaragden und Rubinen, die man zu sehen bekam, wenn sie wie zufällig vom Pferd fiel.

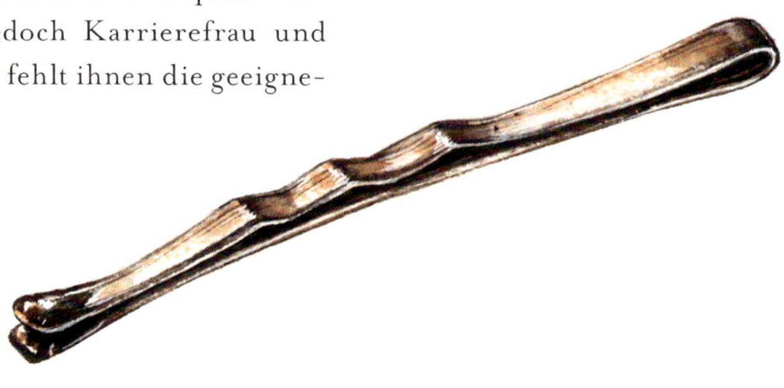

Heute trüge Lucrezia, dem Tipp Coco Chanels folgend, ein strenges Kostüm und darunter etwas mehr als nichts – nämlich feinste Spitze und einen wunderbaren Duft (wie Marilyn Monroe). Der Duft muss übrigens überhaupt nicht teuer sein. Ein Duftöl, eine natürliche Duftessenz mit erotisierender Komponente schafft eine aufregende Verbindung von Wolle und Haut. Empfehlenswert sind Vetiver, Vanille, Jasmin und Muskat.

Auf den ersten Blick unsichtbar waren die Reize der großen Verführerinnen; was etwa an Alma Mahler wirklich so berauschend war, darüber rätselt heute noch die Welt. Sichtbar wurde der Aufwand der Kurtisanen hingegen meist in den Schuldenbüchern der Schneider und Dekorateure. Im 18. und 19. Jahrhundert nahmen deren Ausstände riesige Ausmaße an. Das „Luxusweib", so Sombarts Beobachtung, gehe mit Geld nämlich ganz anders um als der Mann. Es wolle nicht nur ein großartiges Ding, sondern viele schöne kleine Dinge, sogenannte Bagatellen, und zwar nicht morgen oder nächstes Jahr, sondern auf der Stelle, sofort. Die Frau kann laut Sombart nicht warten, wobei er fairerweise hinzufügt: der verliebte Mann erst recht nicht. Hängt er der Dame seines Herzens ein Smaragdkollier um den Hals, so zeigt er damit allerdings auch, dass er sich diese Frau leisten kann.

So wird erst durch die Frauen der Luxus zum lebendigen und beweglichen Luxusgut, zum Spiel mit der Mode, die die Luxusgüterproduktion anfacht und die Wirtschaft vorantreibt. Ohne Frauen und ohne Erotik wäre die Welt freudlos und grau. Es bliebe alles beim Alten, festgefahren und unbeweglich. Wie in einem militärisch geführten Kloster vom Orden des grauen Flanells.

Luxus treibt die Wirtschaft an, Menschen hingegen treibt er nicht selten in den Ruin. Am Endc des 18. Jahrhunderts war halb Paris ruiniert und voller Gauner. Sombart schreibt: „Luxus ist der Henker der Reichen [...] die Reize sind nicht mehr befriedigt, sondern abgestumpft, anstelle pikanter Abwechslungen treten bizarre Aufwendungen, die nur den Degout mit sich führen. [...] die reichen Leute sind bald an dem Punkt angelangt, nichts mehr zu fühlen. Ihre Einrichtungen sind eine wechselnde Dekoration, ihre Kleidung eine tägliche Fron, ihre Mahlzeiten eine Parade, der Luxus quält sie, wie die Not die Armen quält."

Stein und Edelstein

Gut sei nur, behaupteten die Hüter der Moral, was nützlich sei. Auch die Freunde der Weisheit neigen zur Überbewertung des Nützlichkeitsdenkens. Besonders die Edelsteine lehnt man als profanen Schmuck ab; sie dienen bloß dazu, Gott und die Götter zu feiern. Die Großzügigkeit eines Liebhabers oder Ehemanns, der seiner Geliebten einen Edelstein schenkt, weil sie für ihn eine Göttin ist, behagt ihnen nicht. Die Ansicht, dass Edelmetalle und Edelsteine nur Unfrieden stifteten, brachte so manchen Moralisten auf seltsame Ideen. So meinten etwa die Urchristen, dass Gold und Silber weniger nützlich seien als Eisen und Bronze und deshalb auch weniger wert. „Und was ist schon ein Edelstein?" fragten die strengen Urchristen. „Ein Stein ohne jeglichen Nutzen, der nur das Staunen der Weiber erregt" (Tertullian). Perlen nannten sie „Auswüchse der Muscheln".

Andere Kritiker suchten einen anderen Zugang zu dem Thema, etwa Adolf Loos, der österreichische Architekt. 1898 schrieb er in der Neuen Freien Presse: „Was ist mehr wert, ein kilo stein oder ein kilo gold? Die frage ist wohl lächerlich. Aber nur für den kaufmann. Der künstler wird antworten: für mich sind alle materialien wertvoll. Die Venus von Milo ist gleich wertvoll, ob sie nun aus schotterstein oder aus gold bestünde. Die Sixtinische Madonna würde keinen kreuzer teurer zu stehen kommen, wenn Raffael auch einige pfund gold in die farben gemischt hätte. Der kaufmann, der daran denken muß, die goldene Venus im bedarfsfalle einzuschmelzen, wird aber wohl anders rechnen müssen."

So freut man sich über einen Brillanten und fühlt sich als Göttin, bekommt man ihn geschenkt. Auch einen Türkis weiß man zu schätzen. Selbst kauft man sich ein hübsches Schmuckstück, trägt es, wenn man es mag, ein paarmal und legt es wieder in den Safe. Oder man erbt es, das kommt häufig vor. An echtem Schmuck hängen meist Emotionen. Spätestens aber dann, wenn man aus Not oder Laune zum Kaufmann wird und echte, im Stil der Zeit geschliffene und gefasste Schmuckstücke ins Versatzamt trägt, wird man gewahr, dass diese nur noch, wenn überhaupt, ein Drittel wert sind.

Perlen

Perlen, sei es im Süßwasser oder im Meer, entstehen, wenn ein Fremdkörper zufällig in eine Muschel gerät. Die Muschel überzieht ihn mit schützenden Perlmuttschichten. Diese absorbieren und reflektieren das Licht aus der Umgebung, auch aus der Haut, auf vielfältige Weise, was den besonderen Schimmer der Perle ausmacht. Perlen können, wenn sie ständig getragen werden, die Natur einer Frau reflektieren. Wenn man sie länger nicht trägt, verlieren sie ihren Glanz. Parfüm schadet ihnen. Perlenmuscheln sind in der Natur rar geworden, weil sie nur in sehr sauberem Wasser leben. Künstlich erzeugt man „Kulturperlen", indem man den natürlichen Vorgang nachmacht. Man kann die Formen, die sich in der Natur zufällig bilden, beeinflussen. Ob es nun ein-, zwei- oder dreireihige Ketten sind, aus großen, kleinen, barocken oder regelmäßigen Perlenformen: Perlen sind erschwinglich und stehen jeder Frau.

Gut sei nur / behaupteten die Hüter der Moral / was nützlich sei. Auch die Freunde der Weisheit neigen zur Überbewertung des Nützlichkeitsdenkens. Besonders die Edelsteine

lehnt man als profanen Schmuck ab / sie dienen bloß dazu / Gott und die Götter zu feiern. Die Großzügigkeit eines Liebhabers oder Ehemanns / der seiner Geliebten einen Edelstein schenkt / weil sie für ihn eine Göttin ist / behagt ihnen nicht. Sie aber freut sich / bekommt sie ihn geschenkt.

Nahezu „wertlos" geworden sind echte Perlen. Sie waren nur früher etwas Kostbares, damals, als man sie mühsam aus dem Meer heraufholen musste. Vor hundert Jahren hatte ein Perlenhalsband den Wert eines Hauses mit acht Zimmern; heute können Perlen in den unterschiedlichsten Variationen in unendlicher Zahl hergestellt werden. Unabhängig von ihrem Marktwert sind sie ein Schmuck, der einfach ist und zu eleganten, sportlichen, mütterlichen, dynamischen, älteren und jungen Frauen gleicherweise passt.

Mit dem Stolz auf „echt" räumte Coco Chanel auf, die erste weibliche Modeschöpferin und Wegbereiterin der gut gekleideten emanzipierten Frau, als sie ihre berühmten Ketten entwarf. Diese bestanden aus unechten und aus Halbedelsteinen und waren eine Revolution. Zu wertvollem Schmuck äußerte sich Coco Chanel mit den Worten: „Wer möchte sein Geld um den Hals hängen haben?"

Ob es erlaubt oder verboten, gut oder schlecht ist, sich echten, ornamentierten, geschliffenen und gefassten Schmuck zu kaufen, ist Ansichtssache. Sicher aber ist es Unsinn, sich Schmuck als Wertanlage zu kaufen. (Da sind Sie mit einem ungefassten Edelstein besser dran.) Kaufen Sie sich Schmuck, wenn er Ihnen gefällt. Das kann ein einfacher Holzreif sein oder auch ein Einkaräter. Kratzen Sie niemals Ihr letztes Geld für echten Schmuck zusammen. Das reservieren Sie lieber für die ultimative Goldplombe. Und tragen sie „falschen" Schmuck so, dass man es ihm ansieht. Die ernstgemeinte Imitation ist niemals eine Empfehlung für die Trägerin.

Verlieren Sie die Ehrfurcht vor teuren Materialien! Adolf Loos schreibt: „Der parvenü findet es beschämend, sich nicht mit diamanten schmücken zu können, beschämend, kein pelzwerk tragen zu können, und beschämend, nicht im steinpalast zu wohnen, seitdem er in erfahrung gebracht hat, daß diamanten, pelzwerk und steinfassaden viel geld kosten. Daß das fehlen von diamanten, pelzwerk oder steinfassaden auf die vornehmheit keinen einfluß hat, ist ihm unbekannt."

Das Echte ist etwas, das durch und durch ehrlich ist. Das Echte schämt sich nicht, zu sein was es ist. Es kann nichts anderes ersetzen und will durch nichts anderes ersetzt werden. Das Echte ist, was es ist: zum Beispiel ein einfaches Möbelstück aus Vollholz. Oder eine reife Frucht. Ein Lachen, das aus dem Herzen kommt. Am Echten gibt es nichts herumzufummeln, zu verbessern. Entweder man mag es – oder man mag es nicht.

Süß sind die Freuden

„Wo Fresslust herrscht", behauptete Werner Sombart, „verschwindet die Liebe. Vielfresser sind Feinde der Erotik. Darum findet man sie häufig im Reich der kirchlichen Würdenträger, aber auch der Philosophen. Immanuel Kant war ein Feind der Frauen und Freund des opulenten Mahls."

Nachdem man sich an den italienischen Fürstenhöfen satt geliebt hatte, wurde dort die Kochkunst erfunden und wanderte danach nach Frankreich aus. Dort hat die Gourmandise – also die Vielfresserei – angeblich die Liebe verdrängt: das „große Fressen" tötet die Liebeslust. Der kleinen Näscherei gewinnt Sombart hingegen Positives ab. „Je besser die Süßspeisen in einem Land sind, desto erotischer sind die Frauen. In Österreich, Italien, Frankreich und Polen ist Eros ein gerngesehener Gast. In Deutschland schon weniger – dort ist die rote Grütze und das Grießkoch Indikator heißer Liebe. Vom Plumcake in England möchte man besser schweigen."

Kaffeekenner unterstreichen Sombarts These: Je weiter westlich man – von Europa aus gesehen – kommt, desto dünner wird der Kaffee. Je weiter man nach Südosten fährt, desto kräftiger wird er und desto süßer – wie die Frauen.

Zucker, Schokolade, Vanille und Kaffee bringen Bewegung in die Welt. Der Handel floriert, die Phantasie wird angeregt. Die Lust am Naschen fördert den Handel, der Handel bringt Geld, Geld erzeugt Kapitalismus – und Liebe, Luxus, Kapitalismus sind unzertrennlich.

Heute weiß man, warum Schokolade glücklich macht (sie ermöglich im Gehirn die vermehrte Produktion des Glücksbotenstoffs Serotonin), und man weiß, warum Zucker Liebessehnsucht bedeutet – und leider allzu oft die Liebe ersetzt: Zucker beeinflusst das weibliche Hormon Östrogen. Zucker putscht auch für kurze Zeit auf und wirkt gegen die Melancholie, darum steigt im Winter, wenn die Sonne fehlt, der Zuckerkonsum. Schokolade und Zucker können süchtig machen, isst man sie mit Gier. Ritualisiert man den Gebrauch jedoch, nascht man also „mit Maß", so kann ein Stück Schokolade, das man im richtigen Moment der Partnerin/dem Partner in den Mund schiebt, ein zärtliches (leider von der Werbung zu oft strapaziertes) Erlebnis sein. Etwas Süßes zum Nachtisch, klein, aber fein, rundet ein leichtes Dinner ab. Wenn Süßes wie zum Beispiel eine Tasse mit starkem, süßem und duftendem schwarzen Kaffee im Bewusstsein des köstlichen Augenblicks genossen wird, dann vermittelt dies das die Stimmung hebende Gefühl, sich etwas Besonderes zu gönnen.

„Heute gönne ich mir den Luxus ..." – Sie kennen diesen Satz. Meist handelt es sich um banale Dinge, die man aus einer Laune heraus zum Luxus macht. Doch wer genießen und sich freuen kann, wird zum Regisseur des eigenen Luxuslebens.

Süßes macht nicht dick, wenn …

Wer Süßes in kleinen Häppchen über den Tag verstreut nascht, merkt nicht, wie viele Kalorien er so nebenbei zu sich genommen hat. Isst man Süßes nach böhmischer Art als Hauptgericht, so kann man ruhig „einmal ist keinmal" sagen. Isst man davor eine Minestrone oder ein leichtes Gemüsegericht, braucht man kein schlechtes Gewissen zu haben. Luxuswesen, die dem einfachen Luxus frönen, sind nämlich diszipliniert. Sie schauen den Dingen ins Auge, schätzen, was sie sich gönnen, kritisch ein, was heißen kann: Wenn ich heute mit Lust und Liebe Palatschinken esse, dann verlängere ich eben morgen meinen Dauerlauf um eine Stunde und halte ich mich beim Essen ein wenig ein. Ein Mensch wird ja nicht fett, wenn er einmal in der Woche einen Grießschmarren mit Zucker bestreut. Er wird fett, wenn er nascht, wenn er sich nicht bewegt und statt Wasser süßes Zeug trinkt. Die Fettleibigkeit der westlichen Bevölkerung entsteht aus einer Kette von Fehlverhalten, von Bewegungsarmut und falscher Ernährung. Also: lasset uns hin und wieder Sünder sein. Dabei vergessen wir all die süßen Schaumspeisen aus den Konditoreien, die alle gleich schmecken, und lassen die einfachen Speisen aus der Kindheit der Generation von Oma und Opa wieder erstehen. Sie stammen aus der altösterreichischen Küche und fehlten noch für fünfzig Jahren auf keinem Speisenplan.

Buchteln gab es bei uns aus ein und demselben Teig immer in doppelter Version. Als kleine Buchteln mit Vanillesauce zu Mittag und als große, mit Ribisel-(Johnnisbeer-)marmelade gefüllte Buchteln am Abend darauf zum Kakao. Gebackene Mäuse, Polsterzipfe und andere Krapfen aß man früher auch als Hauptspeise, mit Preiselbeerkompott oder Apfelmus.

Gebackene Apfelspalten, gebackener Holunder: alles Mögliche lässt sich backen; das Resultat der Speise hängt von der Güte des Backteiges ab. Dieser soll dünn und knusprig sein; deshalb empfehle ich, ihn mit Mehl, Ei und Wein zu machen. Oder mit Sekt, Mineralwasser tut es auch.

Bratäpfel sind meine Lieblingsspeise. Mein Großvater stellte einen wohlschmeckenden Apfel einfach auf einem Untersatz bei einem Türl, das in den großen Kachelofen eingelassen war, hinein und holte ihn ein paar Stunden später heraus. Da solche Öfen aber rar geworden sind, werden wir den Bratapfel lieber im Rohr machen.

Von Koch und Schmarrn: Rezepte

Auflauf

Ein Auflauf ist eine leichte, warme Süßspeise und schnell gemacht. Ob Reisauflauf oder Grießauflauf, die Vorgangsweise ist immer dieselbe. Man kocht Reis oder Grieß mit Wasser und Milch dick ein. In eine feuerfeste Auflaufform aus Keramik, Email, Stahl ... gibt man Butter, nun schaltet man das Backrohr ein. Man teilt ein paar (2 Eier pro Person) Eier in Eigelb und Eiklar, gibt so viel man will (1 EL pro Ei) Zucker hier wie dort darunter. Dann rührt man Ei und Zucker schaumig, schlägt das Eiklar steif und zieht beides unter den Milchreis/Milchgrieß, er muss nicht ausgekühlt sein. Wer will, zieht auch fein geriebene Zitronenschalen, Rosinen oder Apfel-, Marillenstücke, Himbeeren etc. darunter. Man gießt die Masse in die Form, in der die Butter im vorgewärmten Rohr zerschmolzen ist, und bäckt bei mittlerer Hitze, bis der Auflauf fest wird und sich eine schöne goldbraune Kruste bildet.

Süße Milchspeisen

Milchreis, Milchgrieß warm oder kalt und Milchfarfelen schmecken großen und kleinen Kindern gleich gut. Sie sind so leicht zu machen, dass es ein Frevel ist, sie als Fertiggericht zu kaufen.

Milchreis wird am besten, wenn man ihn am Herdrand einen Tag lang ganz langsam kocht, zuerst mit Wasser, später mit Milch. Dann bekommt er seine kondensierte Konsistenz. Aber dazu braucht man einen mit Holz befeuerten Herd, ein wahres Luxusgerät! Milchreis wird aber auch auf jedem anderen Herd gut, er ist eigentlich ein Milch-Risotto und wird wie dieses unter ständigem Rühren gekocht. In einen Kochtopf kommt ein Finger hoch Wasser, dazu ein nussgroßes Stück Butter. Dann schüttet man ½ Tasse Reis (Risottoreis, jedenfalls Rundkorn) dazu, rührt um, bis alles kocht, und gießt mit frischer Milch auf. Die Hitze ist nun schwach. Man rührt mit einem hölzernen Kochlöffel um, aber nicht ständig, sondern immer dann, wenn sich der Reis am Boden und am Rand angelegt hat. Hier, entlang der Topfwände, bildet sich die dicke Reismilch, die den Milchreis mit der Zeit so sämig macht. Der Brei köchelt nun eine Viertel-, halbe Stunde dahin. Milchreis wird zum Kochen nicht oder nur wenig gezuckert, den Zucker spart man sich für nachher auf, wenn man anrichtet. Man nimmt groben Kristallzucker, vermengt ihn mit etwas Zimt oder mit geriebener Kochschokolade und streut die Mischung drauf. Der Reis braucht ca. eine Dreiviertelstunde bis er fertig ist; er hat während des Rührens ungefähr einen Liter Milch aufgenommen! Jetzt geht es ans Schmausen, wobei ich meine Methode, Milchreis zu essen, jedem empfehlen kann: Ich gebe einen kräftigen Klacks Brei in den Teller, dann streue ich drei, vier Esslöffel von dem groben Kristallzucker, den ich zuvor mit der geriebenen Schokolade vermischt habe, darüber. Diese Mischung bleibt auf dem Reis liegen, man vermengt sie nicht mit dem Brei, sondern isst sie, indem man mit dem Löffel kleine Portionen von der Seite her absticht.

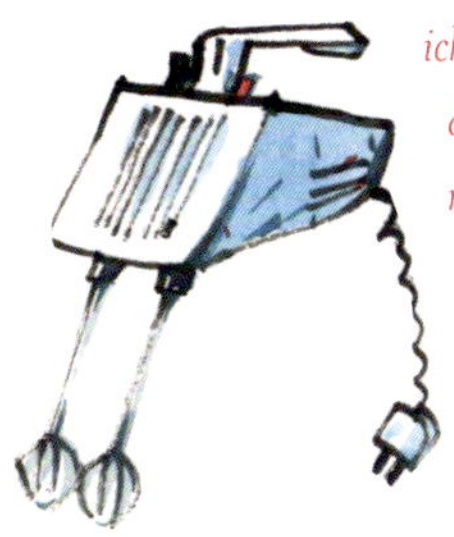

Schmarrn

Nie wieder sollen sie zu etwas Misslungenem „so ein Schmarrn" sagen. Aber ein Schmarrn ist eben ein Schmarrn, etwas das einmal ganz war und nun zerteilt und geröstet gegessen wird. Beliebt bei Alt und Jung ist der Grießschmarrn, so wie ihn unsere Großmütter machten. Er ist im Gegensatz zum an Eiern reichen Kaiserschmarrn keine so schwer im Magen liegende Speise.

Grießschmarren macht man wie folgt: Man weicht 4 EL Grieß pro Person am Vortag oder Vorabend in Milch ein, so dass der Grieß die kalte Milch anzieht. Man gibt Butter (je mehr desto besser) in eine Schmarrn-Pfanne, heizt das Rohr auf und lässt die Butter schmelzen. In den eingeweichten Grieß gibt man Rosinen, Zucker und geriebene Zitronenschale, die Masse gießt man in die Pfanne und schiebt sie ins Rohr. Wenn die Masse oben goldbraun wird, nimmt man eine Schmarrn-Schaufel, kratzt den angelegten Rand und Boden ab und zerteilt und verteilt den Schmarrn so, dass unten oben ist, schiebt das ganze nochmals ins Rohr, bis der Schmarrn eine Kruste hat. Zuckern – und hinein ins Zuckermäulchen! Dazu schmeckt am besten Zwetschkenröster.

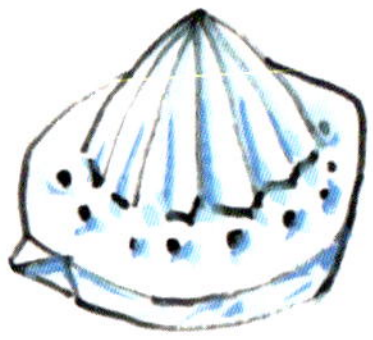

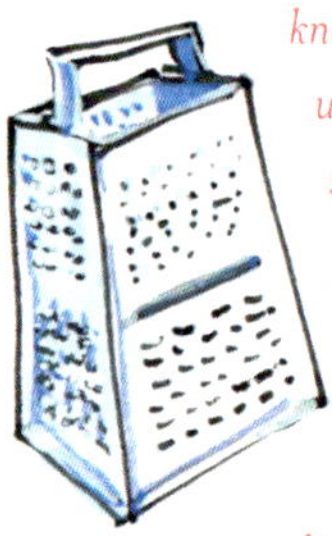

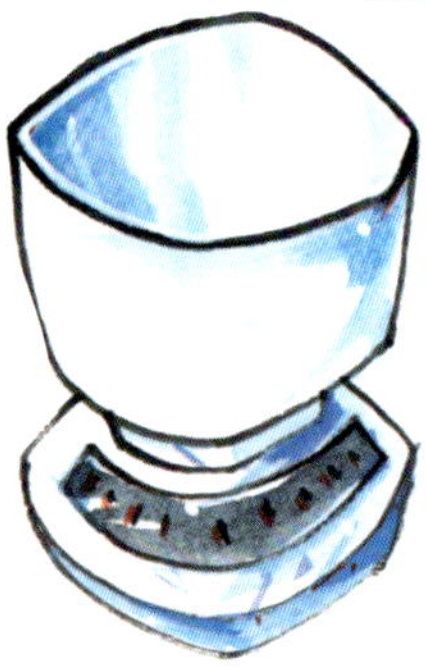

Semmelschmarren/ Kipfelkoch macht man aus Kipfeln, süßem Milchbrot, aber auch aus alten Semmeln. Früher sammelte man dafür die Reste in einem Stoffsack: süßes Brot für den Schmarrn, salziges für die selbst gemachten Semmelknödel. Früher bekam man auch in der Bäckerei Kipfeln und Zopf dafür (fast) geschenkt. Wer öfter Semmelschmarrn macht, wird das geeignete alte Brot dafür finden, den besten Schmarrn machte ich im Süden, in Italien, wo es ungesalzene, schneckenförmig gerollte Semmeln gibt. Sie eignen sich phänomenal zum „Verschmarrnen". Man schneidet das Brot in dünne Scheiben, gibt es in eine Schüssel, schüttet Milch, in die man 1 EL Zucker, geriebene Zitronenschale und 1 Eidotter/Person und Kipfel verquirlt hat, darüber, mischt gut durch und lässt die Flüssigkeit einziehen. Milch darf keine herumschwimmen. Aus dem Eiklar schlägt man Schnee, zieht in unter die Masse, aber erst kurz bevor man sie in eine mit zerlassener Butter (man darf auch Butter sparen) bedeckte Form gießt. Ins vorgewärmte Rohr schieben, goldbraun backen, mit einer Schaufel lockern, umdrehen, nochmal backen. Fertig. Dazu schmeckt am besten Apfelmus.

Palatschinken

Palatschinken sind meine Spezialität. Ihre auch? Ein jeder hat sein eigenes Rezept, und Palatschinken gibt es in irgendeiner Form in der ganzen Welt. Kein Wunder! In Asien macht man sie mit Reismehl, in Südamerika mit Maismehl, bei uns mit Weizenmehl. Man macht sie mit Milch, mit Fett und Wasser, auch mit Bier oder Sojamilch gelingen sie. Ich nehme ganze Eier, auch Dotter oder Eiklar extra, wenn es vom Kochen an anderen Tagen übrig war und im Kühlschrank auf Verwendung hofft. Dann gebe ich etwas Salz dazu, Mehl und Milch, etwas Öl oder zerlassene Butter, was gerade da ist, rühre mit dem Schneebesen um, bis die Masse sämig wird, dann gebe ich noch Flüssigkeit dazu. Wie viel, das liegt im Gefühl. Nicht zu flüssig und nicht zu dick darf sie sein; dicker ist für die erste „Probepalatschinke" besser, Flüssigkeit kann man leicht nachgießen. Ist eine Flasche Sekt in der Nähe – es genügt auch Sodawasser – gieße ich daraus nach, prickelnde Kohlensäure ist für den Palatschinkenteig gut. Palatschinken werden in eigens dafür gemachten flachen Pfannen und über der Gasflamme am besten, aber ein Elektro- oder ein Holzherd tut es auch. Weil ich oft Palatschinken mache, habe ich dafür „die" Pfanne und auch „den" Schöpfer. Ein voller Schöpfer enthält nämlich genau die richtige Menge Teig für ein Stück. Palatschinken brauchen Fett, auch wenn wir eine antihaftbeschichtete Pfanne verwenden. Sie brauchen geschmackloses Öl – Sonnenblumenöl –, das sehr heiß werden kann. Aber Sie brauchen nur sehr wenig davon, deshalb schütte ich ein wenig Öl, fingerhoch für dreißig Palatschinken, in eine Kaffeetasse oder ein Kännchen.

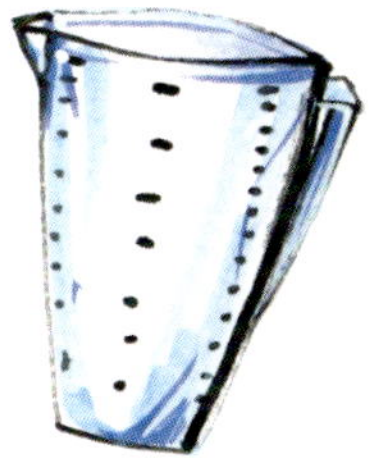

Vor jedem Eingießen kommen ein paar Tröpfchen davon in die Pfanne. Teig eingießen, bis er den Boden bedeckt, auf große Hitze stellen, umdrehen, ½ Minute braten lassen, fertig ist das köstliche Produkt, das meist am besten ankommt, wenn es dünn und goldgelb ist und ein Muster aus braunen Punkten hat.

Palatschinken, umringt von Kindern und Gästen, am Herd gebraten, werden meist vom Fleck weg gegessen. Marmelade steht am Tisch, jeder streicht sie sich selber auf. Gut schmeckt sie mit Staubzucker bestreut.

Das Beste vom Besten jedoch sind überbackene Topfenpalatschinken im Rohr. Man bereitet die Palatschinken und die Topfenfülle vor. Für die Fülle teile ich 3 Eier, mache aus Dotter, Zucker und Zitronenschalen einen Abtrieb und aus dem Eiklar Schnee und ziehe das Ganze unter den Topfen. Sensationell schmeckt die Fülle, verwendet man statt leicht säuerlichem Kuhmilchtopfen Schaffrischkäse. Er ist cremiger und süßer. In die ausgebutterte Form legt man die gefüllten Palatschinken nebeneinander. Dann gießt man Milch drauf, so dass nur der obere Rand der Palatschinken herausschaut, den bestreut man mit Zucker und Butterflocken. Im Rohr bei mittlerer Hitze überbacken! Ein Gedicht!

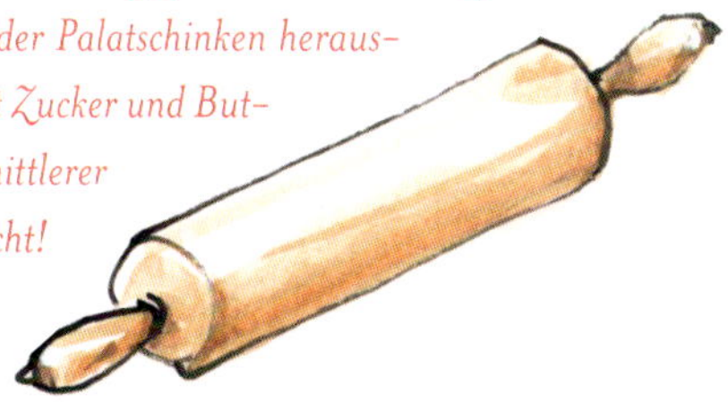

Das fette Füchslein
(nach Horaz)

Ein ausgehungertes Füchslein strich auf der Suche nach Essbarem übers Feld. Doch alles war abgeerntet, und so kam es immer weiter, bis in ein Dorf, wo es einen Kornspeicher fand. In dem war ein Fenster, gerade so groß, dass das Füchslein bequem durchschlüpfen konnte. Da saß es nun, mitten im Korn, und fraß und fraß und wurde immer fetter. Als es nahe am Platzen war, dacht es, so, jetzt ist es genug. Ich will mich wieder mal draußen umsehen, was da in der Welt so alles passiert. Aber es kam nicht mehr durchs Fenster: es war zu fett geworden. Aber weil das Füchslein schlau war, erkannte es den einzig möglichen Weg. Es fraß nichts, magerte ab und passte endlich wieder durchs Fenster. Als es dann endlich im Freien war, wusste es, dass ihm das karge Dasein unter freiem Himmel viel besser behagte als der Überfluss im vollen Speicher. Den wollte es in Zukunft nur hin und wieder beehren, und dann auch nur für eine kurze, bemessene Zeit.

Festliche Einkehr

Mit dem Feiern ist es wie mit dem Luxus: Die einen verstehen darunter möglichst viel, möglichst teuer und möglichst laut. Die anderen möchten am Feiertag Ruhe, Ruhe, Ruhe. Einfach Nichtstun. Die jüdische Sabbat-Tradition zum Beispiel ist die stille Art des Feierns. Ruhen Sie, feiern Sie. Aber feiern Sie mit Bedacht. Zum Festefeiern gehören sowohl die Tanzmusik als auch Einkehr und Besinnlichkeit. Wenn nur laut gefeiert wird, verlieren die Feste ihren Sinn.

Es gibt viele Beispiele dafür, wie ein und dasselbe Fest laut und leise gefeiert wird. Weihnachten zum Beispiel. Die alte, europäische Weihnacht dekorierte man in den Farben silber und weiß, die neue, amerikanische ist rot und gold. Zwischen der zurückhaltenden, leisen silber-weißen und der lauten, aufdringlichen rot-goldenen Dekoration ist ein Unterschied wie Tag und Nacht. Die eine symbolisiert die Besinnlichkeit, die andere den Konsum. Dieser Unterschied drückt sich auch in den Geräuschen aus, die zum Weihnachtsfest gemacht werden. Klar und hell macht das Christkind „klingelingeling", laut und vulgär dröhnt der Weihnachtsmann: „hohoho!" Das Klingeln verkündet die frohe Botschaft, und mit „hohoho" wird geworben.

Dekoriert man die Weihnachtsfestlichkeiten nach amerikanischer Manier rot und gold, weil es einem besser als weiß und silber gefällt, so kann man mit rotwangigen Äpfeln und mit goldener Farbe bemalten Nüssen die Aufdringlichkeit entschärfen. Kerzen aus Bienenwachs verleihen einem mit Äpfeln und vergoldeten Nüssen behängten Weihnachtsbaum einen warmen, angenehmen Schein. Ein Plastikweihnachten in Rot und Gold mit elektrischen Kerzen aber ist hässlich und laut. Wer in Silber dekoriert, kann ruhig ein wenig mehr Kristallglas verwenden. Auch Kugeln in Pastellfarben können nobel, also kühl und festlich sein.

Auch Allerheiligen, das alte keltische Totenfest, hat eine laute und eine leise Seite. Die laute Seite ist Halloween, das war das keltische Fest der Geister. Besinnlich hingegen ist der ganz persönliche Besuch eines hübschen Friedhofs, am Abend des Allerheiligentags, wenn Stille über den Gräbern liegt, Hunderte Kerzen brennen und nur einige wenige Besucher die Gelegenheit wahrnehmen, Zwiesprache mit sich und den Verstorbenen zu führen. Jetzt erst bekommt das Allerheiligenfest seinen eigenen, tieferen Sinn.

Das beste Brot der Welt

Viel kostbarer als Gold und Edelstein ist die Zeit, Ihre Lebenszeit. „Stehlen Sie nicht meine Zeit!" Wie oft möchte ich das jemandem sagen, der mir auf den Wecker geht. Oder: „Meine Zeit ist kostbar", wenn mich jemand unnötig lange beschwatzt. Ich möchte dies auch den Firmen schreiben, die 154 Sorten Fruchtjoghurts produzieren. Drei Kinder habe ich großgezogen, und es war eine wunderbare Zeit – bis auf die, die wir im Supermarkt verbracht haben, um dort zu wählen und die Preise zu vergleichen. Um die Zeit besser auszukosten, lebe ich nun die Hälfte des Jahres auf einer Insel. Auf ihr gibt es nur einen Bäcker und eine urtümliche Bäckerei mit einem Holzofen, in dem er nur eine Sorte Brot bäckt. Obwohl ihn die Leute ersuchen, es doch auch mit anderen Arten von Brot zu probieren, hält er, wohl aus Bequemlichkeit und mangels Konkurrenz, an seinem einzigen Produkt fest, wobei ich ihn moralisch unterstütze, denn er hat recht! Weil es kein anderes Brot gibt, ist seines das beste Brot der Welt!

Ich verbringe auch gerne Zeit am Gemüsemarkt der Küstenstadt, den ich einmal in der Woche besuche. Auf diesem Markt gibt es alles, was die EU schon verboten hat. Ich habe dort auch schon meine Eierfrau und den Fischer, der mich nicht beschummelt, weil er will, dass ich wieder komme. Er verkauft Fische, die hat man in der Tiefkühlkette, die sie in die Großstädte bringt, noch nie gesehen. Mit den Gemüsefrauen plaudere ich über Herkunft der Früchte und Zubereitungsarten und wir vergleichen Rezepte. Die Käsefrau schneidet von jedem Laib zum Kosten ein Stück ab. Einen Marktbesuch empfinde ich nie als gestohlene Zeit, einen Besuch im Supermarkt schon. Es sei denn, es ist der auf der kleinen Insel. Dort gibt es nur das Nötigste, nichts wird einem aufgedrängt, nichts wird beworben, das Angebot ist klein, man hat den Überblick, zahlt nicht, sondern schreibt ins Büchlein ein und ist in kürzester Zeit mit dem, was man wirklich braucht, wieder durch die Tür verschwunden.

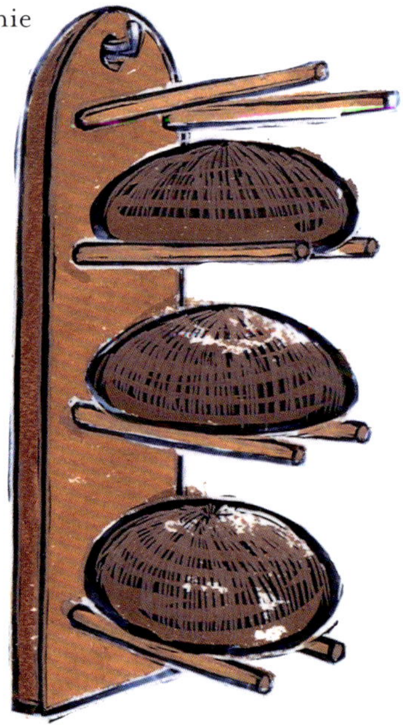

Standesgemäßer Luxus

Ebenso wichtig wie Geld sind die Beziehungen, die man zu wichtigen Menschen unterhält, ist, dass man irgendwo dabei ist: bei einem Verein zur Förderung von ... oder einem VIP-Club, einer Kammer, einer Partei. Wer nirgends drin ist, ist von Anfang an draußen, und um reinzukommen, braucht man Empfehlungen, Parteibuch oder Geld. Am Ursprung dieses allzu menschlichen Bedürfnisses, zugehörig zu sein oder sich zugehörig zu fühlen, steht die Sippe, das Clanwesen, die europäische Standestradition. Früher musste der Stand rein äußerlich ersichtlich sein. Schuster durften nur in einem gewissen Stadtviertel wohnen, Witwen nur eine bestimmte Kleidung tragen, Clubs nur von Leuten eines bestimmten Niveaus besucht werden. Dabei gab es fleißige Handwerker, die sich viel mehr leisten hätten können, doch sie durften nicht. „Schuster", so hieß es, „bleib bei deinen Leisten."

Aus Großbritannien kommt die Unart des „keeping up with the Jones" (die Schmidts müssen mit den Müllers mithalten), ein Zwang, immer ein bisschen mehr zu haben als der Nachbar, was dazu führt, dass man, sobald das Ziel erreicht ist, in eine bessere und deshalb teurere Wohngegend zieht, um wieder frustriert zu sein, weil man nun wieder auf der unteren Stufe der Besseren ist. Schulden werden dafür in Kauf genommen. Sie sagen, das ist dumm? Sagen Sie es nur und sehen Sie sich um. Wer sich verschuldet, tut es meist, weil er haben will, was der andere hat, obwohl er es gar nicht braucht: zum Beispiel ein Eigenheim, das er spätestens nach der ersten Scheidung wieder los ist.

Henry David Thoreau: „Die meisten Menschen haben nie genau bedacht, was ein Haus ist, und sind tatsächlich überflüssigerweise ihr Leben lang arm, weil sie glauben, ein ähnliches haben zu müssen wie ihre Nachbarn." Das ist mit vielen Dingen so, vor allem mit den Autos, den Pferdestärken. Sie sind der männliche Luxus, in den die Männer wesentlich mehr Geld stecken, als ihre Frauen je für Kleider und Reisen ausgeben können. „Der Reichtum eines Mannes wird eingeschätzt nach der Zahl seiner Pferde im Stall", hieß es um 1500 in der sagenumwobenen „goldenen Wüstenstadt" Timbuktu. Heute stehen die Pferde, nicht nur in Timbuktu, in der Garage. Man kauft sich ein Auto, das zu teuer, zu groß und zu schnell ist, und wird von ihm abhängig wie früher von seinem Pferd. Thoreau meint dazu: „Wenn die Menschen anfangen, mit Hilfe der Tiere nicht bloß unnötige oder künstliche, sondern auch törichte Luxusarbeit auszuführen, so ist es unvermeidlich, dass einige von ihnen alle Arbeit mit den Ochsen tauschen oder, in anderen Worten, die Sklaven des Stärksten werden."

Allerdings sind Standesvorschriften manchmal gar nicht so schlecht. Etwa in Schulen. Eine Schuluniform verhindert, dass Kinder angeben, mit dem (einfluss-)reichen Papa prahlen und sich durch ihr Äußeres Machtpositionen verschaffen können.

Die Kleidung eignet sich besonders gut dazu, vereinheitlicht und vereinfacht, also auf die Uniform reduziert zu werden. Zu Zeiten Maos gingen über eine Milliarde Chinesen im gleichen Drillich (und sahen dabei oft sehr hübsch aus, da die einheitliche Kleidung die Unterschiede der Gesichter hervorhebt). Ein großer Unterschied aber besteht zwischen der Uniform, die einem aufgezwungen wird, und der Uniform, die man selber freiwillig wählt. Intellektuelle tragen freiwillig Uniform. Beobachten Sie mal, wie Theaterdirektoren, Dichter, Dramaturgen und Bühnenbildner, mittlerweile auch Schauspieler, die sich selber inszenieren, gekleidet sind: in lässigem und teurem Schwarz. Oder schauen Sie in Ihren eigenen Kleiderschrank! In ihm finden Sie unsere globale Uniform: die Jeans. Sie sind ein Klassiker, werden seit 150 Jahren in großen Mengen produziert und sicher auch noch in 100 Jahren getragen. Diese einfache Kleidung hat sich bewährt, weil sie gut aussieht, waschbar ist, nicht gebügelt werden muss, praktisch ist, lange hält und in den unterschiedlichsten Größen von beiden Geschlechtern auf der ganzen Welt getragen werden kann. Man kann sich billige Jeans kaufen oder Markenjeans, enge oder weite, solche aus festem oder dünnem Stoff, trotzdem bleibt der Grundschnitt, der Jeans ausmacht, sichtbar. Sie verwischen die Grenzen zwischen Arbeitszeit und Freizeit, zwischen Sonntag und Alltag, zwischen Mann und Frau. Die Jeans sind ein Symbol unserer Zeit, in der wir uns – wenn wir es nur wollen – jederzeit aus freien Stücken zum Besseren bescheiden können.

T-Shirt

Angeblich haben britische Matrosen das T-Shirt erfunden, als sie den Befehl erhielten, kurze Ärmel an ihre Unterleibchen zu nähen, um ihre Achselhöhlen vor den strengen Blicken Königin Viktorias zu verbergen. T-Shirts sind salonfähig, ersetzen lästige Hemden und Blusen und werden zu jeder Gelegenheit getragen. Ihr Charakter hängt vom Schnitt und vom Stoff ab; sie können aus Baumwolle, Seide, Baumwollripp, ja auch aus Kaschmir sein. Es ist von keinem T-Shirt bekannt, dass der Preis auf die Qualität und die Tragdauer schließen lässt. Ganz von der Trägerin und vom Träger hängt es ab, ob ein T-Shirt den Ansprüchen gerecht wird, die man an es stellt: es soll schließlich Tag und Nacht, Sommer und Winter, drunter und drüber getragen werden können.

Jeans

1853 brachte Levi Strauss, ein bayerischer Kurzwarenhändler, kalifornischen Goldgräbern Segeltuch für Zelte und Planen. „Sie hätten Hosen bringen sollen", sagte ein Goldgräber zu ihm. Ein Jahr später kehrte Levi Strauss mit Hosen aus Segeltuch zurück.

Jeans sind die Uniform der Individualisten. Strapazierfähig, in allen möglichen Passformen, abgesteppt, mit Nieten und fünf Taschen, ursprünglich aus indigoblauem Denim, der sich mit der Zeit dem Körper anpasst und dessen Farbe sich auswäscht. Amerikas Mythos steckt darin: Goldgräber, Farmer, Hippies, die Rock'n-Roll-Zeit. Und die Revolution. Prunkstück in Kubas Schweinebucht-Museum sind die Jeans, die Che Guevara trug; sie werden verehrt wie eine Reliquie. Jeans kann man zu allem tragen: zu Pullovern, T-Shirts oder Smoking-Jacken. Sie geben jedem Träger, jeder Trägerin die Möglichkeit, „anders" zu sein.

Die wahre Geschichte von König Krösus

Geld, so denken heute viele, ist nicht schmutzig, und Geld vermehrt sich. Also ran ans Geld. Man scheffelt möglichst viel und lässt es dann arbeiten, während man es sich gutgehen lässt.
In früheren Zeiten war Geld an Besitz gebunden, und dieser schränkte die Freiheit des einzelnen ein. Frei fließendes „Spielgeld" wie heute gab es nicht. Reiche Leute stellte man sich so vor wie Dagobert Duck: geizige Männer, die auf einem Haufen Gold sitzen und täglich Dukaten zählen. Einer von ihnen war König Krösus.
Krösus, der sagenhafte letzte König von Lydien, hat wirklich gelebt. 543 v. Chr. eroberte er Ephesos, er zwang die übrigen kleinasiatischen Griechen zur Zinspflicht, unterwarf Phrygien und dehnte seine Herrschaft nach Osten bis an den Fluss Hylas aus. Die Schätze, die er in seiner glänzenden Hauptstadt Sardes aufhäufte, wurden sprichwörtlich.
In dieser Zeit des Glücks soll nach der Erzählung des griechischen Historikers Herodot der weise Solon den König besucht, aber jenen Schätzen so geringen Wert beigemessen haben, dass er, statt ihren Besitzer für den glücklichsten der Sterblichen zu erklären, das Los des sonst unbekannten Atheners Tellos und des Brüderpaares Kleobis und Biton dem des reichen Königs bei weitem vorzog. Warum das so war?

Eines Tages führte König Krösus den weisen Solon durch seine Schatzkammern und fragte ihn, welchen Menschen er für den glücklichsten der Welt halte. „Sicher wird er mich nennen", dachte er. Doch Solon sagte, das sei Tellos, ein ganz normaler Bürger aus Athen. „Warum gerade der?" fragte Krösus. Nun schilderte Solon das Glück des Tellos: „Er lebte zu einer Zeit, als es seiner Vaterstadt gutging, sah seine Kinder und Enkel zu wertvollen Menschen heranwachsen und fand im Kampf um Athen einen ruhmvollen Tod."
Nun wollte Krösus wissen, wer denn der zweitglücklichste Mensch sei. Und wieder nannte Solon nicht den Namen des Königs, sondern Kleobis und Biton, ein Brüderpaar. „Sie verfügten über ausreichenden Lebensunterhalt und Körperkraft, hatten einen sanften Tod und blieben der Nachwelt angenehm im Gedenken."
„Warum", fragte Krösus, „stellst du diese einfachen Männer über den Glanz meines Lebens?" Da antwortete Solon: „Weil ich die Eifersucht der Gottheit kenne, die keinen Menschen seine Grenzen überschreiten lässt. Unsicher ist daher das menschliche Leben, kein Tag lässt sich vorhersehen, erst das gute Ende gestattet es, einen Menschen glücklich zu preisen. Reichtum allein ist kein ausreichender Grund. Der Reiche kann unglücklich sein, der in bescheidenen Verhältnissen Lebende glücklich, wenn er von Schicksalsschlägen verschont und vor falschem Ehrgeiz bewahrt bleibt. Ist er dazu gesund, mit Kindern gesegnet, wohlgestaltet, und hat er ferner noch einen guten Tod, dann verdient er wirklich den Namen des Glücklichen. Denn entscheidend ist das Ende. Vielen haben die Götter schon Reichtum verliehen, um sie nachher ins Elend zu stürzen."

03

Komfort

03

Das Nest

Im Griechischen und Lateinischen bedeutet der Begriff „Komfort": „zu Kräften kommen, stark werden, vermögen, bekräftigen, seelisch und körperlich erstarken". In der christlich-römischen Zeit meinte man damit: „sich mit Gottes Hilfe stärken". Im Mittelalter kommt noch „trösten" hinzu, „jemanden aufrichten, ermutigen, Sorgen mildern, Schmerzen lindern". Komfort kann an die Stelle starker, schützender Arme und tröstender Worte treten.

In dem ab 1786 erscheinenden „Journal des Luxus und der Moden", das in deutschsprachigen Ländern über die neuesten Modetrends aus Paris berichtete und zum begehrtesten Journal der Damenwelt wurde, reihen die Verfasser der Artikel den wachsenden Komfort unter die Luxusbegriffe. Sie unterscheiden zwischen dem Komfort im bürgerlichen Leben und dem Komfort im Leben der Reichen, sozusagen zwischen dem Komfort zweiter und erster Klasse. Wohlleben ist der gutbürgerliche Genuss, der über die ersten, notwendigen Bedürfnisse des Lebens hinausgeht und eine mächtige Triebfeder der Industrie, der Künste, der Erfindungen und des Geschmacks ist. Hochleben hingegen ist der vornehme Luxus, der zusätzliche Bequemlichkeiten bietet und zu kultureller Blüte führt. Solange Wohlleben und Hochleben niemanden ruinieren, gelten sie als etwas Erstrebenswertes und Gutes. Kritisiert wird im „Journal des Luxus und der Moden" nur die Üppigkeit; sie ist des Guten zu viel und gilt als unfein.

Briten und Franzosen haben eine unterschiedliche Auffassung davon, was Luxus ist. Mit britischem Luxus verband und verbindet man: Feinheit, Reinlichkeit, Zierlichkeit, Bequemlichkeit, Gediegenheit, Körperpflege, komfortable Kleidung, Wohnkomfort. Französischer Luxus steht für: Glanz, Kostbarkeit, Verzierung, großen Aufwand, Pracht und Körperdekoration. Komfort ist die britische bzw. amerikanische Seite des

Wohllebens. In Mitteleuropa orientierte man sich in den vergangenen Jahrhunderten eher am französischen Stil, nur in intellektuellen Kreisen blickte man bereits ins komfortable Amerika.

Wie in einem amerikanischen Reihenhaus aus einer TV-Serie, so möchte man heute wohnen: einfach und doch nicht spartanisch, pflegeleicht und doch naturnah. Dieser Wunsch ist ein erreichbares Ziel. Nicht auf das Ornamentale und Kostbare kommt es heute an, sondern darauf, dass man in hellen Räumen mit angenehmen Möbeln wohnt. Das Nest soll behaglich sein und wenig Arbeit machen. Dazu gehört auch, dass die Anordnung der Räume praktisch ist, dass sich das Badezimmer neben dem Schlafzimmer befindet und die Garage im Haus ist, so dass man durch sie gleich in den Küchenvorraum kommen und die Einkaufskörbe abstellen kann. In den Küchen stimmen die Anordnung der Geräte und die Höhe der Arbeitsfläche, man muss so wenig wie möglich hin und her gehen. Doch auch die Kehrseiten des komfortablen Haushaltens sind bekannt: vom Müllberg (weil alles hygienisch und portionsweise verpackt ist) bis zur Luftverschmutzung durch die Autos, weil keiner mehr zu Fuß geht.

Wohnkomfort und Weiblichkeit

„Die Frauen bereiten uns das wohlige Nest", schrieb Werner Sombart. Und weil meist Frauen bestimmen, wie eine Wohnung eingerichtet wird, ist sie – unabhängig vom Zeitgeist – immer etwas textiler und „rundlicher", auch etwas bunter ausgestattet als ein Büro. Im Wohnraum bekommt der berühmte Satz „Form follows function" des Architekten Louis Sullivan eine eigene Interpretation. Funktion besteht nicht nur aus mechanischen Prozessen, sondern auch aus Ästhetik. Ein funktionelles Möbel bereitet Freude, Zufriedenheit und Behaglichkeit; Funktionen, die ein Möbel ebenso erfüllen soll wie Festigkeit, Haltbarkeit und Ergonomie.

Komfort macht Dinge zweckmäßig und mühelos im Gebrauch, er ist eine sinnliche Annehmlichkeit, die so weit geht, dass man auch von komfortablen Menschen spricht oder von komfortablen Getränken, wie Friedrich Schiller 1801 in einem Brief an seine Frau Lotte: „[...] habe ich auch ein neues Getränk kennengelernt, eine Art von Punsch, er wird aus Portwein, Zitronen, Zucker, Muskatnuss warm bereitet und ist für den Magen komfortabel."

Fürst Pückler bringt den britischen Komfortbegriff mit „temper" in Verbindung, „jenem seelisch-geistigen Zustand der Ausgeglichenheit und heiteren Beherrschtheit". Er schreibt 1828: „[...] nur eine Nation, die das Wort comfort erfinden konnte, war zugleich fähig, temper zu erdenken – denn temper ist in der Tat im Geistigen, was comfort im Materiellen ist. Es ist der behagliche Zustand der Seele und das größte Glück sowohl für die, die es besitzen, als für die, welche es an anderen genießen [...] Mit gentleness im Charakter, comfort im Haus und temper in seiner Frau ist die irdische Seligkeit eines Mannes erschöpft."

Wohnkomfort bedeutete ursprünglich eine saubere, einfache Bequemlichkeit, den Besitz der Lebensnotwendigkeiten und der soliden Dinge, die für ein angenehmes Leben notwendig sind. Komfortabel wohnen bedeutet wohnlich wohnen und nicht „hausen". Was als wohnlich empfunden wird, ist Empfindungs- und Geschmackssache, hängt vom Bewohner ab, davon, ob in ihm eine weibliche oder eine männliche Seite dominiert. Diese Seiten wechseln einander in den Stilepochen immer wieder ab. Auf ein reduziertes, männliches Stilempfinden folgt ein überbordend weibliches, auf Sparta folgt Sybaris. (Wenn Männer in vollgestopften Wohnungen leben, so hat dies selten mit Textilien und Möbeln, sondern meist mit Gerümpel, Aktenbergen und ungelesenen Zeitungen zu tun.)

Symbol für das komfortable Möbel ist der Fauteuil. In einem Fauteuil von Adolf Loos, Josef Hoffmann oder Le Corbusier, in einem ganz einfachen Ohrensessel oder Clubsessel sitzt man wesentlich bequemer als in einem historisierenden Ungetüm, das Fransen und Schnitzereien hat. Fauteuils kauft man nicht, indem man sie anschaut, sondern indem man sie be-sitzt, und zwar mehrere Male. Sie sollten nicht zu niedrig und nicht zu hoch, nicht zu hart und nicht zu weich sein, sie sollten den ganzen Körper mit ihren warmen Armen (Lehnen) umfangen, den Rücken stützen und schützen.

Die bequemen Lümmel-Liege-Liebe-Lesemöbel stammen aus dem englischen Kaminzimmer, dem Livingroom, dessen Charakteristik es ist, dass es mit individuellen, aus den verschiedensten Epochen und Ländern stammenden Möbeln ausgestattet ist. Ursprünglich diente dieses Zimmer den reitwütigen englischen Landadeligen dazu, sich nach ihren Ausritten auszuruhen, dabei die Zeitung zu lesen, einen Drink zu nehmen und in die flackernden Flammen im Kamin zu schauen. Man schloss den von Bewegung erfüllten Tag mit bequemem Sitzen ab, ruhte in dem Möbel wie im Schoß einer weichen Frau. Die lag – früher einmal – auf dem Sofa, jenem Ungetüm, das sich heute zur sogenannten „Sitzgarnitur" gesellt hat: eine gepolsterte, tiefe, bequeme Bank, auf der wahlweise zwei, drei oder mehr Personen sitzen und liegen können und die meist mit zwei Fauteuils eine Einheit bildet, welche das Wohnzimmer dominiert. Das Sofa ist ein Möbel zum Träumen: der Traum der Frauen und der Alptraum der Designer, weil es so dominant und formlos ist. Es ist ein seltsames Möbel, ideal für den Kurzschlaf nach dem Mittagessen, ungeeignet für die Nachtruhe, ideal für den Auftakt zur Liebe, ungeeignet für deren Vollendung.

Tipps

Tipps zur Pflege natürlicher Wohnmaterialien

Dass nur künstliche Materialien pflegeleicht sind, ist Unsinn. Im Gegenteil. Holz, Wolle, Kalk, Stein, Ziegel, Keramik und Baumwolle sind pflegeleicht, wenn man folgendes berücksichtigt:

Holz *soll, wenn es verarbeitet wird, natürlich getrocknet sein und seiner Verwendung gemäß ausgesucht werden. Für Küchentische und Arbeitsplatten eignen sich Ahorn, aber auch Esche und Eiche. Lassen Sie das Holz unbehandelt, es hält dann ewig.*

Wolle *kann mit lauwarmem Seifen- oder Essigwasser gereinigt werden. Wollteppiche klopft man im Winter mit dem Flor nach unten auf dem frischgefallenen Schnee aus.*

Kalkweiße Wände *können, wenn sie schmutzig sind, leicht abgerieben und nachgekalkt werden. Kleine Flecken radiert man mit Brotkugeln ab.*

Steinböden *sind strapazierfähig, sie werden mit Molke oder saurer Milch gereinigt.*

Ziegel- oder Cottoböden *sollten mehrmals mit einem geeigneten Wachs eingelassen werden. Von Natur aus sind sie ohnehin nicht gleichmäßig gefärbt, Flecken, die sich hin und wieder bilden, weil etwas auf den Boden fällt, stören nicht. Cottowachs eignet sich auch meist zum Einlassen von Holzdielen oder Tischplatten aus Naturholz.*

Baumwolle *ist ideal für waschbare Vorhänge und Überzüge. Wenn Sie die Vorhänge selbst nähen, dann waschen Sie den Stoff vor dem Nähen zweimal mit der Maschine durch.*

Verwenden Sie Naturmaterialien so, wie sie der liebe Gott geschaffen hat, also nicht „geflämmt" oder „gebeizt" oder patiniert. Sie haben eine lebendige Struktur, die altert und sich leicht verändert.

Adolf Loos, 1898:

„Gegenwärtig wird von einem sessel nicht nur verlangt, dass man sich auf ihm ausruhen kann, sondern auch, dass man sich schnell ausruhen kann.

Time is money. Das ausruhen muss daher spezialisiert werden: nach geistiger arbeit wird man sich in einer anderen stellung ausruhen müssen, als nach der bewegung im freien.

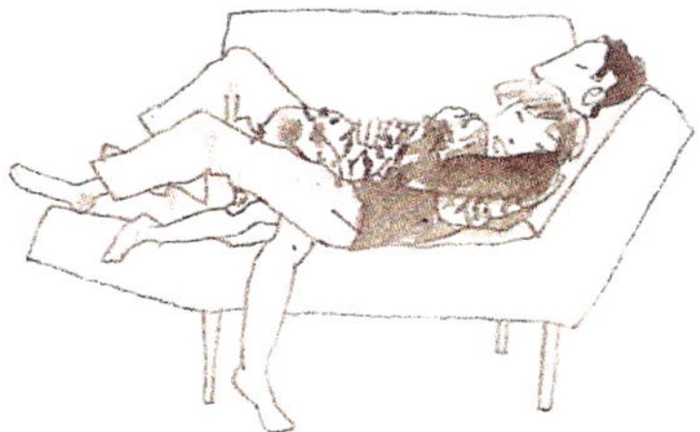

Auch der grad der ermüdung verlangt eine andere technik des ausruhens. Haben sie noch nie das bedürfnis gehabt, besonders bei großer ermüdung, den einen fuß über die armlehne zu hängen? An sich ist das eine unbequeme stellung, aber manchmal eine wahre wohltat.

In Amerika kann man sich diese wohltat immer verschaffen, weil dort kein mensch das bequeme sitzen,

also das schnelle ausruhen, für unfein hält. Die engländer und amerikaner sind wahre

virtuosen des ausruhens. Dem grundsatze gemäß, dass jede art der ermüdung einen anderen sessel verlangt, zeigt das englische zimmer nie einen durchgehend gleichen sesseltypus. Jeder kann sich den ihm passenden sesseltypus aussuchen."

Der „American way of life"

„Hat aber der Farmer sein Haus im Besitz, so ist er unter Umständen dadurch nicht reicher, sondern ärmer, und das Haus besitzt ihn, nicht aber er das Haus. Meiner Ansicht nach war der Einwand, den Momus gegen das Haus der Minerva erhoben hatte, ein sehr triftiger. Er sagte nämlich: ‚Sie hat das Haus nicht beweglich gemacht, und so kann man böser Nachbarschaft nicht entgehen.'"

150 Jahre nach Henry David Thoreau, der in den Wäldern von Massachusetts den Amerikanern seine individuelle Unabhängigkeit erklärte, sind die US-Amerikaner mobiler denn je – sie haben nicht nur sich selbst, sondern auch ihre Häuser beweglich gemacht. Sie wechseln ihre Jobs und mehrere Male im Leben den Wohnort. Sie haben das Mobil-Home erfunden, in dem es sich durchaus wohnlich einrichten lässt. Wo immer auch ihr „Home" steht, die Bewohner möchten sich in ihm wohl fühlen. Sie möchten sich entspannen, sich regenerieren. Sie machen einen Unterschied zwischen „to be rich" und „to be comfortable". „Rich" ist man, wenn man so viel Geld hat, dass man sich alles kaufen kann, egal was es kostet. Man spricht nicht über Geld, weil es da ist. „Comfortable" ist man, wenn man mit dem, was man hat, gut auskommt und, mit ein wenig Geschick, sorglos leben kann.

In Amerika wurde der Begriff des „Standard" erfunden. Schon um 1900 gab es in den USA den standardisierten, in jeder Wohnung vorhandenen technischen Komfort: Einbauschränke, Einbaubäder, Küchenzeilen. Man wünschte diesen Komfort überall vorzufinden, wo man gerade wohnte. Dieser Standard ist die auf einen gemeinsamen Nenner gebrachte wohntechnische Bequemlichkeit. Er ist messbar. Die Mobilität der Amerikaner braucht diese Standards auch, oder vor allem, in den Hotels. Darum haben die Amerikaner auch die Hotelketten erfunden. Und die Fast-food-Restaurants. In ihnen fühlt man sich auf der ganzen Welt „daheim". Man ist vor Überraschungen sicher und weiß, was einen erwartet.

Standards sind Vereinfachungen – meist zum Besseren. Ein amerikanisches Hotelzimmer ist einfach perfekt: ein begehbarer Schrank, das Badezimmer großzügig und funktionell, die Handtücher appetitlich und das Bett gerade richtig. Es gibt die Mini-Bar und den Fernsehapparat. Ursprünglich aber waren es die Briten, die häusliche Behaglichkeit in außerhäusliche Bereiche übertrugen: in die Männerclubs, in die sie sich vor ihren Familien und Frauen flüchteten. In diesen Clubs sind alle Attribute des Weiblichen vorhanden: dicke Teppiche, bequeme Polstersessel und diskreter Service, bloß die lästigen Frauen fehlen. Von diesen Clubs schaute man sich in Wien das Kaffeehaus ab: Gemütlichkeit, zurückhaltender Service, Geselligkeit, Plüsch und Kaffee machen aus dem Kaffeehaus ein „erweitertes Wohnzimmer", in das auch Frauen bald Zugang hatten.

Damit ein Ding einfach sei, braucht es nur in einem organischen Sinn sich selbst treu zu sein.

FRANK LLOYD WRIGHT, UM 1917

Über den Komfort von Wohnräumen verfügten früher auch die Fahrzeuge erster Klasse, die innen gepolsterten Kutschen, die eleganten Eisenbahnabteile. Später zeichneten sich die berühmten britischen und amerikanischen Autos durch besonderen Komfort aus. (Komfort und edle Innenausstattung in Leder und Holz sind auch heute noch ein Kriterium beim Autokauf.)

Adolf Loos erklärt, warum die Amerikaner praktischer und komfortabler als die Kontinentaleuropäer wohnten. In Europa konnte sich nur die „obere Schicht" das Wohnen überhaupt leisten. In dieser Schicht beschäftigte man Hauspersonal, das man schlecht bezahlte, daher durften die Möbel unpraktische Staubfänger sein. In Amerika hingegen gab es eine breite Mittelschicht, die den Staub selber wischen musste; ein hoher Prozentsatz der Einwohner legte daher Wert auf eine bequeme und praktische Wohnung, in der sich Mann und Frau die Hausarbeit nicht teilten, sondern sie an die Technik delegierten. Eine gute amerikanische Standardwohnung verfügt über High-Tech in der Küche, Komfort im Wohnraum und textile Intimität im Schlafzimmer.

Das gute Basis-Bett

Amerikanische Hotelbetten zählen zu den komfortabelsten der Welt. Sie sind lang und breit, haben kein Fußende, ein bequemes, meist leicht gepolstertes Kopfende und eine gute Matratze, die auf einem Lattenrost liegt. Sie sind so hoch, dass man darauf sitzen und sich sitzend hineinlegen kann, die Luft unter dem Bett kann zirkulieren, so verdunstet der nächtliche Schweiß. Die Kissen sind eher hart als weich, sie stützen den Nacken, und die Decke ist so groß, dass man sie über den Kopf ziehen kann, ohne dass die Füße im Freien sind.

Mit fremden Federn

Einst signalisierten Schmuck und Schnörkel Wohlhabenheit. Das führte im Laufe der Zeit zur fälschlichen Annahme, man müsse ein billiges Stück nur verbrämen, dann werde gleich etwas Besseres daraus. Das galt auch für den Menschen selbst: Wenn ich mir Ketten um den Hals hänge und Federn an den Hut stecke, dachten viele, dann bin ich gleich jemand Besonderer. Äsop schrieb eine Fabel dazu: „Die mit fremden Federn geschmückte Krähe":

Eine aufgeblas'ne eitle Krähe las sich Federn, die dem Pfau entfallen waren, vom Boden auf und schmückte sich damit. Und fortan kennt sie ihr Geschlecht nicht mehr und mischt sich in der Pfauen schöne Schar. Was wird? Der Unverschämten hacken diese die Federn aus und beißen sie hinweg. Und als sie übel so gelohnt und traurig sich zu den ihren stiehlt, erduldet sie von ihnen gleichen Rückweis, gleiche Schmach. Da sprach von denen, die sie einst verschmäht, ein Alter: hättest du mit uns und dem, was die Natur dir gab, vergnügt gelebt!

Im vorigen Jahrhundert, und nicht nur damals, wurde die „über den Rahmen schwellende Polsterung" (Robert Musil) zum Inbegriff eines luxuriösen Wohnstils. Dass sich Plüsch und Schnörkel oft selbständig machten und die Wohnungen unter sich begruben, animierte Wohnreformatoren zu zornigen Äußerungen. „Weg mit dem Ornament", riefen die Puristen und verlangten nach einfachen Formen, ehrlichen Materialien, nach einer modernen Art von Komfort. Aber bald hieß es auch: „Das Ornament ist kein Verbrechen" – wenn es dezent ist, an den richtigen Stellen als optische Unterstützung der Statik und als Blickfang angebracht ist. Das Männliche und das Weibliche, Yin und Yang, sollten einander ergänzen und sich die Waage halten, in idealer Harmonie.

Den menschlichen Trieb, sich und die Umgebung zu schmücken, nannte Loos den „Indianerstandpunkt". Er schrieb 1898 in der Neuen Freien Presse: „Je tiefer die kultur, desto stärker tritt das ornament auf. Das ornament ist etwas, das überwunden werden muss. Der papua und der verbrecher ornamentiert seine haut. Der indianer bedeckt sein ruder und sein boot über und über mit ornamenten. Aber das bicycle und die dampfmaschine sind ornamentenfrei. Die fortschreitende kultur scheidet objekt für objekt vom ornamentiertwerden aus."

Mit schuld am uferlosen Verschnörkeln waren die neuen Möglichkeiten der industriellen Fertigung – und der Glaube an die Arbeitsstunde. Je mehr Arbeitsstunden in einem Gegenstand stecken, so dachte man, desto teurer muss er sein. Die Industrie machte es nun möglich, Luxuriöses, das einst Hunderte Stunden Handarbeit gekostet hatte, maschinell herzustellen. Damit konnte man Verschnörkeltes rasch, einfach und in Massen produzieren. Anstatt die Form der Arbeit anzupassen – also nüchterne, praktische Dinge mit Hilfe der Maschine herzustellen –, ging man daran, einfache Dinge maschinell zu dekorieren, um ihnen den Anschein zu geben, sie wären etwas Teures.

Kitsch überflutete die Wohnzimmer. Wer von nun an Geschmack beweisen wollte, griff nicht mehr zum beliebig Reproduzierbaren,

sondern zum Seltenen und Einzigartigen. Das Unikat wurde zum Luxusgut. Es zu finden verlangte nicht unbedingt Geld, sondern Spürsinn. Einfach muss das Unikat nicht sein: es kann durchaus monströs aussehen. Der Historismus stellte solche Unikate her: einzigartige Hässlichkeiten. Wenn ein Handwerker oder Künstler Unikate garantiert, heißt dies also noch lange nicht, dass sie edel, schlicht und gut sind.

Erst mit der Gründung des Bauhauses entstand ein von allem Überfluss und Ornament befreites, funktionales Design, das keinen Anspruch auf Einzigartigkeit erhob, im Gegenteil. Einzigartig war hier nur die Idee, der Entwurf, der Prototyp, nach dem Tausende, ja Millionen oder noch mehr Exemplare industriell hergestellt werden konnten. Dieses Design hatte dann alle Chancen, ein Klassiker zu werden, wenn es über Jahrzehnte hin gebraucht und gekauft wurde. Das wirklich gute, moderne Stück braucht begabte Designer – und begabte Käufer, die in der Lage sind, seinen Wert zu erkennen.

Ornament ist kein Verbrechen

„Weniger ist mehr", so lautet das erste Gebot der Moderne. „Weniger ist langweilig", konterte jemand in den Siebzigerjahren des 20. Jahrhunderts. Das Ornament muss nicht schlecht sein, wenn es eine wichtige Funktion erfüllt. Ein Beispiel: Ich übernahm einmal eine Wohnung, deren Vorbesitzer die Fenster mit ornamentalen Vorhängen verhängt hatte. Diese Vorhänge waren nicht notwendig, weil die Fenster den Blick auf eine wunderschöne grüne Landschaft freigaben.

Ich entfernte also alle Vorhänge und blickte durch kahle Fensteröffnungen ins Freie. Irgendwann hatte ich die Idee, die Fensterstöcke in einer Pastellfarbe schmal einzurahmen. So wurden aus den Fenstern Fensterbilder.

Wenn das Ornament die Statik unterstützt oder das Auge auf eine bestimmte Stelle hinführt, dann ist es kein Verbrechen, im Gegenteil: Es hat eine wichtige Funktion. Ein mit Messing umrandetes Schlüsselloch findet man leichter als eines, das man nicht sieht. Eine zarte Bordüre an der Wand in Augenhöhe kann ein Zimmer mit einem optischen Band zusammenfassen.

Alte Kulturvölker stilisierten Beobachtungen aus der Natur oder die Natur selbst – der Mäander als Form, die sich ein Fluss ins flache Land gräbt, ist in allen Kulturen der Welt als Ornament zu finden.
Kalebassenrassel aus Kolumbien/Brasilien, um 1880

Die Überlegenheit des Understatements

Im Luxus liegt politische Sprengkraft. Linken Ideologien gemäß beuten einige wenige Reiche die Proletarier aus, um sich ein tolles Leben zu gönnen. Die Massen leben im Elend, während die alten und neuen Kapitalisten ihr Vermögen verprassen. Friedrich Engels machte auf den „lächerlichen und unnützen Luxus" aufmerksam, und Karl Marx teilte die Arbeit in eine gute und eine schlechte ein. Es gebe „Luxusarbeiter", wie Kutscher und Dienstmädchen, und Arbeiter, die lebensnotwendige Güter produzierten. (Das sind solche, die ihnen selber zugute kamen.) Heftig legten sich die Sozialisten mit den adeligen Landbesitzern an, die den alten Feudalstaat repräsentierten. Man ließ überhaupt an Menschen, die erbten, kein gutes Haar, da sie ihr Vermögen nicht selbst verdient hätten und es nur verbrauchten. In den kommunistischen Staaten sprach man demnach „vom Luxus der parasitären Adelsklasse, der privilegierten Unternehmer und dem Pomp der katholischen Kirche", denen man den „anständigen Wohlstand der arbeitenden Bevölkerung" entgegensetzte. Den eigenen Pomp rechtfertigte man dadurch, dass er der Öffentlichkeit diene.

Vor seinem Tod entwarf Loos seinen Grabstein, einen schmucklosen, glatten Granitblock, auf dem er sich folgende Inschrift wünschte: „Adolf Loos, der die Menschheit von überflüssiger Arbeit befreit hat". Sie wurde nicht realisiert, als er 1933 in einer Zeit großer Arbeitslosigkeit starb. Wenn Arbeit knapp ist und Menschen Arbeit suchen, finden sie es nämlich als Hohn, wenn ihnen ein arroganter Schöngeist die angeblich überflüssige Arbeit wegnimmt.

Intellektuellen und Künstlern, die aus gutem Haus stammen, ist der geschmacklose materielle Luxus zuwider. Man hält jeden, der verschwenderisch lebt, für primitiv und sich selbst für kultiviert. Statt wie der brave Bürger fleißig für Ramsch & Co zu arbeiten, saßen (und sitzen) die Freunde der feinen Lebensart lieber im Kaffeehaus oder im privaten Club und sprachen dem (Glitzer- und Glamour-)Luxus jeden kulturellen Wert ab. Selbst kultivierten die Berufs-Söhne das wunderbare Understatement und fanden darin bald nichtadelige Nachahmer. Man nennt sie Snobs, die Jungs ohne Adel (abgekürzt für: sine nobilitate), und sie haben viel Sinn für Geschmack, dem sie eine übertriebene Bedeutung zumessen.

Kultur, so behaupten diejenigen, die seit Jahrhunderten Kulturträger sind, sei nicht mit Geld käuflich, sondern ein innerer Wert, den man durch Erziehung, Disziplin und Bildung erwerben könne – und durch Kontinuität. Luxus hingegen sei barbarische Prunkentfaltung.

Bewundernd schauen sie auf den schlanken Grafen, der wie sein eigener Schlossgeist aussieht und schon seit fünfzehn Jahren dasselbe Tweedsakko und dazu ausgebeulte Hosen trägt, und auf die ranke Gräfin, die im dünn gewordenen Lodencape sonntags nach der Kirche die Honneurs macht. Dabei gibt es genügend Adelige, die aussehen wie die Schmidts und Müllers, und betrachtet man ein Foto in einer Zeitung, auf dem Adelige abgebildet sind, so kann man sicher sein, dass der, der wie ein Adeliger gestylt ist, ein eingeheirateter Chauffeur ist. Kultur, so behaupten diejenigen, die seit Jahrhunderten Kulturträger sind, sei nicht mit Geld käuflich, sondern ein innerer Wert, den man durch Erziehung, Disziplin und Bildung erwerben könne – und durch Kontinuität. Luxus hingegen sei barbarische Prunkentfaltung.

Intellektuelle und Künstler sind, auch wenn es ihnen manchmal finanziell nicht besonders gold geht, privilegiert. Sie können mit sich etwas anfangen, egal wo sie auch sind. Überall, auch im größten Slum, können sie auf Entdeckungsreisen gehen, ihre Neugier befriedigen. Auch Naturfreunde sind privilegiert. Ein Wiesenstück kann ihr Himmelreich sein. Oder ein Vogel, wenn sie bei den Bird-Watchern sind und es Ihnen die größte Freude bereitet, als erste im Jahr in einer bestimmten Gegend einen bestimmten Vogel zu sehen. Über das Erscheinen des Gimpels am Hagebuttenstrauch im erlauchten Kreis der Rare Bird Society zu referieren, zu der man nur mit viel Geld und durch Referenzen Zutritt hat, das ist wahres Understatement.

Auf großem Fuß

Wie faszinierend ist doch das Leben der Aristocats! Allein ihre Schuhe!
Wenn Sie einen Einkaufsbummel planen und etwas Geld übrig haben: investieren Sie in Schuhe! Zuerst in schwarze, sie passen überall dazu, werden tagsüber und abends getragen. Schwarze Kappenschuhe für den Herrn, der niemals Schuhe tragen soll, die heller sind als die Hosen. Und schwarze Pumps für die Frau, sie passen zu Röcken, Kleidern und Hosen. Wenn Sie wissen wollen, ob jemand gut angezogen ist, dann schauen Sie nach unten. Was nützt ein teures Kleid, wenn der Schuh unpassend ist!
Passen sollte auch der Fuß zum Schuh. Stiefeletten sind ideal, um Überbeine oder abstehende Knöchel zu verbergen. Damenstiefel sind nur chic, wenn sie den Waden einen Millimeter Spielraum lassen. Achten Sie auf Komfort und darauf, dass es keine Druckstellen gibt, nicht nur, weil diese schmerzen: Spätestens seit bekannt ist, dass sich an den Füßen die Reflexzonen des Körpers befinden, weiß man, dass der Schuh das Wohlbefinden des gesamten Körpers beeinflusst. Genieren Sie sich nicht, klobige, feste Schuhe zu tragen. Die können sehr schick sein. (Wobei das Klobige noch lange nichts über die Bequemlichkeit eines Schuhs aussagt.)
Die Qualität eines Schuhs erkennen Sie daran, dass die Absätze aus mehreren Lederschichten zusammengesetzt sind, eventuell mit einer Gummischichte dazwischen, dass sie rundum genäht und die Nähte dicht und gleichmäßig sind, dass sie innen mit weichem Leder gefüttert wurden, dessen Nahtstellen rund sind und nirgendwo vorstehen, dass die Einlagesohle gewölbt ist. Wenn Sie den Schuh biegen, gibt er nach und nimmt danach seine ursprüngliche Form wieder ein.
Schuhe spiegeln die Lebensart ihrer Träger wider. Wer aus einer Kultur stammt, in der man viel herumsitzt und sich wenig bewegt, hat breitere Füße als jemand, der von Kind an viel herumläuft. Je schneller er geht, desto ausgeprägter wird die große Zehe sein, desto kleiner die kleine Zehe. Zu den Völkern der Welt, die sich am schnellsten fortbewegen, gehören die Engländer und die Iren – wahrscheinlich, weil sie sich früher nur durch Bewegung warm halten konnten.
Auch in Afrika erkennt man die sesshaften und die nomadisierenden Völker an den Füßen. Dort findet man auch noch Füße ohne Deformationen, die in Freiheit aufgewachsen sind. Lassen Sie Ihre Kinder im Sommer, wenn sich die Gelegenheit bietet, barfuß laufen! Über Wiesen, aber vor allem durch den Sand. Es gibt nichts Gesünderes als einen schuhfreien Sommer! Sandalen und Schnürschuhe kommen dem Bewegungskomfort entgegen; beide Typen der Fußbekleidung werden sich noch weiterentwickeln und den Trägern ein angenehmes Gehen auf dem harten Großstadtasphalt ermöglichen. Von den Füßen der alten Ägypter, die weder Sandalen noch Schuhe trugen und auf natürlichen Hornhautsohlen durchs Leben gingen, sind wir heute bereits zentimeterweit entfernt.

Die Faszination der Aristokratie

Wo nicht mehr der Adelstitel, sondern die Brieftasche bestimmt, was erlaubt ist, ergibt sich die Frage: Wo kann ich „das mit dem guten Geschmack" lernen? Die Antwort lautet: nicht beim Adel. Trotzdem hält man die Aristokraten für Inhaber einer Art „Geschmacksgarantie".

Fürst Pückler, schillernder und feinsinniger Bonvivant der ersten Hälfte des 19. Jahrhundert, schreibt, dass der Bürger stets den Luxus der reichen Aristokratie nachahme, und er erklärt auch, warum. Die reiche Aristokratie ist, im Gegensatz zum reichen Bürger, immer reich, sie betreibt Heirats- und Erbpolitik und kann daher das verfeinerte Leben als Konstante ansehen. Der Reichtum des Bürgers hingegen kann zunehmen oder schwinden, er ist nicht konstant, und gerade deshalb blickt der Bürger immer wieder zur Aristokratie auf, um sich von ihr den Lebensstil abzuschauen. Dieser ist nicht nur nach außen hin durch Glanz und Gloria sichtbar, sondern breitet sich auch im Verborgenen aus, etwa durch die Verwendung von Raritäten, kostbaren Einzelstücken, Seltenheiten, Unikaten oder besonderen Materialien.

Pückler, selbst stets mehr auffallend als gut gekleidet (also gar nicht nobel), beschreibt den adeligen Lebensstil: „Geschützt durch Herkunft und Stand kann man bei Wahrung gewisser Regeln tun, was man will. Der Adelige kennt die Regeln, um sie nach Belieben zu übertreten. Der gerade erst reich Gewordene kennt sie noch nicht. Wer weiß, wie man isst, darf ruhig mal auch mit den Händen essen. Regeln sind da, um nicht eingehalten zu werden."

Über Ratgeber, die erklären, wie man essen soll, wie sich kleiden und wie kommunizieren, kann der Aristokrat nur lächeln. Er hat es mit der Muttermilch mitbekommen. Was aber, wenn man neu ist im Establishment und nicht so recht weiß, wie man hoch oder noch höher kommen soll? Wenn man sich unsicher fühlt in der Umgebung gut angezogener Smalltalker? Wenn man nach der „goldenen Regel" fragt?

„Die goldene Regel lautet", so George Bernard Shaw, „dass es keine goldene Regel gibt." Fallen Sie nicht auf Coachs, Seminarleiter und Buchautoren herein, die Ihnen weismachen wollen: Auf die Kleidung kommt es an! Die ernsthaft behaupten, dass es wichtig sei, in welchem Kostüm die Karrierefrau ihr Vorstellungsgespräch führt oder mit welchem Auto der Mann fahren muss, damit er eine Anstellung findet, und wo der Mensch zu essen hat, damit er wichtig wird.

Lassen Sie sich auf solche Empfehlungen nicht ein. Tragen Sie, was Ihnen guttut, worin Sie sich wohl fühlen. Stecken Sie Ihr Geld in Information und in die Ausbildung! Und vor allem: bleiben Sie beim Vorstellungsgespräch Sie selbst. Wenn Sie sich nämlich verstellen, kriegen Sie vielleicht den Job, aber er passt mit Sicherheit nicht zu Ihnen. Sie werden damit nicht glücklich werden.

Glauben Sie Henry David Thoreau: „Vorsicht vor allen Unternehmungen, für die man neue Kleider braucht!"

Stil und Mode

Erst die finanzielle Selbständigkeit öffnete den Frauen völlig neue Perspektiven. Adolf Loos schrieb in der Neuen Freien Presse: „Das edle am weibe kennt nur eine sehnsucht, sich neben dem großen starken mann zu behaupten. Diese sehnsucht kann gegenwärtig nur erfüllt werden, wenn sie die liebe des mannes erringt. Aber wir gehen einer neuen, größeren zeit entgegen. Nicht mehr die durch den appell an die sinnlichkeit, sondern die durch arbeit erworbene wirtschaftliche unabhängigkeit der frau wird eine gleichstellung mit dem manne hervorrufen. Wert oder unwert der frau wird nicht durch den wechsel der sinnlichkeit fallen oder steigen. Dann werden samt und seide, blumen und bänder, federn und farben ihre wirkung versagen. Sie werden verschwinden."

Drei Generationen nach Loos verdienen Frauen ihr eigenes Geld und geben es selbst aus. Nicht für Federn und Bänder, aber immer noch für Kleider und Körperpflege. Sie entwickeln ihren eigenen Stil, ein Zeichen für das neue Selbstbewusstsein. Giorgio Armani: „Niemand mit Stilbewusstsein würde seine Art, sich zu kleiden, nur um der Mode willen radikal ändern."

Berufstätige Frauen haben ihre Bekleidung an die der Männer angepasst. Sie tragen praktische Hosenanzüge, wenig Schmuck, bequeme Schuhe und beherzigen den Hinweis von Coco Chanel: „Wenn eine Frau schlecht gekleidet ist, fällt ihre Kleidung auf. Ist sie gut gekleidet, bemerkt man die Frau". Ein guter Anlass, in diesem Sinne ihren Kleiderkasten zu entrümpeln. Wobei „gut" bedeutet: gut sitzend, nicht übertrieben in der Form, geschmeidig in der Bewegung, in einer zurückhaltenden Farbe, die zu ihren Augen, Haaren und ihrer Haut passt.

Weibliches Understatement ist raffiniert. Meist sind die wirklich guten Kostüme und Hosenanzüge, auch die Pullover und Jacken, die Frauen tragen, aus bestem Hause. Sie sind Luxus, aber so, wie ihn Giorgio Armani definiert: „Luxus springt nicht ins Auge. Er kommt durch Material, Farbe und Proportion – Dinge, die unvergänglich sind."

Berufstätige Frauen passen ihre Kleidung aber auch den Anforderungen der Situation an: dem Sport, dem Beruf, der Freizeit. So gesehen ist heute fast jede Bekleidung eine angepasste Kleidung. Blicken Sie sich doch mal in der Stadt um; die Menschen sind grau wie die Mauern. Im Urlaub geht es viel bunter zu.

Qualität bei der Kleidung lässt sich nur in Material und Verarbeitung erkennen. Preisunterschiede rechtfertigen sich oft allein durch die Markenzeichen. Wer sich davon zu teuren Käufen überreden lässt, ist selbst schuld. Nicht alles, wo sie angebracht sind, ist schön, gut und angenehm, es ist nur eines: teuer. Und es bedarf der Ehrlichen, die sich trauen, mit dem Finger auf einen in XY gekleideten Gecken zu zeigen und ihm ihre Meinung zu sagen.

Lernen allerdings kann man von guten Designern; man kann ihre Hinweise beherzigen, ohne sich deshalb gleich ein teures Stück zu kaufen.

Gut angezogen: Damenmode

Worauf es ankommt, damit man immer gut angezogen ist, habe ich als heranwachsendes Mädchen von meinem Großvater gelernt. Der alte Mann war Textilkaufmann gewesen, er hatte in seinem langen Leben die Moden kommen und gehen gesehen und aufmerksam studiert. So hatte er auch immer einen Grund, hübschen Frauen auf der Straße nachzusehen. Er wußte, welche Mode lange anhalten oder nie altmodisch werden würde. „Die Taille", so sagte er, „muß immer in der Taille sein." Jede Mode, bei der die Taille nach unten oder oben oder von oben nach unten rutschte oder gar nicht vorhanden war, hielt er für kurzlebig. Von solchen Kleidern kaufte er immer nur ein kleines Sortiment, da sonst zu viel für den Schlußverkauf übrig blieb. Wichtig waren für ihn auch die Schultern. Jacketts, die die Schultern eines Menschen verschmälerten, hätten keine Chancen auf Langlebigkeit. „Eine Mode, bei der sich die Schulterbreite an die natürliche Breite der Schultern hält oder auch ein wenig darüber hinausgeht, hält sich lange", sagte er. Er hatte recht. Auch bei den Hosen sei es wichtig, dass sie nicht zu eng und nicht zu weit und immer schön lang seien. „Hochwasserhosen" hielt er für einen Witz.
Ich beherzige auch die Tips jener Modemacher, deren Kreationen nie aus der Mode gekommen sind:

- „Übertreibungen sind immer falsch". (Giorgio Armani)
- „Mitternachtsblau ist die vorteilhafteste Farbe für einen Smoking" – oder ein Abendjackett. (Herzog von Windsor)
- „Ein Kostüm sieht nur dann gut aus, wenn es scheint, als habe die Frau, die es trägt, darunter nichts an". (Coco Chanel)

Das Wichtigste ist: Ich muss mich in meinem Kleidungsstück wohl fühlen. Ich muss eins mit ihm sein. Es soll das sein, das ich am liebsten jeden Tag anziehen würde. Textilien und Schnitte müssen mir guttun wie eine wunderbare zweite Haut, sie sollen weder kratzen noch zwicken, einengen oder reiben. Haariges und Fusseliges kaufe ich nie.
Schwarz und Weiß bringen Gesicht und Haut zur Geltung. (Das wünsche ich mir allerdings nicht immer.) Ich liebe Farben, die dem Gesicht und dem Körper schmeicheln. Mir – und jeder Frau – passen Hemden, T-Shirts und Blusen in der Farbe der Augen; Jackenfarben sollten mit den Haaren harmonieren. Meine Haare zum Beispiel sind grau gemecht, meine besten Grundfarben sind Grau, Anthrazit, Sand und Winterweiß. Der Stoff ist niemals glatt, sondern hat eine unregelmäßige Web- oder Strickstruktur. So bekommen die Farben Leben. Trage ich diese zarten, pastelligen Farben, brauche ich mich fast nicht zu schminken. Sie schmeicheln meinem Teint, bügeln Falten, lassen Fältchen verschwinden.
In Farben und Schnitten, von denen ich weiß, dass sie mir passen, sehe ich auch deshalb gut aus, weil ich davon überzeugt bin und mich gut fühle. Das eine bedingt das andere; niemand, der grantig, unzufrieden und pessimistisch ist, sieht gut aus, auch nicht im teuersten Kleid.

Wie man einen Knopf annäht

In den Faden wird ein Knopf gemacht, er wird an der Rückseite vernäht. Dann sticht man mehrere Male durch die Löcher in den Stoff, so dass beide Löcher miteinander und mit dem Stoff verbunden sind und ein ca. 1/2 Zentimeter langer „Hals" entsteht. Den umwickelt man mehrere Male, am Ende vernäht man wieder alles an der Rückseite.

Gut angezogen: Herrenmode

Den Rittern, danach den reitwütigen Engländern und schließlich den Radfahrern verdanken zuerst die Männer, dann die Frauen die Hosen, die bequem sind, wenn sie gut sitzen und weit sind. Die Hose ist das Kleidungsstück der Arbeiter, lange vor dem Herrn trug der Knecht die Hose und lange vor der Hausfrau die erwerbstätige Frau. Seit Frauen nicht mehr Weibchen sind, können sie sich wie die Männer bequem und gut anziehen. Was aber heißt „gut angezogen"? Adolf Loos meint, es heiße „korrekt" angezogen sein, wobei korrekt „nicht auffallend" bedeutet. Nicht aufzufallen verlangt einerseits Anpassung an die örtlichen Sitten, wenn man viel herumreist, und zweitens Bequemlichkeit, da man sich in einem bequemen Stück auch unauffällig benimmt. Es bedeutet allerdings auch, dass man in jener Gesellschaft verkehren sollte, in der man sich wohl fühlt, in die man hineinpasst. Wer wo nicht hineinpasst, sehen Sie sofort, wenn die Mitglieder der Regierung beim Empfang für den indischen Maharadscha in Frack und Smoking gewandet sind. Es steht in ihre Gesichter geschrieben, Sie sehen es an der ganzen Gestalt, die verzweifelt ruft: „Wie komme ich nur wieder aus diesem Frack heraus?" Die einzigen annehmbaren Frackträger bei solchen Banketts sind oftmals die Kellner. Und wer ist der ungekrönte König in der Smoking-Welt? James Bond alias Sean Connery natürlich ist das Nonplusultra der Eleganz.

Loos plädiert für das Unauffällige: „Leider gibt es zu viele gigerln. Ein gigerl ist ein mensch, dem die kleidung nur dazu dient, sich von seiner umgebung abzuheben. Der große dichter, der große maler, der große architekt kleiden sich gut, der dichterling, malerling und architektling aber macht aus seinem körper einen altar, auf dem der schönheit in form von samtkragen, ästhetischen hosenstoffen und sezessionistischen krawatten geopfert werden soll."

Ob ein Sakko gut sitzt, das spürt und sieht man. Ob es gut verarbeitet ist, sieht man auch – wenn man näher hinschaut. Ein gutes Sakko ist vor allem genäht und nicht geklebt. Man merkt es sofort an den Schultern, wenn die Schulterlinie eine durchgängige Kurve bildet und die Ärmel faltenlos eingesetzt sind. Genäht heißt beim Sakko: handgenäht, und zwar der Ärmeleinsatz, die Taschen, die Knopflöcher, die Revers. Je kleiner und enger die Stiche, desto besser. Ob ein Sakko gut genäht war, sehen Sie aber erst, wenn es an den Ellbogen schon durchgewetzt ist: die Taschen halten dann immer noch. Die Innenseite des Hosenbunds soll wie die Taschen gefüttert sein. Überhaupt ist das Futter wichtig: es ist von Hand eingenäht. Ist der Stoff gemustert, so soll das Muster der Taschen die gesamte Front nicht unterbrechen.

Die Hose sollte bis zum Knie gefüttert sein. Und der Stoff – ja, der Stoff ist nicht mehr, was er einmal war. Früher stand der gebügelte Anzug wie eine Rüstung von allein. Heute ist er leicht und angenehm zu tragen; dünne Wolle oder Kaschmir umschmeicheln Männerbrust und Männerbein.

Die Sauna am See

Um 1900 lebte in den USA ein Arbeiter schon komfortabler als hierzulande ein bürgerlicher Kaufmann oder adeliger Schlossbesitzer. Denn während der amerikanische Arbeiter bereits ein Badezimmer besaß, wandelte der österreichische oder deutsche Schlossherr nächtens noch immer über den saukalten langen Gang mit der Kerze aufs Plumpsklosett.

Für viele Familien war das Badezimmer die erste moderne Errungenschaft des 20. Jahrhunderts. Baden wurde zu einem herrlichen Vergnügen. Am Samstagabend heizte der Vater den Badeofen ein, und dann ging es ab in die Wanne, schön der Reihe nach. Duschen, elektrische Boiler, Gasetagenheizungen sind eine jüngere Errungenschaft, es gibt sie im bürgerlichen Haushalt erst seit etwa fünfzig Jahren.

Worauf aber kommt es beim Badeluxus an? Auf ein großartiges Wohnbad mit goldenen Hähnen und Marmorboden? Oder auf eine Dusche mit kräftigem Strahl, eine Wanne, in der nicht nur eine, sondern zwei Personen Platz haben? Hier wähle ein jeder nach Geldbeutel und Geschmack.

Der wahre Badeluxus liegt anderswo. Er liegt in der Sauna am See.

Der Luxus der Sauna kommt aus Nordeuropa, wo saunieren eine Selbstverständlichkeit ist, weil das Meer auch im Sommer nur niedrige Temperaturen erreicht und man sich gerne vorwärmt, bevor man ins kalte Wasser springt. Großes Vergnügen ist es, in einem alten Alpenbad zu schwitzen, etwa im Karlbad im Nationalpark der Kärntner Nockberge. In einem Bergbauernhof, an einem Bach, in dem große, runde Steine liegen, gibt es zwei Badestuben, eine für die Männer, eine für die Frauen. Der Bauer steht um vier Uhr früh auf und legt ein paar dieser Bachsteine zum Erhitzen in einen Ofen; dann werden sie in hölzerne Wannen gelegt und mit Wasser bedeckt. Die Steine „schwitzen", so wie der Mensch, der sich zu ihnen in den Holztrog legt. Darüber kommen Holzbretter, so, dass nur der Kopf herausschaut. Den schwitzenden Steinen sagt man Heilkräfte nach; Haut- und Rheumaleiden werden erfolgreich gemildert. Früher war der Erfolg wahrscheinlich noch größer, einfach deshalb, weil man oft erst nach tagelangen Wanderungen in das Alpenbad gelangte, schmutzig und ungepflegt war und nun in der heißen Wanne gereinigt und gewärmt wurde.

An der Wiege unserer Badekultur stand das römische Dampfbad. Es wurde von Rom in das oströmische Reich exportiert und entwickelte sich schon zu einer Zeit, in der die Germanen noch kein Wasser an ihren Körper ließen, zum „türkischen" Bad. In ihm verbrachten die Orientalen, wie die alten Römer, viele Stunden in der Woche, und das ist heute noch so. Türkisch dampfbaden, sich massieren und salben lassen verbreitet ein Wohlgefühl jenseits aller Beschreibungsmöglichkeit.

All diese Badekulturen werden in jener Sauna am See vereint, die ich hin und wieder besuche und die zu einem öffentlichen Strandbad gehört, das Ende September seine Pforten schließt. Nur die Sauna bleibt vom Herbst bis zum Winter in Betrieb, und jetzt erst wird sie zum Geheimtipp. Es ist höchster Genuss, wenn man im November schwitzt, um dann anschließend nackt im 16 oder 17 Grad kühlen See in einer Landschaft zu schwimmen, in

der gerade die letzten Blätter von den Bäumen fallen. Im Winter wird ein kleiner Pool aus der Eisdecke gesägt. Wenn der See zugefroren ist und die Eisläufer vorbeiflitzen, macht das Eintauchen ins eiskalte Nass besonderen Spaß.
Erst wenige haben das Sauna- und Seevergnügen entdeckt. Der oben beschriebene See ist der Längsee (Kärnten), und die Sauna gehört zum Gemeindebad. An anderen Seen haben sich inzwischen Hotels dieser Idee angenommen.
Vergnüglich ist auch die Sauna im Wald, wie es sie in Finnland, Schweden oder Norwegen häufig gibt. Man wälzt sich im Schnee und atmet dabei würzigen Tannenduft. Sich nach der Sauna nackt der Natur auszusetzen, sich in frischgefallenem Pulverschnee zu wälzen, fördert die Durchblutung, ist Balsam für das Herz (das natürlich gesund sein soll) und Nahrung für den Kopf.

Warme Füße

Man kann sich noch so warm anziehen – hat man kalte Füße, so friert man. Ungefähr so funktioniert es in den eigenen vier Wänden: Wenn der Fußboden kalt ist, wird man nicht gerne bei der Heizung sparen! Fußwarm macht es die Bodenheizung, sie ist aber nur bei einem Neubau oder einem großen Umbau realistisch. Also versucht man es anders, und zwar mit nicht-lackierten, naturbelassenen Holzböden, auch in der Küche! Holzroste im Bad helfen auch schon. Warm sind Textilien, also Teppiche und Teppichböden, oder Kork. Kalt ist einem auch vor einer Mauer aus Stein oder Beton! Mit dem Rücken zur kalten Wand sitzt man nicht gut. Auch Rigips ist kalt, kalt ist vor allem Glas. Man vergleiche nur zwei gleich große Räume mit gleichen Heizquellen, der eine Raum ist mit Holz verkleidet, der andere von gemauerten und gestrichenen Wänden umgeben. Und auch wenn das Haus außen isoliert ist: im Raum mit der kahlen Wand ist es kälter als in dem mit Holz verkleideten. Der Unterschied wird am deutlichsten in einem ungeheizten Haus: In ihm ist es im holzvertäfelten Raum immer noch erträglich, auch weil die Luft hier trockener ist. Warme Baumaterialien helfen, Wohntemperaturen zu erhöhen. Kalte sollte man nur dort verwenden, wo sie funktionell notwendig sind. Am wärmsten sind weiche Textilien, also nicht die „kühle Seide". Danach kommen Weichholz und Kunststoffe. Hartholz und Ziegel stehen in der Mitte dieser Reihenfolge. Kalt sind die harten Materialien wie Stein, Glas und Metalle. Auch Farben strahlen Wärme oder Kälte ab. Machen Sie doch mal die Augen zu, spüren Sie: Ein in Blau und Weiß gehaltener Raum hat eine kühle Ausstrahlung, ein in Rot gehaltener Raum wirkt wärmer!

Energiesparen und die Bequemlichkeit

Ein in der Mitte einer Wohnung platzierter, romantischer Kachelofen, der so gebaut ist, dass man auf einer seiner beiden Hälften auch kochen kann und die Rückwand dazu nutzt, das angrenzende Badezimmer und den Wasserspeicher zu beheizen, ist die schönste Art, Energie zu sparen. Diese schönste Form des Energiesparens wird sich am Lande besser verwirklichen lassen als in der Stadt, wo das Brennholz nicht vor der Haustür liegt.

Singles oder Paare schaffen es leichter, Energie zu sparen als Familien mit Kindern. Denn kaum hat man Familie, erfordert Energiesparen zusätzliche Erziehungsarbeit. Welches Kind zahlt schon die Stromrechnung? „Licht aus, Türe zu!", höre ich meinen Vater immer noch rufen. Bei meinen Kindern wollte ich mir dieses ständige Herumnörgeln sparen, und solange ich die Rechnungen zahlte, kümmerten sie sich ums Energiesparen nicht. Erst seit sie ihre eigenen Wohnungen haben und ihre eigenen Stromrechnungen zahlen, sieht die Sache anders aus. Nie vergesse ich meinen Anorak, wenn ich sie besuche. Meine warmen Filzpatschen habe ich schon in ihren Schuhkästchen deponiert.

Wer also Familie hat, träumt meist von einem „Niedrigenergiehaus" im Speckgürtel vor der Stadt. Verständlich! Dafür wird die grüne Wiese erschlossen, dafür werden Straßen gebaut und am Feld Einkaufszentren. Die Schüler fahren mit dem Bus in die Schule und wenn sie erwachsen sind, ziehen sie ganz woanders hin. Wäre es da nicht klüger, Altbauten zu sanieren, bevor sich noch mehr Öko-Häuser in die Umwelt fressen? Baute man nicht besser Reihenhäuser? Und wie wird man in Zukunft die sterbenden Zentren kleiner Städte nutzen?

Um die Wirtschaft anzukurbeln, aber auch um die Leute zum Energiesparen zu bewegen, gibt es für Wärmedämmung und die Nutzung alternativer Energiequellen Geldgeschenke, Förderungen und Steuererleichterung. Es lohnt sich, die Versprechungen auf ihren Wahrheitsgehalt zu prüfen und bei positivem Resultat zuzugreifen.

Tipps

Energiespartipps im Wohnbereich

Im Wohnbereich spart man Energie, indem man

- *die Wohnfläche pro Person bei $30 m^2$ hält*
- *die Zimmertemperatur bei 20 °C hält*
- *in einem Mehrfamilienhaus wohnt*
- *die Fensterläden nachts geschlossen hält*
- *die Fenster schließt, öfter kurz und heftig lüftet*
- *weniger als 40 Minuten pro Woche warm duscht*
- *tropfende Wasserhähne repariert*
- *das Warmwasser mit Sonnenenergie bereitet*
- *die Boilertemperatur auf 50 °C begrenzt*
- *energiesparende Haushaltsgeräte kauft*
- *Wäsche hauptsächlich bei 40 °C wäscht*
- *den Stand-by-Betrieb der elektronischen Unterhaltung vermeidet*
- *mit Energiesparlampen beleuchtet*
- *beim Verlassen des Raumes das Licht ausschaltet*
- *Türen schließt*
- *Wäsche auf der Leine trocknet*
- *beim Kochen für den Herd passende Kochtöpfe verwendet*
- *Ökostrom benutzt*

Wer auf der Ofenbank sitzen will, muss vorher Feuer machen

Komfort ist mitunter auch Ersatz für mangelnde Körperwärme, die beruhigt und heilt. Je wärmer ein Land ist, mit desto weniger Komfort kommt man aus. Heute werden Energie und Wärme mit Hilfe von Technik produziert, ob es sich nun um Abwärme aus Wohlstandsmüll oder Energie aus Atomkraftwerken handelt, um Licht aus aufgestauten Flüssen oder eingefangenem Wind. Die Energiequelle liegt irgendwo, weit von unserem Haus entfernt, die Wärmequelle ist in Stufen schaltbar, praktisch, aber unpersönlich.

In welches Entzücken brach unlängst ein Großstadtmensch aus, der es gewohnt ist, auf den Knopf zu drücken, um wahlweise im Sommer Kühle und im Winter Behaglichkeit zu konsumieren, als er bei meinem Kachelofen saß und auf meinem Holzherd kochte! „Welch ein Luxus!" rief er und erzählte, wovon er träumt: davon, dass in dieser Küche ein Diwan oder ein altes Bettsofa steht, wie es früher die armen Leute hatten, und er darauf sein Mittagsschläfchen hält oder ganz einfach nur daliegt, während im Rohr der Braten brutzelt und im Herd das Feuer prasselt.

Da ich aber weniger für Sofas in der Küche zu haben bin und Männer, die in ihren besten Jahren beschließen, auf der Ofenbank alt zu werden, bald ihren Reiz verlieren, schickte ich den Guten in ein nahes Hoteldorf, in dem sich über zwanzig Holzhütten befinden, die allesamt mit Kachelöfen ausgestattet sind. Dort gibt es Behaglichkeit, die allerdings ihren Preis hat: einen luxuriösen Preis. Täglich werden die Öfen vom Personal eingeheizt, wobei das Personal Bauern aus der Umgebung sind. Sie klopfen frühmorgens an die Hüttentür, tragen einen Riesenkorb mit wunderschönen Holzscheiten, machen Feuer und legen Holzscheite nach, während der Gast unter der Decke im warmen Bett verweilt. Das Holz ist ihr eigenes, sie haben es selbst in den eigenen Wäldern im Sommer gehackt und vor den Hütten aufgeschlichtet. Ja, wer Komfort nach alter Art haben will, der braucht dazu Knechte und Mägde wie in der „guten alten Zeit".

Nun, nicht jeder Glückliche, der einen Kachelofen oder einen Herd hat, kann sich einen Diener leisten. Diese Arbeit muss man schon selber tun. Macht man sie richtig, dann spart man Mühe und Zeit. Feuermachen und einheizen will gelernt sein. Dazu gehört, dass man schon in der warmen Jahreszeit den Holzvorrat für den Winter anlegt und am Tag zuvor den Holzvorrat für den kommenden Tag vorbereitet.

- Sie brauchen Weichholz für den Küchenherd und zum Anheizen, Hartholz für den Kachelofen. Weichholz brennt schneller und heißer, vor allem, wenn es harzreich ist, es macht mehr Asche. Hartholz brennt langsamer, zerfällt langsamer zur Glut, die länger anhält und weniger Asche zurücklässt. Wer mit Fichte oder Kiefer heizt, hat mehr, wer mit Buche oder Birke heizt, braucht weniger Asche zu entsorgen. (Kein Problem für den, der einen Garten hat.)
- Schlichten Sie die Holzscheite an einem trockenen, luftigen Ort auf und vermeiden sie Bodenkontakt. (Legen sie Hölzer als Polster drunter.) Leben Sie neben dem Ofen eine Lage Holz für den nächsten Tag bereit.
- Wenn Sie Zeit haben, bereiten sie einen Korb Späne vor. Weichhölzer, also Fichte, Lärche und

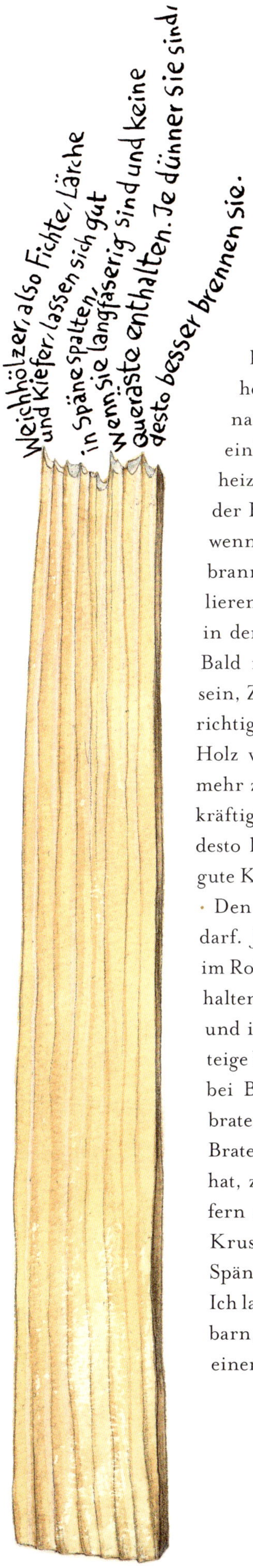

Kiefer, lassen sich gut in Späne spalten, wenn sie langfaserig sind und keine Queräste enthalten. Zum Spänemachen stellen Sie ein Holzscheit auf einer festen Unterlage, zum Beispiel am Herdrand, auf und spalten mit einer kleinen Hacke oder einem starken, scharfen Messer langsam von oben nach unten die Späne ab. Je dünner sie sind, desto besser brennen sie. Diese Späne bewahren Sie an einem luftigen, trockenen Ort auf. Soll früh am Morgen das Feuermachen sofort gelingen (damit sie im Warmen frühstücken können), dann legen Sie die Anzahl Späne, die Sie brauchen, abends auf den Herdrand oder hinter den Ofen; so werden sie noch trockener und brennen „wie Zunder".

· Wenn es ans Einheizen geht, bauen Sie aus den langen Spänen ein kleines Häuschen, so, dass es nicht zusammenbricht, wenn Sie darüber ein paar kleinere und trockene Holzscheite legen. Dann nehmen Sie drei, vier sehr dünne, an einer Seite womöglich noch extra aufgespaltene Späne in die Hand und zünden diese an den zerfransten Stellen an; sie werden rasch Feuer fangen. Jetzt stecken Sie diese brennenden Späne unter die aufgetürmten Späne und Scheiter. Gleich wird das Feuer zu knistern beginnen.

· Sobald das Holz brennt, können Sie noch ein paar Scheite darauflegen. Wenn Sie den Küchenherd heizen, müssen Sie regelmäßig Holz nachlegen. Wenn Sie den Kachelofen einheizen, so legen Sie nach dem Anheizen so viele Scheite aufeinander, wie der Heizraum Platz hat, und schichten, wenn die erste Füllung zur Glut abgebrannt ist, ein zweites Mal voll. Regulieren Sie die Luftzufuhr mit dem meist in der Ofentüre angebrachten Schieber. Bald müßte eine Menge Glut im Ofen sein, Zeit, das Türchen zu schließen. Der richtige Zeitpunkt ist da, wenn das letzte Holz verbrannt ist und keine Flammen mehr zu sehen sind. Der Gluthaufen soll kräftig glühen. Je mehr Glut im Ofen ist, desto länger halten die Kacheln warm – gute Kachelöfen bis zu zwei Tage.

· Den Küchenherd heizt man nach Bedarf. Je nachdem, ob man kochen oder im Rohr braten oder nur den Raum warm halten will, wird die Anzahl der Scheite und ihre Art ausgewählt. Hefe-(Germ-)teige backe ich in der Kasserolle im Herd bei Buchenholzwärme, dem Schweinebraten heize ich, nachdem er – wie alle Braten – langsam bei Hartholz gegart hat, zum Schluß mit Fichten oder Kiefern ein; so bekommt er seine goldene Kruste.

Späne mache ich übrigens nicht selbst. Ich lasse mir zum Geburtstag vom Nachbarn, der es besser kann, statt Blumen einen Strauß Späne schenken.

Vom Wohnen zum Verwöhnen

Erfunden wurde der Komfort in England, und zwar vom Landadel, der sich traditionell viel in der Natur bewegt, weniger um Bäume zu fällen als um auf die Jagd zu gehen. Danach hatte man es gerne weich und warm, aber im Schloss hatte man nur einen offenen Kamin. Der wärmt nur die Front und nicht die Hinterseite, also erfand man gepolsterte Sitzmöbel. Die Angewohnheit, es nach dem Aufenthalt im Freien im Hause heimelig zu haben, komfortabel, fand ihren Weg nach Amerika. Dort arbeitete und arbeitet man traditionell länger, öfter und flexibler als im alten Europa. Man macht keine langen, sondern mehrere Kurzurlaube und ruht sich gerne im eigenen Heim aus, nicht um in diesem zu versumpfen, sondern um Entspannung zu finden und Kraft für neue Taten. Die häusliche Bequemlichkeit hatte den Zweck, den Bewohnern die Hausarbeit zu erleichtern und sie wirksam und rasch wieder fit für „das Leben draußen" zu machen. Findet dieses Leben „draußen" nicht statt, etwa weil man arbeitslos ist, so machen die häuslichen Bequemlichkeiten krank. Man wohnt nicht mehr, sondern verwohnt sich. Der Begriff „verwöhnen" hat damit zu tun: ein daheim allzu verwöhntes Kind hat es schwer, sich „draußen" zu behaupten.

Komfort macht das Leben angenehm, doch zu viel Komfort rund um die Uhr macht krank. Nun wagt aber niemand, Komfort ernsthaft abzuschaffen, im Gegenteil. Man versucht, Komfort sogar mit Kultur zu verwechseln. Über diese Tendenz ärgerte sich schon Thomas Mann. Er meinte, es genüge doch, Komfort als das zu sehen, was er ist: „eine angenehme materielle Basis für geistige Unabhängigkeit". Friedrich Georg Jünger warnte vor der Abhängigkeit, die durch den technischen Komfort entsteht, und Herbert Marcuse sprach von der „komfortablen Knechtschaft" des Menschen in der Überflussgesellschaft. Karl Jaspers schrieb 1949: „Die Technik macht alle in ihrem vitalen Dasein abhängig von der Funktion des gebauten Apparates. Beim Versagen dieses Apparates schlägt das komfortable Leben um in die größte, früher unbekannte Not." Und in den Sechzigerjahren prophezeiten die Gesellschaftskritiker, dass die materialistische Lebensgestaltung so weit führen würde, „dass man bald auf Kinder verzichten wird, damit man in seinem komfortablen Leben nicht gestört werde ..."

Was uns und unserer Umwelt schadet, ist nicht der spektakuläre Luxus, den sich nur wenige leisten können, sondern die Bequemlichkeit, die sich jeder leisten kann. Aus Bequemlichkeit fahren wir mit dem Auto durch die Natur, statt es abzustellen und zu Fuß zu gehen. Aus Bequemlichkeit zersiedeln wir die Landschaft, deren Verlust wir danach betrauern. Aus Bequemlichkeit kaufen wir verpacktes, portioniertes Zeug und schaffen riesige Müllberge, die nicht mehr abzutragen sind. Aus Bequemlichkeit verzichten wir sogar auf das größte Lebensglück: auf eigene Kinder, solange wir jung sind. Wir leben in einer dekadenten Zeit. Der Vergleich mit dem Untergang Roms drängt sich auf. Ach, das ist ja schon so lange her, höre ich Sie sagen. Sie haben recht. Und: nichts wiederholt sich. Stimmt auch. Und trotzdem: In Rom ist es nicht viel anders gewesen.

Römische Dichter und Philosophen versuchten denn auch immer wieder auf die Missstände hinzuweisen und Gegenmodelle zu entwerfen. Wer bescheidener lebt, behaupteten sie, gewinne an Lebensqualität. Wer bescheidener lebt, bleibe eher gesund. Manchmal wurden ihre Warnungen sogar ernst genommen, sie wurden von den Gesetzeshütern unterstützt, die eifrig an „Antiluxusgesetzen" bastelten, die ähnlich wie die amerikanische Prohibition in den Dreißigerjahren erfolgreich umgangen werden konnten.

Am Höhepunkt der römischen Macht, in der Zeit um Christi Geburt, wohnten die Intellektuellen nicht mehr in Rom. Sie dichteten und philosophierten auf ihren hübschen Landgütern außerhalb der Stadt. Dort bekamen sie bald Gesellschaft. In der Stadt Rom wurde ein Gesetz erlassen, das innerhalb der Stadtgrenzen Festmähler mit mehr als neun Teilnehmern bei Höchststrafe verbot. So kauften sich die reichen Prasser eben vor den Toren der Stadt ein Landgut, wo sie ungestört huren und völlern durften, so viel und so oft sie wollten. Dichter und Philosophen, Tänzer und Musikanten gaben ihre Kunst zum Besten. Bald waren Kunst, Geld und Geist aus der Stadt verschwunden. Das soll der Grund für den Untergang Roms gewesen sein.

Hin und wieder feiern, Feste feiern gehört zu einem mit Freude erfüllten Leben. Arbeit auch. Wer rastet, der rostet nicht sofort, aber bald. Zu bald wird man, verkriecht man sich im wohligen Zuhause, ein Couch potato. Große Befriedigung bringt es hingegen, sich in der Freizeit und in der Pension zu engagieren, etwas aufzubauen, immer wieder neu zu beginnen. Ovid, der das Landleben schätzte, schrieb: „Mit Taten gefüllt sei ein Leben, nicht mit untätigen Jahren".

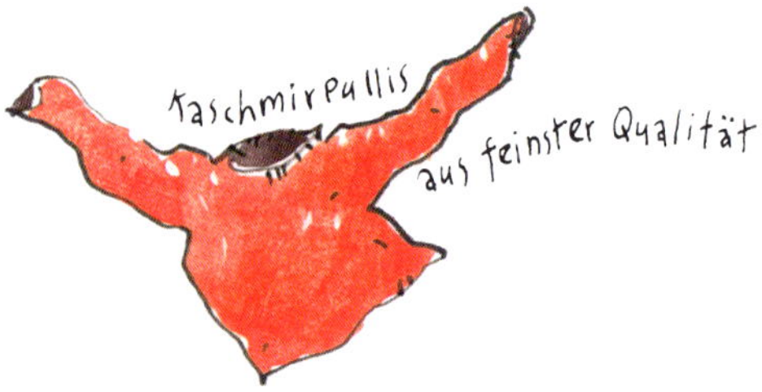

Warum Kaschmirpullover so fein und teuer sind

Pullover und Schals aus Kaschmir sind weich, dünn und leicht, sie gleichen die Wärme aus, sie kratzen und jucken nicht und können direkt auf der Haut getragen werden. „Wer Pelze trägt", so sagen die Tierschützer, „hat ein Tier auf dem Gewissen." „Wer Kaschmir trägt", könnten sie sagen, „tut einem Tier etwas Gutes".

Kaschmirwolle wird aus den Haaren der Kaschmirziegen gesponnen, die mittlerweile auch in China und in der Mongolei gezüchtet werden. Vier bis sechs Tiere müssen ihre Haare lassen, damit daraus ein Pullover werden kann. Im Frühling wechseln die Ziegen ihr Fell, sie verlieren die warme Winterwolle. Die Wollknäuel, die auf dem Boden herumliegen, werden eingesammelt, zusätzlich werden die Ziegen aber auch gekämmt. Die Wolle besteht aus unterschiedlichen Haarqualitäten, aus den gröberen Grannen und aus dem weichen, feinen Unterhaar, aus dem die beste Wollqualität erzeugt wird. Einen Pullover der gröberen Kaschmirqualität sollte man reinigen lassen, einen aus der feinsten Qualität kann man waschen und waschen und waschen. Dabei geht man mit ihm so um, wie man mit der süßen, kleinen Kaschmirziege umgehen würde, hätte man sie als Haustier im Stall. Man wäscht ihn mit Shampoo und lauem bis kühlen Wasser, drückt und streichelt ihn sanft, legt ihn zum Ausdrücken zwischen zwei Handtücher und zum Trocknen auf eine ebene Fläche. Wenn er dabei Frischluft hat, wird er es besonders danken. Mutige waschen ihre Kaschmirpullover sogar in der Maschine mit dem Wollprogramm. Wie weich und wie „neu" der Pullover nach dem Waschen wird, hängt vor allem von der Wasserqualität ab. Hartes, kalkhaltiges Wasser schadet Ihrem Pullover ebenso wie Ihrer Haut.

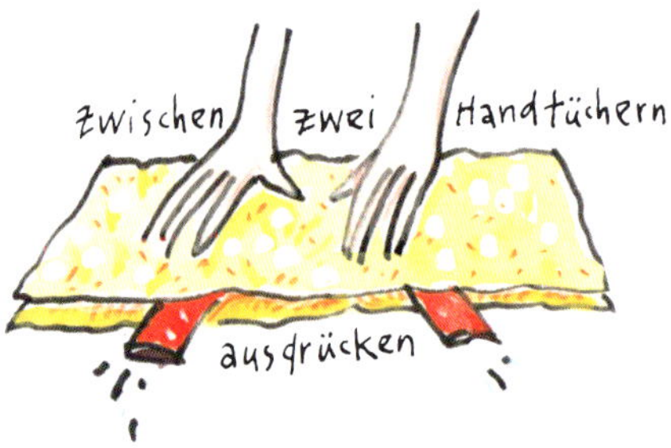

Die Prinzessin auf der Erbse
(von Hans Christian Andersen)

Es war einmal ein Prinz, der wollte sich nur mit einer Prinzessin verheiraten. Das sprach sich herum, und als er sich auf die Suche nach einer Frau machte, konnte er sich nie sicher sein, ob es wirklich eine Prinzessin war, die sich für eine solche ausgab. So fuhr er wieder heim und dachte: Wenn ich warte, kommt sie vielleicht eines Tages bei der Tür herein. Und so ist es wohl auch gewesen, denn einmal, als es stürmte und schneite und der Wind um das Schloss pfiff, stand vor dem Tor ein zitterndes junges Ding; das Wasser triefte ihm von den Haaren und aus den hohen Stöckelschuhen wieder heraus. Die junge Dame begehrte Einlass und behauptete, eine wirkliche Prinzessin zu sein.

„Das werden wir bald herausbekommen", dachte die alte Königin, die Mutter des Prinzen, ging in das Schlafzimmer, nahm das Bettzeug ab und legte eine Erbse auf den Boden der Bettstelle. Darauf schichtete sie nun zwanzig Matratzen und zwanzig Eiderdaunen. Da sollte die Prinzessin nun des Nachts liegen. „Oh", seufzte die junge Dame am nächsten Morgen, „die ganze Nacht konnte ich kein Auge zutun. Wer weiß, was da in meinem Bett gewesen ist? Ich bin auf etwas Hartem gelegen, ganz blau bin ich am ganzen Körper." Da konnte man erkennen, dass sie eine wirkliche (sic!) Prinzessin war.

04

Das Einfache

04

Einfach kompliziert

Im Sprachgebrauch hat „einfach" viele Bedeutungen, einfach deshalb, weil der Begriff verschiedene Wurzeln hat und sich unterschiedlich entwickelte. Im Lateinischen bedeutete „simplex/simple/similis": einfach, einmal, einzeln oder einfältig. Einfältig kommt von „einmal gefaltet" oder „einmal um den Leib geschlungen". Bekanntlich trug man in der Antike, ähnlich wie heute noch in Asien, Stoffbahnen, die man irgendwie um den Körper wickeln und befestigen musste. Das kann auf einfache oder komplizierte Weise geschehen.

Statt „einfach" sagt man auch „schlicht", damit meint man: ehrlich, aufrichtig, unverschlungen, gerade.

Diese Schlichtheit und Ehrlichkeit wird auch in der klassisch-modernen Architektur und Innenarchitektur gefordert. Ein Material soll zeigen, was es ist, und nicht die Form eines anderen Materials annehmen. Adolf Loos: „Die Engländer haben uns die tapeten aus papier hergeschickt. Das sind tapeten, die sich nicht schämen, aus papier zu sein."

Wenn Jesus in der Bibel von den „Einfachen im Geiste" spricht, derer das Himmelreich ist, so meint er damit keinesfalls die Dummen! Die Ehrlichen meint er, die einen geraden Weg gehen, die mit dem schlichten, unverdorbenen Gemüt.

Im ägyptisch-arabischen Raum, wo der Handel schon vor mehr als 2000 Jahren blühte, wurde „einfach" im Sinne von „preiswert, sparsam, maßvoll" verwendet. Erst in der modernen Welt wird „einfach" eher abschätzig als „primitiv" im Sinn von „rückständig, einfältig und dumm" gebraucht.

Das Speckbrot

Einfache Dinge sind, wie sie sind. Es gibt daran nichts zu verbessern. Wo immer man das Wesen des Einfachen zu zerlegen beginnt, wird man scheitern, weil das Einfache und Gute, zerlegt man es und fügt die Teile wieder zusammen, nicht mehr wird, wie es vorher war. Lassen Sie das Einfache deshalb auf sich wirken. Gehen Sie ihm mit Gefühl entgegen, nicht mit dem Intellekt. Das klingt einfacher, als es ist.

Ich denke dabei an ein Speckbrot, das ich immer so esse, wie es mir mein Großvater vorgemacht hat. In dieser Form schmeckt es himmlisch und ist für jedermann verträglich.

Zuallererst legte Großvater darauf Wert, dass an dem Stück luftgetrocknetem Speck ein ordentliches Stück Fett (eben Speck) daran war. Die Menge des Fettes kann ruhig die des Trockenfleisches übersteigen. Damit der Speck schmeckt und verträglich ist, schneidet man sich eine Scheibe von der Speckseite ab und löst sie von der Schwarte. Dazu nimmt man ein Speckmesser, einen sogenannten Feitel, dessen Schneide leicht gebogen ist und am Ende spitz zuläuft.

Die Scheibe legt man nun auf ein Jausenbrett aus Holz. Wenn man immer dasselbe nimmt, braucht man es nach Gebrauch nicht abzuwaschen. In einem Körbchen liegt eine Scheibe dunkles Brot mit krustiger Rinde, und ein Gläschen Schnaps – Wacholder oder Himbeergeist – steht bereit für die, die das mögen.

Speck, Brot und Schnaps sind nicht ungesund, im Gegenteil, ein Labsal für Herz und Magen, wenn man sich genügend Zeit für den Genuss nimmt. Man schneidet die Speckscheibe in viele, viele kleine Stücke, eines sollte nicht breiter als drei bis vier Millimeter sein, so breit ungefähr wie die Speckscheibe. Dann schneidet man ein fingerbreites Stück von der Brotscheibe ab, spießt mit der Messerspitze ein längliches, etwa drei mal drei Millimeter starkes Stückchen Speck auf, ein zweites dazu, legt es auf das Brotstück und lässt alles auf der Zunge zergehen. Man kann auch – wie die Bauern – die aufgespießten Speckstückchen in den Mund schieben und dazu das Brot essen. Wichtig ist, dass alles langsam geschieht. Und ebenso wichtig ist es, dass der Speck von einem glücklichen Schwein stammt. Wo aber findet man noch glückliche Schweine?

Glückliche Schweine und glückliche Speckesser sind selten geworden, seit man in Brüssel die Bauern dazu verdonnert hat, dass sie ihre Schweine nicht mehr selber schlachten dürfen. Aus hygienischen Gründen, wie es heißt. Das leuchtet ein. Doch bei näherem Hinsehen kommt man drauf, dass hygienisch nicht das Um und Auf für die Fleischqualität ist.

Nur noch Bauern, die Schweine für den Eigenbedarf schlachten, dürfen dies nach alter Weise am Hof tun. Zufrieden grunzt das Schwein am Trog, suhlt sich noch ein wenig im Stroh und freut sich, wenn der Bauer kommt und es vor den Stall führt, weil es glaubt, dass es nun ein wenig auf der Wiese herumlaufen kann. Das darf es nur kurz, denn es wird kurzerhand totgeschossen. Es hatte keine Angst, hat sich keine Minute lang vor dem Tod gefürchtet. Das zeigt sich im Fleisch, dieses ist glatt und wohlriechend. Ganz anders ergeht es einem Schwein, das man in den Schlachthof führt. Zuerst der Transport und dann die Nähe des Todes, das Geschrei der anderen Schweine. Man sagt, dass Tiere den Tod riechen; sich dem Schlachthof zu nähern muss für das Tier beängstigend sein. Was man nachweisen kann. Anders als das Fleisch des aus heiterem Himmel ins Jenseits beförderten Schweins enthält dieses Fleisch Angst- und Stresshormonone. Sie bleiben im Fleisch, besonders im Speck. Es riecht nach Urin, das Fleisch ist nicht trocken und glatt wie das eines glücklichen Schweins, sondern nass und lässt sich nicht so leicht an der Luft trocknen.

Wirklich naturbelassenen, verträglichen Speck gibt es also nur noch beim Bauern. Es ist der Speck, den der Gute meist selber isst. Fragen Sie ihn doch einmal. Ich weiß es, dass die Bauern, die Wert auf Qualität legen, die Schweine für den Eigenbedarf selbst schlachten und niemals Fleisch essen würden, das vom Schlachthof kommt.

Nur die wenigsten von uns sind zu einem spartanischen Leben bereit, weil es wider die menschliche Natur ist. So ganz ohne gutes Essen, Unterhaltung und Sex macht das Leben keinen Spaß, es sei denn, man glaubt an ein besseres Leben im Jenseits.

Sparta und Sybaris

Das einfache Leben hat viele Facetten. Oft hört man, jemand lebe „spartanisch einfach". Aber was ist sie wirklich, die spartanische Einfachheit?

Die antike griechische Gesellschaft war eine Männergesellschaft. In Sparta wurden die jungen Männer gemeinsam, in Rotten, erzogen. Sie lebten in Tischgemeinschaft, härteten ihre Körper ab, lernten zu kämpfen und waren kriegerisch. Sie ernährten sich von Blutsuppe und Gerste, das stählt und gibt Kraft. Sonst konsumierten sie wenig. Das spartanische System war aber nur eine Idee, in der Realität war es zum Scheitern verurteilt. Die spartanische Einfachheit war ein aufgezwungener Lebensstil. Wenn die Einfachheit jemandem mit Gewalt andressiert wird, so wird er sich innerlich dagegen wehren. Erzwungene Einfachheit ist nicht echt, sie ist nichts als Fassade. In Sparta fehlte also die innere Bereitschaft, einfach zu sein. Das spartanische Leben entbehrt jeder Freude und jeder Lust. „Spartanisch einfach", das funktioniert nur auf Zeit. In einem Kloster, wo man eine Fastenkur macht oder sich im Urlaub in die Stille zurückzieht, kann man getrost ein wenig „spartanisch" leben, weil es freiwillig geschieht und jederzeit zu beenden ist. (Obwohl Klöster heute auch schon alles andere als spartanisch eingerichtet sind. Die spartanische Einfachheit kennt keinerlei Komfort – und auf den verzichtet heute wohl selten jemand.)

„Das spartanische Leben läuft wider die menschliche Natur", sagten schon in der Antike die Antispartaner. Einer von ihnen hieß Glaukon. Er entwarf ein krasses Gegenmodell, den „Luxusstaat". Seine Bewohner nannte man Sybariten. Es sind Menschen mit einem Hang zu Wohlleben und übermäßigem Genuss. Hört man, wie Glaukon sich die Luxusstadt ausdachte, dann muss man feststellen: Dieser Mann schaute in die Zukunft!

In Glaukons Luxusstadt gibt es statt Früchten süßes Backwerk zum Nachtisch, in der Wohnung stehen kostbare Möbel aus Gold und Elfenbein, an den Wänden hängen Gemälde. In diesem Prunk amüsiert man sich mit Hetären, die sich schminken und parfümieren. Wenn die Bürger mehr Bedürfnisse entwickelten, so werde es auch interessantere Berufe geben, schreibt Glaukon. Es würden Dienstleistungsberufe sein, und er zählt sie auf: Maler, Musiker, Dichter, Schauspieler, Tänzer, Kunsthandwerker, Zofen, Bäcker, Friseure und Ärzte. Die Ärzte, so meint er, würden wichtig sein, denn man würde sie vermehrt brauchen, weil man üppiger und ungesund lebte.

Nur die wenigsten von uns sind zu einem spartanischen Leben bereit, weil es wider die menschliche Natur ist. So ganz ohne gutes Essen, Unterhaltung und Sex macht das Leben keinen Spaß, es sei denn, man glaubt an ein besseres Leben im Jenseits. Dem allzu Sybaritischen in uns wiederum kommt man aber weniger mit Sparta als mit Sport bei: mit sportlicher Bewegung in der Freizeit. Sport ist der ideale Ausgleich zu den Bequemlichkeiten des Alltags.

Kostbares Wasser

Von den Spartanern wissen wir, dass sie sich, wenn überhaupt, nur mit kaltem Wasser wuschen. In meiner Jugendzeit war ich noch zum Wassersparen angehalten, obwohl es im Alpenland ausreichend Wasser gab und gibt. Aber so war es. Zum Gesicht- und Händewaschen steckte man den Stöpsel in den Ausguss, ließ das Waschbecken ein, wusch sich zuerst das Gesicht ohne und dann die Hände mit Seife in der Brühe. Danach öffnete man den Stöpsel, drehte den Hahn wieder auf und spülte die Seife ab. Beim Haarewaschen machte man es ebenso. Tägliches Duschen war unüblich, dafür badete man am Samstag in der Wanne. Im Osten war dies noch in den Siebzigerjahren üblich, da war ich einmal bei Verwandten in Siebenbürgen zu Gast. Die fleißigen Leute lebten in einem kleinen Häuschen und betrieben im Garten auf kleinstem Raum eine Johannisbeer-Plantage. In Käfigen hielten sie Zobel, von deren Verkauf in den Westen sie ein Zubrot erwarten konnten. Mit Energie sparten sie, ebenso mit heißem Wasser. Am Samstag war Badetag. Als Ehrengast kam ich als Erste zum Baden dran. Der Hausvater heizte den Badeofen mit Holz, das er in der Umgebung gesammelt hatte. Seine Frau ließ dann das heiße Wasser ein und überreichte mir ein nach Kernseife duftendes Frotteetuch und eine Bürste. Selten fühlte ich mich nach einem Bad so rein. Ich hatte schon die ganze Woche darauf gewartet.

Auf der Adria-Insel, auf der ich die Hälfte des Jahres verbringe, hat niemand eine Badewanne. Die braucht zu viel Wasser, man begnügt sich, wenn überhaupt, mit einer Dusche. Jedes Haus hat eine Zisterne. Mit dem Regen, der vom Dach durch die Dachrinne in die Zisterne fließt, muss man das ganze Jahr über auskommen. Vierzig Kubikmeter reichten früher für eine fünfköpfige Familie. Die Frauen wuschen sich das, was man sieht, Gesicht und Hände, die Männer gar nicht; das Klo war ein Plumpsklo. Die Bettwäsche wusch man im Meer und spülte mit Regenwasser, Wolle wusch man mit Regenwasser und spülte im Meer, um Mottenbefall zu vermeiden. Man kam gut mit dem Wasser aus. Heute führt jedes Haus Wasser vom Festland zu, niemand kommt mehr mit seiner Zisterne aus, weil jeder Gast oder Tourist stundenlanges Duschen gewohnt ist.

Bei mir allerdings ist Wassersparen angesagt, aus Prinzip und einem Hang, meinen Nachwuchs in Richtung Zukunft widerstandsfähiger zu machen. Wer muss sich denn auch duschen, wenn er im saubersten aller Meere schwimmen darf? Salz ist für die Haut gut und Duschen nur erlaubt, wenn man sich die Haare waschen muss. Das gilt nur in der Hauptsaison, nämlich dann, wenn alle Urlaub machen und wie die wilden Horden auf der Insel einfallen. In der Nebensaison darf man nach einem schweren Regen die Dusche laufen lassen, mit einem tollen Nebeneffekt: Regenwasser ist für die Haut noch besser als Meerwasser. Regenwasser macht sie so weich, dass man danach keine Creme braucht.

Am meisten Wasser geht aber nicht beim Duschen, sondern in der Toilette verloren! Deshalb verwenden wir für das Klosett Brauchwasser oder Meerwasser, das wir mit einem Kanister holen. Man kann sich also ausmalen, was passiert, wird Wasser eines Tages auch in der Großstadt knapp! Oder privatisiert! Wer

aus der Zisterne lebt, versteht auch, warum in der Republik Venedig auf Mord nur Gefängnis, auf die Verunreinigung der Brunnen aber die Todesstrafe stand.
Den Wasserstand in der Zisterne sieht man, indem man den Deckel hebt. In modernen Haushalten in Ländern, wo Wasser knapp ist und die Trinkwassergebühren hoch, gibt es Geräte in den Badezimmern, mit denen man die Wassermenge, die man höchstens verbrauchen möchte, einstellen kann.
Ein europäischer Wohlstandsbürger verbraucht täglich 130 Liter Trinkwasser. 50 Liter fürs Duschen und Baden, 40 Liter für die WC-Spülung, 16 Liter fürs Wäschewaschen und 10 Liter fürs Geschirrspülen. Sparpotential bei Beibehaltung des allgemein herrschenden Waschzwanges liegt in „Spartasten" am Wasserbehälter der Toilette und beim Waschbecken, in Waschmaschinen mit Sparprogramm oder in kleinen Änderungen der Angewohnheiten. So etwa braucht man weniger Wasser, wenn man beim Zähneputzen Wasser aus einem Becher verwendet, anstatt sich bei laufendem Wasser die Zähne zu putzen. Seift man sich beim Duschen ein, so soll in dieser Zeit der Wasserhahn abgedreht sein.
Mehrfach aufbereitetes Wasser, auch das zum Trinken, rinnt heute durch die meisten Großstadt-Wasserleitungen. Die Aufbereitung von Trinkwasser ist aufwendig: Es wird gefiltert, gechlort, mit UV-Licht behandelt. Es gibt nur wenige Städte, in denen Trinkwasser direkt aus der Quelle kommt. Beide Wasserarten, das teuer Aufbereitete und das frische, rinnen dann durch unsere Klosette. Gratis und franko rinnt reines Wasser mit dem Regen vom Himmel. Doch anstatt in einer Zisterne wie auf der Insel landet es im städtischen Kanal. Wer für die Zukunft, in der man uns noch hohe Wasserbezugsgebühren aufbrummen wird, vorsorgen möchte, könnte in seinem Einfamilienhaus, mitten in Europa, eine Zisterne ins Auge fassen und zumindest einen Teil des Wasserverbrauchs daraus decken. Die Konstruktion ist einfach. Man braucht ein mit einem speziellen Zement ausbetoniertes Sammelbecken, eine Pumpe und ein Verteilersystem.
Obwohl weltweit immer mehr Menschen leben, die immer mehr Wasser verbrauchen, tun wir so, als lebten wir weltweit im Wasser-Überfluss. Aber wo kommt ein Großteil des Nutzwassers her? Aus unterirdischen Seen. Sie werden langsam aber sicher leer gepumpt. Auch überirdische Seen wie der Aralsee oder der Tschadsee sind fast trockengelegt, der Wasserspiegel der Flüsse sinkt, weltweit sinkt auch der Grundwasserspiegel.
In hochtechnisierten Gegenden, in denen Wasser bereits Mangel ist, etwa in Kalifornien oder in den modernen Vierteln von Peking, haben die Häuser zwei Wassersysteme: eines für das Grauwasser, das man durch Recycling des Duschwassers gewinnt, und eines für das Trinkwasser. In den Küchen und Badezimmern gibt es deshalb zwei Wasserhähne.
Sehen Sie nun, welch enormer Luxus frisches, reines Gebirgswasser ist! Kühles, wohlschmeckendes Wasser, das man aus der hohlen Hand trinken kann. Es ist ein Luxus, der uns noch nicht bewusst ist.

Platons idealer Staat

Im idealen Staat des griechischen Philosophen leben die Bürger einfach, weil sie es selber möchten, und nicht, weil man es ihnen wie in Sparta aufzwingt. „Sie gehen im Sommer leicht bekleidet und barfuß, im Winter hinreichend geschützt ihrer Arbeit nach. Aus Gerste und Weizen mahlen sie ihr Mehl, backen das eine, rühren das andere an und stellen Maza oder Brot her, das in einem Rohr oder eingewickelt in Blätter gebacken wird. Sie schlafen auf einer Streu von Taxus und Myrtenzweigen, freuen sich ihres Beisammenseins, hüten sich vor Armut und Krieg. Ihre Beikost ist Salz, Oliven, Käse. Zwiebel, Gemüse, zum Nachtisch gibt es Feigen, Erbsen, Bohnen und Eicheln. So bleiben sie gesund und werden dabei alt."

Der einfache Staat aber bleibt nur solange der bessere, solange seine Bürger nicht nach Luxus streben. Da es aber auch Platon nicht entging, dass der Mensch im Grunde gierig ist, hatte er in seinem Modellstaat die Rolle der Wächter vorgesehen. Sie sollten gebildete Männer und körperlich topfit sein. Nach ihrem Vorbild sollten sich alle anderen richten.

Die musische Erziehung baue, so dachte Platon, auf Nachahmung auf. Im idealen Staat muss daher alles leicht nachzuahmen sein, was zu kompliziert ist, darf kein Vorbild werden. Es gibt nur ganz einfache Tonleitern, wenige Farben und leicht spielbare Musikinstrumente, auf denen nur harte Melodien und Rhythmen gespielt werden sollen.

Gefühlen gibt man in Platons idealer Gesellschaft nicht nach, Gefühle machen alles nur kompliziert. Dafür gibt es täglich Sport. Zu essen gibt es nur gebratenes, kein gekochtes Fleisch und vor allem keinen Fisch. Was Platon damit bezweckte, kann man nur vermuten. Vielleicht hatte er einmal eine Fischvergiftung gehabt. Die soll in der kühlschrankfreien Antike ja öfter vorgekommen sein.

Einfachheit fordert Platon auch in der Gesetzgebung. „Wenn man zu viele komplizierte Gesetze hat", so schreibt er, „vermehren sich die Richter." Offensichtlich hat er unser Kreuz mit der Staatsbürokratie bereits vorhergesehen.

Körperpflege dient in Platons Idealstaat der Abhärtung. Wird jemand trotzdem krank, so stehen ihm Arzneien, Operationen und Ärzte zur Verfügung. Wer krank wird, weil er zu üppig lebte, meint Platon, habe Pech gehabt: Ihn sollte der Arzt nicht behandeln. Die Arbeit mache den Arbeiter gesund. Wer arbeite, habe nämlich keine Zeit, über Krankheiten nachzudenken. Womit Platon nicht ganz unrecht hat: Am wenigsten krank sind halbtags berufstätige Mütter mit Kleinkindern – sie haben keine Zeit dazu. Und am häufigsten zum Arzt gehen Frühpensionisten und pragmatisierte Beamte.

Der Unterschied zwischen Sparta und Platons idealcm Staat besteht darin, dass die Einfachheit im ersten anbefohlen wird, im zweiten vorgelebt, um nachgeahmt zu werden. Der ideale Staat hält nur, wenn die Wächter ideal sind. Verfällt die Moral der Wächter, so verfällt der Staat. Ein politisches System ist zum Scheitern verurteilt, wenn es den Bürger zu etwas zwingt, was er nicht will oder wozu er noch nicht bereit ist.

Schöne Haut, frohes Gemüt, gesunder Körper

Angeblich haben sich die Spartaner nur kalt gewaschen, wenn überhaupt. Die Sybariten hingegen verplemperten den ganzen Tag mit der Schmuckillustration eigener und fremder Körper. Wie wäre es, wenn wir uns, ohne uns in teure Ausgaben zu stürzen und uns auf die Kosmetikindustrie zu verlassen, ganz einfach selber pflegten, so, dass wir uns jünger fühlen? „Forever young", ein Leben lang jung, das möchte man sein, eine Wunschvorstellung, naturgemäß. Aber es gibt eine Annäherung. Voraussetzung sind eine genetische Prädisposition, Freude an körperlicher und geistiger Bewegung, an Sex und Kommunikation, und Neugierde! Private und berufliche Anerkennung (Erfolg) helfen dabei, später zu altern. Unterstützen kann man eine Verzögerung des Alterungsprozesses durch gesunde Ernährung, geordnete Schlafgewohnheiten und eine positive Lebensanschauung. Eine Menge Voraussetzungen, die nichts kosten – außer Zeit zum Nachdenken und zur Körperpflege.

Tipps

Es ist einfach, etwas für sich zu tun

• Genießen Sie die Morgensonne, wann immer Sie dafür Zeit haben. Machen Sie einen Morgenspaziergang, joggen Sie zu dieser Zeit – vor dem Frühstück und vor dem Duschen. Alle Gesundheitslehren der Welt, egal aus welchem Kulturkreis, empfehlen die Aktivität am Morgen.

• Trinken Sie täglich mindestens zwei Liter Wasser. Warmes Wasser ist noch besser als kaltes. Trinken sie größere Mengen am Morgen, die Nieren kommen vormittags in Schwung und spülen den Körper richtig gut durch, und wenig am Abend. Wenn Sie abends nur Reis essen, hilft das bei der Entwässerung. Es gilt ja, viel Wasser aufzunehmen, aber auch gut zu entwässern.

• Besuchen Sie einmal pro Woche eine Sauna, ein Dampfbad.

• Duschen Sie anders, zum Beispiel so wie die Asiaten. Die schrubben sich mit einem Rohseidenhandschuh ab, duschen sich danach sauber, massieren sich Öl in die Haut und duschen noch einmal kurz, so dass sich das Öl mit dem Wasser mischt. Es zieht dann besser in die Haut ein. Gute Öle sind Sesam-, Mandel , Jojoba- und Weizenkeimöl, die man mit reinen Lavendel- oder Rosenduftessenzen anreichert.

• Zelebrieren Sie einmal pro Woche nach dem Duschen ein Vollbad. Mischen Sie Öl und Duftstoffe mit Milch und Honig, dann verteilen sie sich besser in der Wanne.

• Vergönnen Sie Ihrem Gesicht mehr als Wasser. Wunderbare Gesichtswässer sind: Gurkenwasser, Reiswasser, Rosenwasser. Man kann sich Gurkenschalen auf die Haut legen, besser ist es, wenn man eine geschälte Gurke zerkleinert und das Mus auf die Gesichtshaut auflegt; man hält es mit einem Baumwolltuch fest.

• Ein Wundermittel bei müden Augen und Gliedern ist Kohl. Man legt Kohlblätter in kochendes Wasser und dann als Kompressen auf geschlossene (müde) Augen oder auch auf überbeanspruchte Knie und andere Gelenke.

Einfache Übungen – große Wirkung

Seit Millionen Jahren gehen die Menschen im Unterschied zu den meisten Tieren aufrecht. Was uns Menschen aber aufrecht hält, ist nicht das Knochengerüst; es sind die Muskeln und die Sehnen. Kräftigt man sie und hält sie elastisch, so entlasten sie die Gelenke, man bleibt länger beweglich und gesund. So einfach ist das.

Nun, das mit den Muskeln und Knochen weiß doch jedes Schulkind, werden Sie nun sagen. Richtig! Doch offenbar geht die Botschaft beim einen Ohr hinein und beim anderen hinaus. Der Mensch ist bequem, und lieber macht er die hundertste Diät oder schiebt einfach alles auf die anderen, nur um es sich selbst nicht zuzugeben: Wer rastet, der rostet! Obwohl es nie zu spät ist, mit dem Training zu beginnen, ist es doch klüger, eher rechtzeitig als spät damit anzufangen.

Es gibt mehrere Methoden, die dabei helfen, elastisch, straff und gestärkt zu bleiben oder zu werden. Früher hatte jede Kultur ihre eigenen Übungen zur Stärkung und Gesundung von Körper und Geist, heute bestimmt eher die Mode, welche Art von Körpertraining man bevorzugt. Schauen Sie sich um, was es an Angeboten gibt. Wählen Sie, auch ihrem Alter entsprechend, das Training, das Ihnen liegt, was soviel bedeutet wie: die Methode, die Ihnen entspricht, ihnen entgegenkommt. Denn Sie sollen die Übungen ja gerne machen, sich täglich schon darauf freuen. Machen Sie hin und wieder einen Kurs zum Auffrischen Ihrer Kenntnisse. Übt man lange allein, schleichen sich Fehler ein. Die sind – etwa bei Tai-Chi – nicht gut für die Wirkung der Übung, da es auf kleinste, genaue Bewegungsabläufe ankommt. Die Übungen, die wir Ihnen vorschlagen, sind erprobt, einfach und wirkungsvoll, wenn man sie einer uralten Empfehlung nach durchführt, nämlich mäßig und regelmäßig. Niemand wird dabei ein Muskelprotz werden oder eine Schlangenfrau, sondern bloß straffer und beweglicher, nicht nur im Körper. sondern auch im Kopf. Denn Körper, Seele und Geist gehören zusammen.

Wenn Sie die folgenden Übungen regelmäßig durchführen, dann machen Sie immer die Kräftigung zuerst, danach das Dehnen. Sollten Sie davor laufen, lange Spaziergänge machen oder Ihren Kreislauf sonstwie in Schwung bringen, so ist das nur zu begrüßen. Und vergessen Sie nie, nach dem Kräftigen zu dehnen – Sie ersparen sich damit den Muskelkater.

Konzentrieren Sie sich auf den Körperteil, den sie gerade bewegen oder dehnen. Schlampiges Üben ist verlorene Zeit.

Sechs einfache Übungen zum Kräftigen

Trizeps: *Im Stehen Beine schulterbreit auseinander, Knie leicht gebeugt, Bauch einziehen, Oberkörper leicht vorbeugen. Arme nach hinten, langsam beugen und langsam strecken, bis der Oberarm zu spüren ist, Hände nach außen drehen, evtl. kleine Hanteln verwenden. Übung ohne Schwung ausführen, dafür am oberen und unteren Bewegungspunkt zwei Sekunden anhalten.*

Po: *Grätsche etwas breiter als schulterbreit, Zehen leicht nach außen, Bauch einziehen, Knie beugen, nach hinten (sic!) setzen, nicht tiefer als Oberschenkel, parallel zum Boden. Aufstehen, Po zusammenziehen, Bauch nach innen, Knie nicht durchdrücken, Ellbogen zurückziehen.*

Oberschenkel, innen: *Große Grätsche, Fußspitzen nach außen, mit einer Hand leicht anhalten. Knie beugen, beim Aufstehen Fußspitzen hochziehen, Po zusammenziehen.*

Rücken: *Bauchlage, Kopf auf den rechten Arm legen. Linken Arm nach vorne strecken, Daumen nach oben, Bauch einziehen, Magen weg vom Boden. Linken Arm und rechtes Bein gestreckt heben und senken, dabei auseinanderziehen. Seitenverkehrt wiederholen.*

Oberschenkel, außen: *In Seitenlage auf den Boden legen, Kopf auf den Oberarm auflegen. Hüfte leicht nach vorne kippen, oberes Bein heben und drehen, dabei leicht nach hinten ziehen. Bein gestreckt, Fußspitze zum Boden gedreht.*

Bauch: *Rückenlage, Beine aufstellen. Bauch einziehen, Kreuz auf den Boden drücken. Kopf auf die Hände legen, Ellbogen seitlich lassen. Nicht am Kopf reißen! Oberkörper anheben – ausatmen, Oberkörper ablegen – einatmen. Oben und unten kurz innehalten. Man kann den Oberkörper auch drehen oder ein Bein heben etc.*

Sechs einfache Übungen zum Dehnen

Rücken: *Rückenlage, einen Ball oder ein paar Taschenbücher zwischen die Schulterblätter legen, rechtes Bein aufstellen, linken Arm lang ziehen, 15 Sekunden halten, ruhig atmen, wechseln.*

Hinterer Oberschenkel: *Rückenlage, linkes Bein aufstellen, rechtes Bein gestreckt mit den Händen zum Körper ziehen, Hüfte dabei am Boden lassen. 15 bis 30 Sekunden, die Kniekehlen dürfen nicht schmerzen! Langsam wechseln.*

Vorderer Oberschenkel: *Bauchlage, rechtes Bein anwinkeln und mit der rechten Hand zum Po ziehen, Hüfte dabei am Boden lassen, Knie geschlossen. 30 Sekunden, langsam wechseln.*

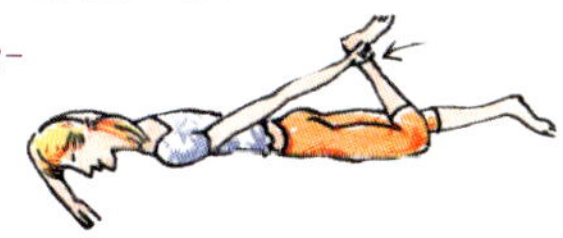

Schulter: *Bauchlage, rechtes Bein anwinkeln und mit der rechten Hand zum Po ziehen, Hüfte dabei am Boden lassen, Knie geschlossen. 30 Sekunden, langsam wechseln.*

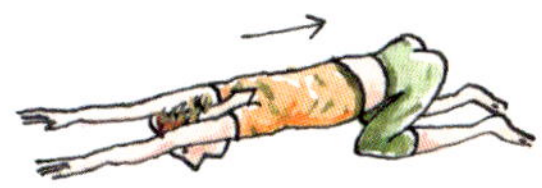

Rücken: *im Sitzen: Rechtes Bein strecken, linkes Bein abgebogen über das rechte stellen. Mit rechter Hand am rechten Knie abstützen, Oberkörper nach links drehen und über die linke Schulter schauen; Oberkörper aufrecht, die Drehung soll in der Hüfte beginnen. 15 Sekunden, langsam wechseln.*

Arme: *Im Stehen Arme über den Kopf heben, an den Ellbogen fassen, nach hinten ziehen, evtl. ganz wenig den Oberkörper nach rechts und links neigen.*

Am Ende dreimal die gestreckten Arme seitlich heben und senken, beim Heben einatmen, beim Senken ausatmen.

Die zweite Natur

Das Einfache wirkt und entfaltet seine Bedeutung erst im Betrachter. Es wird als sympathisch oder als nicht sympathisch empfunden, als schön oder nicht schön. Es hat eine bestimmte Qualität, die auf jeden anders wirkt.
Das Komplizierte ist aus vielen Teilen zusammengesetzt. Es lässt sich zerlegen und wieder zusammensetzen. Das Komplizierte ist messbar, das Einfache nicht. Man kann es nur interpretieren.
Einfach ist das Natürliche. Das Künstliche ist kompliziert. Das Natürliche ist immer anders, in der Natur ist man nie vor Überraschungen sicher. Das Künstliche ist immer gleich und vorhersehbar. Mit der Zeit wird es langweilig.
Das Einfache hat seine natürlichen Grenzen. Das Künstliche lässt sich grenzenlos ausweiten. Das Künstliche wird vom Menschen und von den Maschinen gemacht, meist mit dem Ziel, eine zweite, eine bessere Natur zu schaffen. Dabei haben sich nicht nur Menschen eine zweite Natur angeeignet. Auch Hunde und Katzen sind schon so an ihre zweite Natur gewöhnt, dass sie jämmerlich zugrunde gehen würden, setzte man sie in der Natur aus.
In der „zweiten Natur" macht der Mensch angeblich vieles besser. Denken wir an eine künstliche Badelandschaft: In ihr kann man jahraus, jahrein baden, die Temperatur ist angenehm, es gibt künstliche Wellen, Massagedüsen, feinen Sand, weit und breit keine Gefahr, keine Stürme, keine Fische, keine Sonne. Das Wasser wird mit Chemie gereinigt, Algen oder Umweltdreck gibt es hier nicht. Gleichmäßig und gefahrlos vergeht ein Badelandschaftstag.

Wie anders ist doch ein Badetag am Meer! Nicht in Lignano oder Caorle, wo die Natur längst schon eine zweite Natur ist, sondern drüben an der dalmatinischen Küste, irgendwo auf einer Insel in einem kleinen, touristisch unterentwickelten Badeort. Die Luft riecht salzig, das Meer ist warm und glasklar, nach einem Sturm kalt und schmutzig. An den scharfen Steinen schürft man sich hin und wieder die Fußsohlen auf, im Wasser gibt es Strömungen, mal ist es beim Schwimmen warm, dann wieder kalt. Es gibt Felsen und Buchten, Eidechsen, Seesterne, auch giftige Schlangen. Die Zikaden lärmen. Ein Lämmergeier zieht seine Bahn. Surfer zischen vorbei, Motorboote durchpflügen die Oberfläche, das Meer ist an manchen Stellen tiefblau. Die Natur im kleinen Dorf an der Küste ist jeden Tag anders, trotzdem ist sie einfach und nicht kompliziert. Man kann jahre-, jahrzehntelang in dieses eine Dorf kommen, und es wird immer anders sein. Gehen Sie einmal jahre-, jahrzehntelang in ein und dieselbe künstliche Badelandschaft!
Ich prophezeie Ihnen: Spätestens

nach einem Zehnerblock tritt die Langeweile ein. Darum muss die zweite Natur ständig verändert und verbessert werden. Die erste, die echte und wirkliche Natur braucht das nicht. Sie ist, wie sie ist, und immer anders.

Tipps

Handwerkertipps nach der Natur

Die Natur setzt dem Handwerk Grenzen. Eine willkommenere Grenze gibt es nicht. Du machst etwas aus dem, was da ist.

- *Du flechtest einen Korb aus Weidenruten. Er soll nicht größer sein, als du ihn mit den Armen fassen kannst. Zwei Maße bestimmen also seine Form: das Maß deines Körpers und das Maß des Materials.*

- *Einen Sessel baust du so, dass man darauf gut sitzen kann, dass er nicht zu schwer ist, damit er sich leicht verrücken lässt, und dass er aus einem angenehmen Naturmaterial besteht (warmes Holz, Geflecht, Wollstoff).*

- *Ein Bett machst du so, dass es nicht zu niedrig ist, damit du bequem hineinsteigen kannst, dass es länger ist als du, dass die Matratze gleichzeitig stützt und dem Körper nachgibt, dass die Bettdecke lang genug ist, dass du sie über den Kopf ziehen kannst, ohne dass die Füße im Freien sind, dass du, schläfst du alleine, dich in alle Richtungen drehen kannst, und wenn du Besuch im Bett hast, die Matratze für zwei noch bequem ausreicht.*

- *Einen Tisch baust du so groß, dass alle, die an ihm sitzen sollen, sich noch an den Fingerspitzen berühren können, wenn sie die Arme über den Tisch strecken. Einen Tisch kaufst du so, wie er dir gefällt, rund, rechteckig oder quadratisch, aber nicht zu klein, weil er sonst seine Funktion nicht erfüllt.*

Natürliche Grenzen

Im Grunde sind sich die Weisen einig: „Wer immer mehr will, beraubt sich selber seines Glücks, denn das liegt nicht im Besitz, sondern im richtigen Gebrauch dessen, was einem die Natur gegeben hat" (Epikur). Gier ist ein Unglück, doch die Natur hilft dem Menschen, Grenzen zu ziehen.

Gierige Menschen sind unglücklich, und gierig wird man, wenn einem niemand Grenzen aufzeigt oder wenn man sich selbst keine Grenzen setzt. Wie soll ein Mensch je die Bedürfnisse befriedigen, die er sich selber künstlich schafft? Wer reich ist, hat immer mehr Scheinbedürfnisse, denen er nachjagt. Deshalb ist Reichtum nicht erstrebenswert, anders als in Maßen genossener Wohlstand. Gegen ihn haben die Weisen nichts einzuwenden. Wie aber soll man das rechte Maß finden?

Demokrit meint, wer „sittlich tüchtig" sei und genießen könne, erkenne es ganz von selbst. Das Glück des Menschen beruhe auf seiner inneren Einstellung, nicht auf äußerem Besitz. Deshalb mahnt der Philosoph zu bescheidenem Essen und Wohnen und zur Freiheit von unnötigen Wünschen.

Manchmal ist es ganz gut, wenn einem bei der Suche nach einem bescheideneren Dasein jemand anderer hilft. Zum Beispiel eine Verordnung. Als vor einigen Jahren die 0,5-Promille-Grenze für Autofahrer gesetzlich verankert wurde, heulten die Wirte auf und wähnten sich am Rande des Ruins. Einigen Landgasthäusern, in denen schlechte Weine und Fusel konsumiert wurden, ging es auch tatsächlich an den Kragen. Weg waren sie nun, die Säufer, die sich acht Krüge Bier in den Schlund leerten und danach ins Auto setzten, um nach Hause zu fahren. Einigen Gasthäusern, die nur per Auto zu erreichen sind, hat die Verordnung aber gutgetan, denn sie stellten von Quantität auf Qualität um. Das Gasthaus in meinem Dorf gehört dazu. Heute kann man dort edle Weine genießen. „Jetzt trinken die Gäste nur noch ein Gläschen", sagt der Wirt, „aber vom Besten".

Doch zurück zum einfachen Leben, in dem das Glas Rotwein einen Ehrenplatz innehat, weil es gut schmeckt, die Geselligkeit und die Liebe fördert und außerdem Medizin ist. Zurück zur essentiellen Frage: Was braucht der Mensch wirklich zum Leben? Bei Platon ist es in dieser Reihenfolge: Trinkwasser, Essen, das satt macht, Bekleidung als Schutz vor dem Wetter, Schuhe (im Winter) und ein Dach über dem Kopf.

Gegen Maßlosigkeit, Gier und Unzufriedenheit gibt es nur ein Mittel: Selbstbeschränkung (Disziplin) und Maßhalten. Dabei hilft einem die Natur. Sie zieht Grenzen und sendet Signale aus. Um die zu erkennen, muss man nur mit offenen Sinnen durch das Leben gehen.

Seneca beschäftigte sich häufig mit der Frage des Reichtums und seinem Verhältnis zur Natur. Er selbst war ungeheuer reich, er wusste also, wovon er sprach: „Wer sich mit dem, was die Natur gegeben hat, zufriedengibt, wird nicht dazu verleitet werden, Unermessliches zu fordern, denn wer einmal zu fordern beginnt, wird immer wieder fordern."

Was hat ein Mensch schon davon, wenn er immer mehr und mehr will und nie genug hat? „Nichts", antwortete Seneca, „denn er wird zum Sklaven seines Reichtums. Darum ist der schlecht verwendete Reichtum ein Hindernis für den Menschen, zum wahren Glück zu gelangen, weil er ihn davon abhält, nach der Weisheit zu streben."

Proportionen: Vorbild Natur

Kaufst du Dinge aus künstlichen Materialien, die sich beliebig dehnen und vergrößern lassen, so nimm dir die Proportionen zum Vorbild, welche die Dinge hätten, wären sie aus Naturmaterial gemacht.

Wenn du Kleider kaufst, so beachte deine natürlichen Proportionen. Die kannst du betonen oder ein wenig ändern, sie sollen sich aber immer dem Körper annähern und ihn umschmeicheln. Hast du keinen perfekten Körper, dann sei froh darüber, dass dir nicht alles passt! Du sparst eine Menge Geld.

Die Klassiker

Eigentlich ist es schade, dass man am Ende seines Lebens nichts „nach drüben" mitnehmen kann. Oder doch?

Glaubte ich an ein Jenseits, wie es sich die Ägypter vorstellten, so würde ich mir folgende Grabbeigaben wünschen:

- den roten Baumwollpullover, gekauft 1973 bei Bloomingdales, New York,
- die Seidenunterwäsche im Leopardenmuster, neueres Modell,
- die weite schwarze Leinenhose, gekauft in Padua, 1980,
- das graue, lange Kaschmirkleid,
- die hübschen, lila Gesundheitssandalen sowie
- eine Flasche Château Margaux, 1993, und zwei Rotweingläser.

Ich besitze auch Möbel, die ich gerne mitnähme: einen schlichten Sekretär aus Eiche, ein amerikanisches Hotelbett Queen-Size, einen massiven Bauerntisch, drei Trattoria-Stühle. Da ich aber annehme, dass im Jenseits für Möbel vorgesorgt ist, lasse ich sie lieber meinen Söhnen zurück. Jeder hat seine ganz persönlichen Klassiker. Welche sind Ihre? Was würden Sie im Jenseits nicht missen wollen?

Klassiker sind Dinge, die dauern, die immer gut, immer schön sind. Die einen praktischen ebenso wie einen ästhetischen Nutzen haben. Es sind Dinge, die Sie gerne und häufig benutzen und mit einem Lächeln betrachten, egal, wie viel Euro sie wert sind. Sollten Sie eines Tages wertvolle Dinge verkaufen wollen, so holen Sie nicht gleich den Kunsthändler oder die Fachfrau vom Versatzamt. Sortieren Sie zuerst nach Gefühl. Erst beim zweiten Schritt wenden Sie sich an die Experten. Wer Antiquitäten und Kunstwerke zuerst schätzen lässt und sie erst danach selbst bewertet, ist befangen und in seiner Entscheidung nicht mehr frei.

Das gute Stück versetzt uns vorübergehend in einen wohligen, angenehmen, paradiesischen Zustand. Es macht uns glücklich. Wenn auch nur für eine bestimmte Zeit. Jedes gute Ding ist ein Glücksbringer.

Schauen Sie sich die Dinge, die Sie umgeben, genauer an. Welche sind, welche können ein Klassiker werden? Es sind die Dinge, in denen das Verhältnis zwischen dem Runden und dem Eckigen, dem Weichen und dem Harten, dem Spitzen und dem Stumpfen, dem Rauen und dem Glatten, dem Dunklen und dem Hellen, dem Lauten und dem Leisen, dem Warmen und dem Kühlen stimmt.

- Es sind Dinge, deren verschiedene Einzelteile dieselbe Dauer haben.

Bei technischen Geräten hält der Motor ebenso lang wie die Oberfläche und die Form. Innen- und Außenleben dauern also gleich lang. Die Form ist gleich viel wert wie der Inhalt. Ein Gerät, das einen Motor beherbergt, der fünfzig Jahre lang funktioniert, aber eine Oberfläche hat, die schon nach drei Jahren zerkratzt ist, und eine Form, die in zehn Jahren völlig aus der Mode ist, kann nie ein Klassiker werden. Und ein wohlproportioniertes Gerät mit einer langlebigen Oberfläche, aber einem Innenbau, der schon

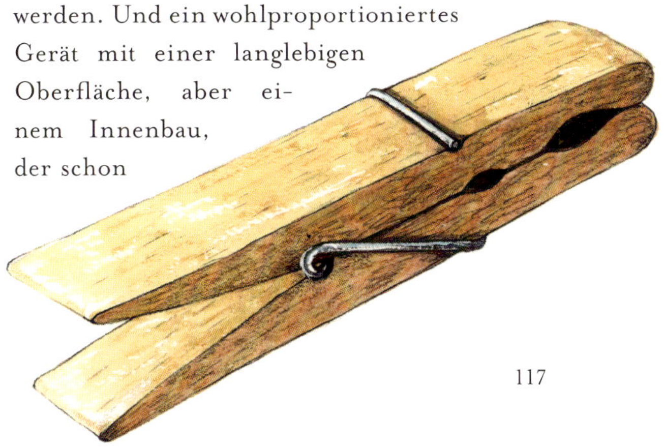

nach zwei Jahren kaputt ist, kann ebenfalls kein Klassiker sein.

• Es sind Dinge, deren weiblicher und männlicher Teil an der richtigen Stelle sitzt.

Ein Ding, das hart, eckig, scharfkantig und kühl ist, hat nichts Weibliches an sich. Es braucht einen weiblichen Teil. Ein Messer braucht einen warmen Holzgriff. Ein Messer ist ein gutes Messer, wenn der Griff gut in der Hand liegt, die Schneide scharf ist und beides, Schneide und Griff, gleich lang halten werden.

• Es sind Dinge, die sich den menschlichen Formen im richtigen Verhältnis anpassen.

Ein Fauteuil, der Ecken und Kanten hat und hart gepolstert ist, hat einen zu hohen männlichen Anteil. Ein Fauteuil, der so weich ist, dass man drin versinkt und nicht wieder aufstehen kann, hat einen zu hohen weiblichen Anteil. Ein Fauteuil, der Männliches und Weibliches in Ausgewogenheit vereint, wird – oder ist – ein Klassiker.

In hochtechnisierten Gegenden, in denen Wasser bereits Mangel ist, etwa in Kalifornien oder in den modernen Vierteln von Peking, haben die Häuser zwei Wassersysteme: eines für das Grauwasser, das man durch Recycling des Duschwassers gewinnt, und eines für das Trinkwasser. In den Küchen und Badezimmern gibt es deshalb zwei Wasserhähne.

Sehen Sie nun, welch enormer Luxus frisches, reines Gebirgswasser ist! Kühles, wohl schmeckendes Wasser, das man aus der hohlen Hand trinken kann. Es ist ein Luxus, der uns noch nicht bewusst ist.

Ein Glücksbringer

Das beste Stück versetzt uns vorübergehend in einen paradiesischen Zustand. Es ist ein Glücksbringer, wenn dieser Zustand lange anhält und oft eintritt.

Ein solcher Glücksbringer ist der Sessel von Le Corbusier. Er hat eine kernige und schützende Polsterung, ideale Proportionen, kühle Technik, dort wo sie hingehört, ein der menschlichen Haut in Temperatur und Konsistenz angepasstes, haltbares Leder, breite Lehnen, leicht abgerundete Kanten, eine männliche und zugleich weibliche Form.

Die Shaker und ihre Möbel

Sie lebten im 19. Jahrhundert in mehreren Gemeinden in den US-Bundesstaaten Kentucky und Maine und waren eine religiöse Sekte, die daran glaubte, dass man möglichst sparsam und enthaltsam leben müsse, damit man schon auf Erden einen Vorgeschmack auf die Schönheit und Vollkommenheit des Lebens im Himmel bekomme. Sie waren Selbstversorger und bauten sich ihre Häuser selbst. Sie hatten unglaublich praktische Ideen: Während sie am Sonntag im Gemeindesaal ihren religiösen Shaker- (Schüttler-)Tanz aufführten, trugen sie an den Füßen Filzpantoffeln – damit waren Ekstase und Bodenpolitur in einem erledigt.
Die Möbel und Gegenstände, die sie, vorwiegend aus Holz, erzeugten, bestechen durch ihre Schlichtheit. Sie sind praktisch und schön: einfach vollkommen. Doch eine behagliche Atmosphäre verbreiten sie nicht. Erst wenn eine lebendige Wärmequelle – etwa ein Eisenofen – dazukommt, entsteht in einem nüchtern eingerichteten Shaker-Haus Gemütlichkeit, erst wenn der Braten im Rohr duftet, fühlt man sich hier zu Hause. Schafft man sich die ewig schönen und einfachen Shaker-Möbel an, dann würde ich sie dort verwenden, wo das Einfache, Praktische und gleichzeitig Schöne Lebenszweck ist. Wo man sich liebt oder faul ist, sind sie fehl am Platz.
Das Problem der Shaker war, dass sie auf Sexualität verzichteten, und das geht nicht lange gut. Frauen und Männer lebten in getrennten Häusern. Sie gründeten Familien, ohne miteinander sexuelle Kontakte zu unterhalten, und adoptierten Waisenkinder. Nach ungefähr 100 Jahren löste sich die Sekte naturgemäß auf. Die Möbel werden heute nachgebaut und sind in den amerikanischen Shaker-Museen zu bewundern.

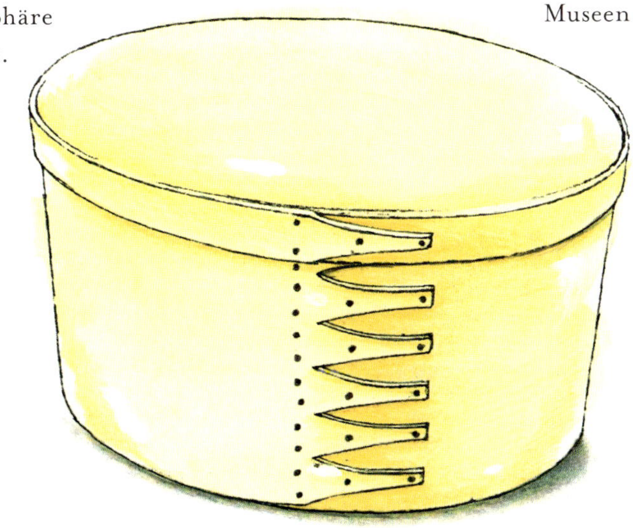

Klassiker der Bekleidung

Klassisch, das heißt ewig, nicht auffallend, tragbar, wünschenswert. Die Klassiker überstehen die rasch und radikal wechselnden Moden, machen sie aber in den Details mit: Mal sind die Mäntel ein wenig kürzer oder länger, mal ändert sich die Form der Krägen, unmerklich. Klassiker sind nie langweilig. Klassische Formen, Farben und Muster vermeiden jede Übertreibung, sind aber durchaus flexibel.

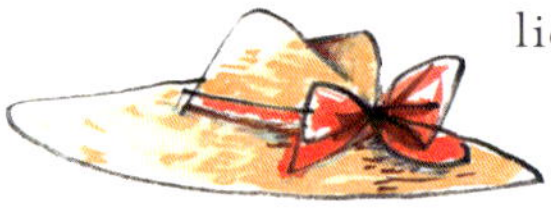

Haltbarkeit und Material entscheiden den Kauf eines Klassiker. Kaufen Sie keinen billigen Mantel, der nur auf fünf Meter Entfernung wie ein Kamelhaarmantel aussieht, aber keiner ist. Ist er aus Reißwolle und schlecht verarbeitet, dann lassen Sie die Finger davon. Einen Mantel kauft man nicht für nur eine Saison, sondern für mehrere Jahre. Hier lohnt sich die Investition in die beste Qualität. Mäntel sollten immer eine Nummer größer sein, damit man bequem etwas darunter tragen kann. Sie können lang sein, doch nicht zu lang, aus praktischen Gründen.

- Klassische Kostümjacken umschmeicheln den Körper. Sie müssen am Rücken und an der Vorderseite gut sitzen; überprüfen Sie dies mehrmals beim Kauf.
- Klassische Regenbekleidung ist meist A-förmig und dreiviertellang. So rinnt der Regen am „Waterproof"-Stoff ab und nicht auf die Knie.
- Klassische Hosen sollen nicht knittern und bequem zu tragen sein. Sie sind aus Wolle oder „Cool Wool". Im Sommer tragen Sie weite Leinenhosen, die knittern dürfen, soviel sie wollen. Sie sind das praktischste Sommer-Kleidungsstück.

• Klassische Hosenanzüge: Jacke und Hose müssen Ihnen beide gefallen und gleich gut passen. Man sollte Jacke und Hose auch getrennt anziehen können. Beim Probieren tragen Sie darunter nur die Unterwäsche. Mit Rollkragenpullis, T-Shirts und Blusen lassen sie sich variieren und dem Zweck anpassen. Wenn Hosenanzüge für Frauen etwas rundere Schulterpartien, abgerundete Revers und Kanten haben, sehen sie nicht wie ein geborgter Männeranzug aus.

• Das kleine Schwarze ist einfach gut – aber bitte nur mit schwarzen Strümpfen und Schuhen. Es lebt vom Schnitt und der Stoffqualität. Investieren Sie aber nur, wenn Sie öfters auf Partys oder ins Theater gehen oder zum Essen eingeladen werden. Sonst lohnt es sich nicht. Schon gar nicht die Investition in ein billiges kleines Schwarzes.

• Klassische Farben: marineblau, schwarz, creme, camel, grau, weiß.
• Klassische Stoffe: Kaschmir, Baumwolle, Denim, Leinen, Seide, Tweed, Wolle.
• Klassische Details: Knöpfe aus Horn, Perlmutt, gepresstem Leder, gepresstem Stoff, Messing, Gürtel aus Leder, genäht, Schuhe ganz aus Leder, genäht, Tücher aus Seide, Stecktücher.
• Klassische Bekleidung ist (hand-)genäht und nicht geklebt.

Entrümpeln Sie gründlich!

Reduzieren Sie den Alltagskram – entrümpeln Sie! Gehen Sie mit dem Zuviel auf den Flohmarkt. Ich habe das heuer gemacht und hatte dabei einen Riesenspaß. Weg mit dem, was am Dachboden verstaubt, im Keller vermodert. Es findet sich immer jemand, der Verwendung dafür hat. Umso besser, wenn er dafür auch noch zahlt. Ich hatte eine ganze Sammlung von Fellen, die ich weggeben musste, da meine Kinder dagegen allergisch sind. Vor mir am Verkaufstisch lag nur noch ein schwarzer Zottelpelz, es war der letzte Flohmarkttag. „Den", so dachte ich, „werde ich nicht los." Falsch gedacht. Ein Mann kaufte ihn mit leuchtenden Augen. „Wozu", fragte ich, „brauchen Sie das Zottelvieh?" „Jedes Jahr am 5. Dezember ist Krampus-Tag", lautete die Antwort. „Und ich bin ein berühmter Teufel. Wie schön werde ich heuer in diesem Pelz sein."

Ich halte Flohmärkte, auch Second-hand-Shops für eine gute Idee. Sie verleiten allerdings dazu, sich Dinge halbherzig zu kaufen, weil man sie ohnehin demnächst der Caritas geben kann. Auch Kenner afrikanischer Länder sind nicht glücklich mit dem blühenden Second-hand-Handel. Wer heute in Dakar oder Nairobi über den Markt geht, kann dort die größte Auswahl europäischen Kleiderabfalls finden. Das hält die Einheimischen von der Produktion eigener Stoffe und Kleider ab, und es zerstört ihre Kultur. Thoreau hielt von Flohmärkten überhaupt nichts. Das einfach Gute verbrauche sich mit der Zeit selbst. Das andere aber, das Minderwertige, das immer weitergeschenkt und weitergegeben werde, bleibe erhalten, weil es niemand verbrauche. Man solle es deshalb verbrennen, damit die Entwicklung nicht stehenbleibe und sich immer etwas Neues, Besseres entwickeln könne. Er beschreibt einen indianischen Brauch, das „busk", das „Fest der Erstlinge": „Wenn die Stadt das busk feiert, so sammeln die Bewohner, nachdem sie sich vorher mit neuen Kleidern, Töpfen und Pfannen versehen haben, alle abgetragenen Kleider und übrigen unappetitlichen Dinge und putzen und reinigen ihre Häuser, Plätze und die Stadt von allem Unrat, den sie nebst dem übriggebliebenen Korn und alten Vorräten auf einen Haufen zusammentragen und vom Feuer verzehren lassen." Danach fasten sie drei Tage lang und feiern ein Erneuerungsfest.

Ob Sie es nun mit den Indianern halten und Ihr Zeug in die Müllverbrennungsanlage liefern oder ob Sie es weitergeben: Entrümpeln Sie! Reinigen Sie Ihr Haus, Ihren Geist! Fangen Sie hin und wieder neu an, in Ihrem ganz persönlichen Rhythmus. Und lassen Sie sich dabei von nichts und niemandem aufhalten.

- Entrümpeln Sie Ihr Bücherregal. Da gibt es Bücher, die Sie lieben, die haben Sie vielleicht schon zwei- oder dreimal gelesen. Diese behalten Sie. Dann gibt es Bücher, in die haben Sie nie hineingeschaut, oder Sie haben sich bloß darüber geärgert. Machen Sie eine Leseprobe. Es gefällt nicht? Weg damit! Nichts ist überflüssiger als ungelesene Bücher in einem verstaubten Bücherregal.
- Mit dem Kleiderschrank machen Sie es ebenso. Was seit zwei Jahren drin hängt und

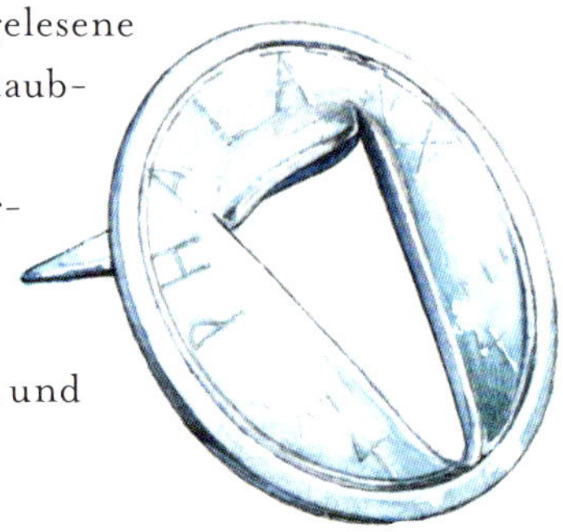

nie getragen wurde, wird verschenkt. Trauen Sie sich. Probieren Sie das Kleidungsstück ein letztes Mal an. Warum haben sie es nie angezogen, das teure, das aus einer Laune heraus gekaufte? Wahrscheinlich hat es Ihnen nicht gepaßt. Die Hose war im Schritt zu eng, die Bluse um den Busen zu weit, die Schultern zu eckig, die Farbe ein Graus, und außerdem hat dieses Kleid sie beim ersten und einzigen Mal, als sie es trugen, furchtbar gekratzt.

• Wenn Sie weniger einkaufen, werden Sie auch weniger zum Entrümpeln haben. Die Kauflust bremsen Sie, indem Sie vor dem Kaufen zwei, drei Wochen zuwarten. Danach haben Sie meist keine Lust mehr zum Kauf. Sie können sich auch fragen: „Was passiert, wenn ich das nicht kaufe?" Geben Sie sich darauf eine ehrliche Antwort. Und schon wieder haben Sie viel Geld – und eine weitere Entrümpelungsaktion – gespart.

• Lernen Sie, nein zu sagen. Es ist das Einfachste vom Einfachen. Und es ist Luxus! Nicht immer ist es diplomatisch, das Nein, deshalb ist es ja Luxus. Es wird Ihnen danach viel leichter sein. Sie werden offener sein, Übersicht gewinnen, entscheidungsfreudiger werden. Leisten Sie sich auch den Luxus, nicht nur den Schrank und die Wohnung zu entrümpeln. Wie steht es denn mit dem Bekanntenkreis? So werden Sie Zeit für sich gewinnen. Kostbare Luxus-Zeit.

Die Vielfalt des einfachen Lebens

„Nichts zu bedürfen ist den Göttern vorbehalten, wer aber wenig bedarf, ist ihnen nahe", schreibt Lukian, einer der unzähligen Weisen, die sich ihre Gedanken über die Vor- und Nachteile des einfachen Lebens machten.

Die Stoiker, in deren Tradition auch das christliche Gedankengut steht, verpflichteten ihre Anhänger zu einem Leben in Armut, weil man in der Armut angeblich leichter zu Selbstzucht, Gerechtigkeit und Wahrheitssuche finde. Man sollte aber ganz selbstverständlich arm sein und nie mit seiner selbstgewählten Armut prahlen. Andere Denker, wie Epikur, empfehlen das bescheidene Leben, weil es gesünder ist und man sich dadurch viele Schmerzen (Krankheiten) erspart.

Unterschiedlich sind die Motive für ein Leben in Einfachheit, aber gegeben hat es dieses freigewählte Leben immer schon. Lukian berichtet aus dem Alltag der „Jünger der Einfachheit": „Die meisten essen einfache Kost, machen gymnastische Übungen, tragen bescheidene Kleidung und haben eine anständige Haltung. Sie predigen das Zurückschrauben der Bedürfnisse, um die Freiheit besser auszukosten. Ihre liebste Mahlzeit ist einfaches Brot, dazu Knoblauch, Zwiebel und ein Körnchen Salz."

Manche leben unter freiem Himmel, sind Penner, Sandler, Clochards, Bettelmönche.

> Ordnung lehrt Euch Zeit gewinnen.
>
> GOETHE

Kyniker nannte man letztere in Griechenland, Vagabunden in Kleinasien, Schamanen in Indien. Sie tragen Stock und Ranzen, essen, was am Weg wächst, und haben kein eigenes Bett zum Schlafen. Sie betteln, wenn es sein muss, und verkünden zum Dank weise Worte. Ein berühmter Vertreter der Kyniker ist Diogenes, der in einem Fass wohnte. Er wollte ganz im Einklang mit der Natur sein; nur so, behauptete er, könne er aus ihr schöpfen. Den Reichen hielt er vor, sie hätten die Naturnähe verloren: „Sie warten nicht mehr den Hunger ab, um zu essen, nicht mehr das Liebesverlangen, um zu lieben, und deswegen fehlt ihnen die wahre Lebenslust." Wenn Diogenes Hunger hat, freut er sich am einfachsten Essen. Wenn er kein Bett hat, freut er sich, dass er unter freiem Himmel schlafen kann und den Wechsel der Jahreszeiten am eigenen Leib spürt. Die Geldgier nennt er als die Mutter allen Übels.

Eines Tages trank Diogenes Quellwasser aus einem Becher. Als er einen Jungen sah, der das Quellwasser in die hohle Hand rinnen ließ und daraus trank, schleuderte er seinen Becher weg und rief: „Dieser Junge übertrifft mich an Einfachheit!"

Die Freuden des Landlebens

Die Freude an den einfachen Dingen und die Lust aufs Land gehören zusammen. Ein Häuschen, ein Garten, eine Wiese: Wer träumt nicht davon? Viele haben sich diesen Traum erfüllt. Immer wieder zogen Aussteiger weg aus der Stadt, hinaus aufs Land. Man war des unüberschaubaren Lebens in den Städten überdrüssig und sehnte sich nach dem kleinen, dem überschaubaren Glück. Es waren romantische Zeiten, in denen man hinauszog: Bei den Römern gab es die Stadtflucht, im Barock tauchte sie wieder auf, im Biedermeier, zur Jahrhundertwende und in der Hippie-Zeit. Das Aussteigen ist dabei nicht der Weisheit letzter Schluss. Man lässt sich die Option, wieder einzusteigen, offen oder, besser noch, man nimmt sich die wunderbare neue Technik mit hinaus aufs Land: Laptop, Internet vernetzen jeden Bauern und Sonntagslandwirt mit der ganzen Welt. Noch nie in der Geschichte war es so einfach, Landwirt und Büromensch zugleich zu sein.

Eines Tages, vor langer, langer Zeit, entstand das Märchen vom braven Bauern und vom bösen Stadtmenschen, fiel es den griechischen Philosophen und den Märchenerzählern ein zu behaupten, das Stadtleben sei schamlos und das Landleben das Gegenteil davon. So entstand ein Mythos, der bis heute hält. „Bei meiner Ehr'", sagt der Bauer im Fernsehen und wirbt für ein Naturprodukt, als Gegenstück zu all dem undurchsichtigen Zeug, das in der Fabrik entsteht.

Der Glaube daran, dass einfach gleich ehrlich sei, hat eine lange Tradition. Schon in den Tragödien des Euripides, „Elektra" und „Orest",

kommen aus der Stadt die komplizierten und die falschen Künste, wogegen auf dem Lande nur das Gute gedeiht.
Auch Aristophanes schildert die „stillen Freuden des Landlebens". In dieser Idylle leben keine Habenichtse und Hungerleider, sondern fleißige, ehrliche Menschen in Harmonie mit der Natur. Sie erarbeiten keine Reichtümer, aber sie sind zufrieden. Die Arbeit erhält sie körperlich gesund. Die wohlhabenden städtischen Müßiggänger hingegen sind fett und haben dicke Beine.
Diese Schäferidylle erzeugt eine eigene Kulturlandschaft: ein liebliches Tal mit Hügeln und verstreuten Anwesen, wo Schafe weiden und Bauern und Hirten und Musiker zusammenleben. Man fühlt sich in dieser Gegend geborgen und sicher. Diese idealisierte Landschaft wurde von reichen Leuten im alten Rom, später im Barock als künstliche Landschaft (zweite Natur) nachgestaltet, oder man gestaltete die Wildnis solange um, bis daraus ein „Landschaftspark" entstand. Später wurde um die Wildnis herum ein Zaun errichtet, damit sie „unversehrt" erhalten bleibe (Nationalparks). Die Erhaltung von Urlandschaften, Gärten und Kulturlandschaften dient nicht mehr dem Broterwerb der Bauern, sondern der Unterhaltung und dem Vergnügen der Touristen, sie ist Luxus. Heute gibt es nur noch wenige Nutzer, dafür aber viele Benützer und Betrachter der Landschaft.
Bei Xenophon ist das Landleben im Gegensatz zum Stadtleben ein sicheres Leben. Hier gibt es keinen Neid und keine Diebe. Es ist alles überschaubar. Xenophon meint, dass die Natur den belohne, der fleißig sei. Erst ehrbare Arbeit mache den Bauern glücklich.
Seneca schätzt es, dass man auf dem Land all das Formelle ablegen und auf die Etikette pfeifen könne: „Landluft macht frei", schrieb er. Und Vergil meinte: „Vor der Pracht der Natur kann kein Purpurgewand bestehen. Wer einfach lebt, hat keine Sorgen und schläft auf Stroh besser als ein sorgengeplagter Reicher im Bett."
In Griechenland blieben die Freuden des Landlebens für den Städter ein Traum, den die Philosophen entwarfen und die Komödienschreiber beschrieben; gelebt haben die Griechen diesen Traum noch nicht. Erst 300 Jahre später setzten wohlhabende Römer diese Träume in Wirklichkeit um und zogen als „Sonntagslandwirte" aufs Land. Einer von ihnen war Tibull, der römische Dichter. Er musste im Zuge der Landreform die Ausmaße seines Gutes reduzieren und fand, dass ihn sein neues, kleines Gütchen viel zufriedener machte. Er liebte seinen ländlichen Besitz und spürte das Wirken göttlicher Kräfte in der Natur. Das Leben auf seinem Gütchen teilte er zeitweilig auch mit seiner geliebten Delia; so taucht in der Idylle erstmals auch die Liebe auf. Tibull schreibt, er brauche keinen Großgrundbesitz, keine Villa und keinen Fischteich. Er wolle auch nicht nach Gewinn streben; wozu? Er wolle nichts als Obstbäume pflanzen und Früchte ernten, an fröhlichen Gelagen und an den Erntefesten teilnehmen, singen und dichten und lieben.

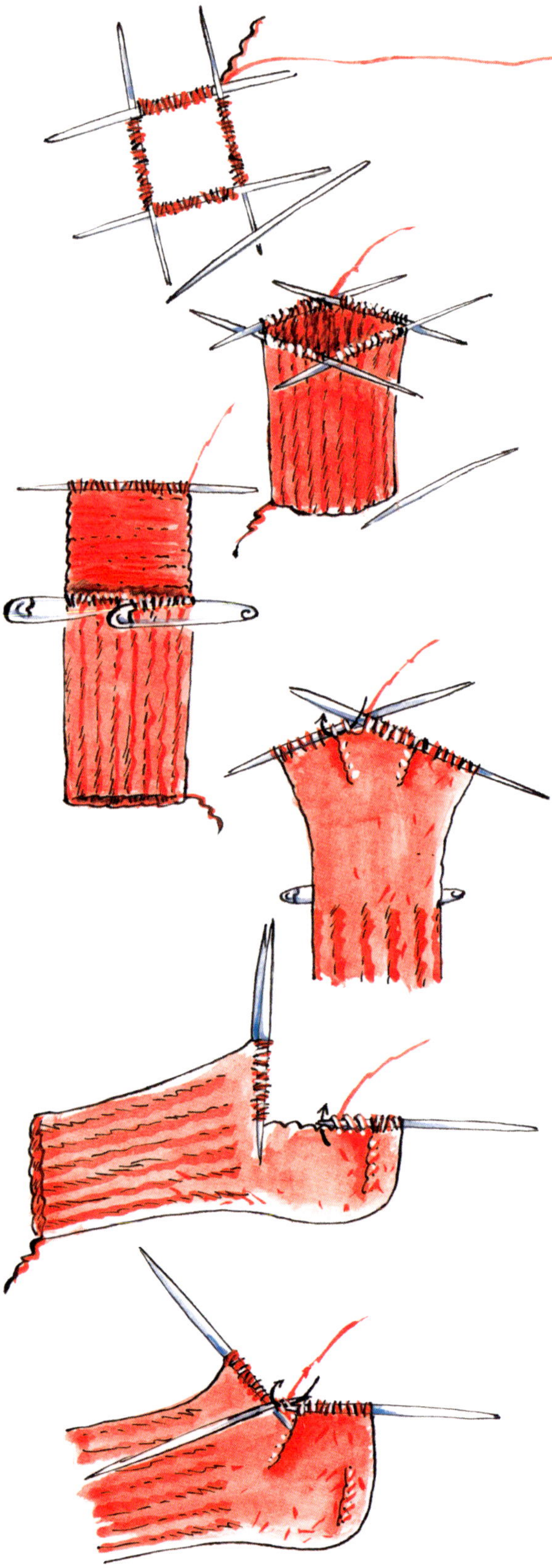

Socken

die einfachste Fußbekleidung, selbst gestrickt

• Maschen in einer Zahl anschlagen, die sich durch vier teilen lässt.
• Zwei rechts, zwei links stricken, je nach gewünschter Länge (zehn bis zwanzig Zentimeter).

• Die Hälfte der Maschen auf eine große Sicherheitsnadel legen. Die andere Hälfte hochstricken, und zwar ein bis zwei Zentimeter weniger hoch als breit.

• Die Maschen der Fersennadel in drei Teile teilen, die ersten beiden Drittel rechts abstricken, die folgenden beiden Maschen rechts verschränkt zusammenstricken und die Arbeit wenden. Die erste Masche links abheben, mit linken Maschen zurückstricken, bis man an das erste Drittel kommt. Davon werden die ersten beiden Maschen links zusammengestrickt, die Arbeit wird wieder gewendet. Dann die erste Masche abheben und rechts stricken, bis man an die Masche vor der Lücke kommt. Von nun an werden immer die Maschen vor und nach der Lücke zusammengestrickt, weiter so, bis die Lücken an beiden Seiten am Ende sind. Dann ist das Käppchen fertig.

• Die Käppchenmaschen auf zwei Nadeln fassen, an jeder Seite die Randmaschen längs der Ferse auffassen. Die Verbindung zum Rist kann besser werden, wenn an beiden Verbindungsstellen eine Masche aufgenommen wird.

• Von nun an wieder rundherum stricken, zwei Runden glatt rechts. Dann beginnt das Keilabnehmen: an beiden Seiten je zwei Maschen zusammenstricken. So lange in jeder dritten Runde abnehmen, bis die Maschenanzahl die gleiche ist wie vor der Ferse. Dann bis zum Beginn der Spitze durchgehend glatt rechts stricken.

• Die drittletzte Masche auf jeder Nadel mit der folgenden rechts zusammenstricken. Nach zwei Abnahmerunden drei Runden glatt stricken, dann noch weitere drei Abnehmrunden, zwei Runden glatt stricken, dann noch drei Abnehmrunden, je eine Runde glatt stricken, dann jede Runde abnehmen, bis nur noch acht Maschen übrig sind. Die werden mit Nadel und Faden zusammengezogen und auf der Rückseite vernäht.

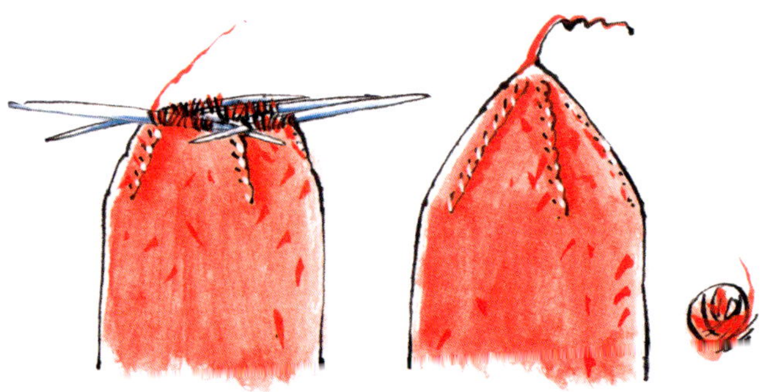

Die Land- und die Stadtmaus
(ein Märchen von Horaz)

Ein Feldmäuschen empfing als Gast einmal eine Stadtmaus in ihrem armen kleinen Gemach. Sparend sonst, dem Erworbenen wachsam, weitete sie jetzt dem Gast die enge Brust. Nichts verschonte sie, nicht die sorgsam aufbewahren Erbsen, nicht den nahrhaften Hafer, mit eigenem Munde trug sie dürre Wurzeln und halbbenagte Stückchen Speck daher. Begnügte sich mit Spelz und Trespe und überließ jede bessere Speise dem Gast.

„Freundin, was gefällt dir denn am harten Leben, hier, am steilen Waldesrücken?" fragte die Stadtmaus. „Komm mit mir in die Stadt, lebe mit mir dem Vergnügen, gedenke des Daseins Kürze."

So machten sich die Mäuschen auf den Weg. Es war schon mitten in der Nacht, als sie beide den Fuß in die stattliche Wohnung setzten, wo Purpurdecken auf elfenbeinernen Lagern glänzten und vom großen Mahl noch viele Gerichte übrig waren. Die Stadtmaus balancierte und kostete die fetten Reste zugleich und spielte den Gastgeber, auf geborgte Zeit. Denn plötzlich hörte man ein Gerassel und ein Gebell, Diener rissen die Türen auf, die Hunde liefen herein, im letzten Moment konnten die beiden Mäuschen sich aufs Gesimse retten, wo sie zitternd und bebend auf das Ende des Spukes warteten.

So sprach die Landmaus: „Ein Leben, wie dies ist, das mag ich nicht. Lebe wohl. Wie wird mein sicheres Waldhaus, von Nachstellungen frei, bei der kleinen Erbse mir wohltun."

(nach der Übersetzung von Herder, gekürzt)

Nahrung ist Medizin

„Deine Nahrung soll deine Medizin sein", schrieb Hippokrates. Der Westen hat diese klügste aller Empfehlungen für ein langes, gesundes Leben vergessen. Was ist mit Asien? In China lebte man 3000 Jahre lang nach dem Prinzip, dass Vorbeugen besser ist als Heilen. Lebte. Denn nun beginnt auch die westliche Lebensart China zu erreichen.

Verdanken wir unsere Altersstruktur vorwiegend den Errungenschaften der Reparaturmedizin, so ist es in Asien die Lebensweise. Was der Mensch zu sich nimmt, sagt man dort, ist Medizin, von der Ernährung bis zur Energie, die man sich durch energetische Übungen zuführt. Durch eine vernünftige Lebensweise bleibt man gesund.

Ungesund ist es, wenn man zu viel vom Ungesunden zu sich nimmt. Zucker, Alkohol und Fett im Übermaß machen krank. Ein paar Äpfel zu viel machen höchstens Bauchschmerzen. Der Vorteil der asiatischen Küche, die vorwiegend aus Reis und Gemüse besteht, ist, dass sie leicht verdaut wird und nicht wie Speckknödel oder geräuchertes Fleisch im Magen liegt. Sie macht auch nicht müde wie eine üppige Torte. Das einfache, naturbelassene Essen ist also gesund – aber nur, wenn es auch gut schmeckt! Und hübsch aussieht. Und wenn man sich Zeit zum Essen nimmt. Bernard Rudofsky schreibt (in „Sparta/Sybaris"): „Aus dem mittelalterlichen Vielfraß wurde ein moderner Schnellfraß. Amerikanische Fürsorger berichten von Halbwüchsigen, die nie in ihrem Leben eine Mahlzeit bei Tisch sitzend eingenommen haben."

Slow-food ist also gesund, aber auch Luxus! Außerdem wird man dabei nicht dick, weil man schön langsam und selten über seinen Appetit hinaus isst. Schlingt man das Essen jedoch rasch hinunter, verliert man die Kontrolle über die Menge.

Gesund ist es, gemischt zu essen, und zwar nach Bedarf. Vor sportlichen Ausdaueranforderungen viel Nudeln und Reis, vor Sprintleistungen ein schönes Stück Fleisch. Vegetarisch zu essen ist Ansichtssache. Am besten ist die vegetarische indische, vietnamesische oder thailändische Küche, auch die Italiener können in ihrem Speisezettel ohne Fleisch auskommen. Es gibt aber auch Völker, die bestens ohne Gemüse und Obst auskommen, weil bei ihnen keines wächst, etwa die Tibeter oder die Mongolen. Das heißt aber nicht, dass sie zu viel Fleisch essen. Sie leben vorwiegend von Milch und Milchprodukten und das zähe Fleisch, das sie gut kauen, brauchen sie, weil sie sich viel in dünner und frischer Luft bewegen. Vergönnen Sie sich hin und wieder ein gutes Steak zum Mittagessen. (Nicht am Abend, es sei denn, Sie wollen lange wach bleiben.) Dazu grüne Bohnen. Oder grüne Erbsen. Eine Kartoffel. Das gibt Körperkraft. Oder nähren Sie Ihr Gehirn: Geisteskraft gibt der Fisch. Gegrillt oder in möglichst wenig Fett gebraten. Mit Pellkartoffeln oder besser noch: mit Reis. Es ist eines der wenigen Essen, nach denen man nicht müde wird, sondern das Gegenteil: hellwach und topfit. Fisch beflügelt den Geist. Vor allem, wenn er ganz frisch aus dem Meer kommt.

Des Menschen Lebenszeit ist begrenzt. Alt wird jeder, fragt sich nur, wann und wie. Um langsamer zu altern und bis zu seinem Ende gesund zu bleiben, sollte man aktiv sein und bewusst leben. „Use it or lose it", sagen die Amerikaner, damit ist alles gemeint, vom Denken bis zum Sex!

Fleischliche Freuden

Steaks, Filetsteaks natürlich, sind das Beste vom Besten. Roh, mittel oder durch ist die falsche Frage, wenn es um Filetsteaks geht, ein so edles Stück Fleisch durchzubraten eine Sünde. Steaks müssen innen rot, zumindest rosa sein. Man kauft sie dort, wo sie garantiert hormonfrei sind, am besten beim Erzeuger, mit „Herkunftsgarantie". Ich persönlich verlasse mich dabei nicht auf das Bio-Etikett am Fleisch, sondern kaufe direkt beim Bauern, dessen Rinder vor meinen eigenen Augen auf grünen Wiesen weiden.

Tipps

Tipps für die einfach beste Zubereitung von Steaks

• Wichtig ist, dass die Steaks dick sind; zweieinhalb Zentimeter ist ein gutes Maß. Zum Braten braucht man eine heiße Flamme, am besten eine Gasflamme. Steaks auf dem Elektroherd zuzubereiten ist vergebliche Liebesmüh'.

• Die Pfanne – am besten eine mit gerilltem Boden – muss sehr, sehr heiß werden. Man gibt ein wenig Öl hinein, ein Esslöffel genügt, dann das Steak, das man eine, höchstens eineinhalb Minuten auf der einen Seite, dann ebenso lang auf der anderen Seite brät. Dreht man das Fleischstück um, gibt man, während es noch eine bis eineinhalb Minuten brät, auf die obere Seite etwas Olivenöl – elegant sieht es aus, bestreicht man die Oberseite mit einer in Olivenöl getauchten Fasan- oder Hühnerfeder–, salzt mit Meersalz und pfeffert darauf nach Bedarf.

• In der Zwischenzeit sind die Teller im Rohr oder unter heißem Wasser vorgewärmt worden. Auf eines legt man nun die Steaks, mit einer Folie bedeckt, so dass das rundum angebratene Fleisch ein wenig rasten kann. Zeit ist, wie bei allem, was einfach Luxus ist, wichtig! Vor allem der richtige Umgang mit diesem kostbarsten unserer Güter, der Zeit. Das heißt im Falle eines wohlschmeckenden, kräftigenden Steaks: Es muss vorher, also vor der Zubereitung, schon lange abgelagert sein und nach dem Braten ungefähr vier bis fünf Minuten rasten. Das ist gerade so viel Zeit, wie man zur Verfügung hat, um den Tischfreunden grüne Erbsen oder ein Bündel grüne Bohnen auf den noch warmen Teller zu kredenzen und mit einem Gläschen Barolo auf die kommenden Gaumenfreuden anzustoßen.

• Die Folie wird entfernt und dem Genuss eines saftigen Stücks vom mageren, gesunden Rind steht nichts mehr im Wege.

• Dass man sich nach einem solchen Mahl nicht alleine aufs Ohr legt, sondern zu Taten verschiedenster Art schreitet, versteht sich wohl von selbst. Es ist so einfach, gut zu essen, zu lieben, zu arbeiten und zu leben!

Frisch gefangenen Fisch nehmen Sie am Ufer aus. Dann werfen Sie die Innereien ins Meer oder in den See – die Krebse freuen sich, ebenso die Artgenossen. Raubfische sind fleischfressende Unterwasserjäger, sie sind voller Spannkraft. Ihr weißes Fleisch ist arm an Fett und reich an Spurenelementen, das ideale Mittagessen, wenn man nachher wieder arbeiten möchte. Allerdings nur, wenn die Zutaten fettarm sind; am besten eignet sich gekochter Reis, der mit frischem Koriandergrün oder Petersilie garniert ist.

Meeresfische sind gesünder als Süßwasserfische, ganz einfach, weil in ihnen das Mehr an Mineralien steckt, das im Meer enthalten ist. Garen Sie Fische in ihrem eigenen Saft. Dazu legen Sie sie, nach Geschmack gewürzt, in Folie oder Backpapier eingewickelt auf den Grillrost oder in den Backofen.

Frische Fische

Fische sind ungefähr das Gesündeste, das der Mensch essen kann. Dass die Japaner weltweit zu den Menschen gehören, die gesund das höchste Alter erreichen, schreibt man ihrem hohen Fischkonsum zu. Ein Durchschnitts-Japaner isst 80 kg Fisch im Jahr. Wie viel Fisch ein Durchschnitts-Kroate, nämlich nur 2 kg pro Jahr isst, das erfuhr ich, als ich Fischfarmen an der Adriaküste besuchte. Das ging mir nicht in den Kopf! Wie ist das möglich im Land der tausend Inseln? Wie eine Perlenkette reihen sich die Fischfarmen die Küste entlang. Vor allem die Thunfisch-Farmen. An riesigen Schwimmreifen hängen Käfige, in denen die Fische, gleichen Alters und Größe, ihre Runden ziehen. Ich fuhr mit den Betreuern – jenen Männern, die die Käfige prüfen und reinigen und die Fische füttern – hinaus aufs tiefblaue Meer zwischen den Inseln Ugljan und Iz. Täglich erfolgt die Prozedur zweimal. Das Boot wird beladen mit frisch gefangenen oder tiefgekühlten Sardinen, damit werden die Thunfische gefüttert, Fertignahrung fressen sie nicht. Gefangen werden sie als junge Schwärme meist zwischen Afrika und Sizilien, von dort werden sie in einem Netz in die Adria gezogen und kommen hier in einen Käfig. Dass all die Sardinen der Adria in ihren Magen kommen, gefiel mir nicht. Ob das gut für die Adria ist? Sicher ist es schlecht für die Küstenbewohner, diese aßen früher nämlich mehrmals in der Woche Sardinen, den überaus gesunden Armeleute-Fisch. Heute kaufen sie sich im Supermarkt in Folie verpackte Hamburger und Würstchen, kein guter Ersatz! Und wer nun glaubt, dass die Thunfische, wenn sie schlachtreif sind, in den Mägen der Einheimischen landen, der irrt. Ist es soweit, dann kommen rund um die Weihnachtszeit eigens dafür ausgerüstete Flugzeuge aus Japan mit wagemutig aussehenden, japanischen Schlachtern an Bord, die in die Käfige tauchen, um die schönsten Exemplare auszusuchen, zu töten und zu schächten, wobei dann die Börse den Preis dieser blutlosen Tiere bestimmt. Der Leiter der Fischfarm strahlte, als er mir erzählte, das Fleisch dieser Fische wäre mehr wert als Gold. Verwendet wird es zum Rohgenuss. Ob es als Thunfisch-Sushi, in Japan gerollt und verpackt, wieder im Flugzeug nach Europa kommt, ist mir nicht bekannt. Aber möglich ist es.

Fischzucht braucht man aber nicht zu verteufeln, sie wird in Zukunft die einzige Möglichkeit sein, uns ausreichend mit Fisch zu versorgen. Achten Sie nur darauf, woher die Fische kommen, die Ihnen angeboten werden. Aus biologischer Zucht? Die gibt es, für sie gilt ähnliches wie etwa für die Hühner: Die Tiere brauchen Platz, die Besetzung ist also nicht zu dicht und sie werden mit Biofutter gefüttert. Lachse, Barsche, u.a. Branzini, oder Scampi, die Sie so gerne mögen, sind heute bereits zu 80% aus Zuchtbetrieben.

Bei Fischen, die im Meer gefangen werden, haben Sie im Handel keinen Überblick über deren Herkunft. Die Fangmethoden mit dem Schleppnetz sind schlimm, weil all die kleinen oder nicht verwertbaren Fische, die ins Netz gehen und nicht sofort zurück geworfen werden, dem frühen Tod geweiht sind. Schonzeiten, wie in der Jagd wären angebracht. Aber soweit sind wir nur dort, wo es überhaupt keine Fische mehr im Meer gibt, und dort, wo es Delphin-Schutzgebiete gibt, etwa vor der Adria-Insel Losinj, ist das Schleppnetz verboten. Essen Sie öfter Fisch, zweimal pro Woche, Meeresfische wenn möglich. Sie sind das ideale Mittagessen, wenn man nachher wieder arbeiten möchte. Allerdings nur, wenn die Zutaten und die Beilagen fettarm sind – wie gekochter Reis, mit frischem Koriandergrün oder Petersilie garniert.

Meeresfische sind gesünder als Süßwasserfische, ganz einfach, weil in ihnen die wertvollen Omega-3-Fettsäuren und das Mehr an Mineralien stecken, das im Meer enthalten ist. Blaue Meeresfische sind die allergesündesten, dazu zählen Thunfisch, Sardinen und Makrelen. Sie haben ein dunkles Fleisch und gelten nicht als Edelfisch, weil ihr Fleisch nicht so zart ist. Aber sie enthalten jene ungesättigten Fettsäuren, die den Blutdruck senken, die Sehkraft stärken, die Denkleistung erhöhen.

Wenn in Ihren Bekanntenkreis Fischer sind, wenn Sie das Glück haben, am Meer oder an einem See zu wohnen, dann gibt es bei Ihnen öfter mal wirklich frischen Fisch, was purer Luxus ist! Im Handel gilt ein Fisch nämlich auch dann noch als frisch, wenn er schon viele Tage alt ist. Auf einem Fischmarkt erkennen Sie die Frische an den klaren Augen und den roten Kiemen.

Nur kleine Fische oder tiefgefrorene Filets sollte man backen, am besten in einem knusprigen Backteig aus Mehl, Ei und Mineralwasser. Man taucht sie in den Backteig ein und lässt sie sehr kurze Zeit im Fett. Fangfrische Fische erkennt man daran, dass sie sich im heißen Fett nach oben biegen. Frische Edelfische sollte man so naturbelassen wie möglich zubereiten. Also roh – als Carpaccio, grillen oder dünsten.

Tipps

Tipps für die einfach beste Zubereitung von Fisch

• Fische so zu grillen wie in den Restaurants – nämlich so, dass die Haut dran bleibt und knusprig ist –, ist zuhause schwierig. Vor allem wenn die Fische frisch sind, bleibt die Haut am Grillrost gerne kleben. Dennoch gibt es für Sonntags-Fischköche und Köchinnen wirksame Tipps.

• Erstens: der Fisch muss staubtrocken sein, bevor man ihn auf den Grill gibt, also immer gut mit einem Haushaltstuch abtrocknen.

• Zweitens sollte er ein wenig eingeölt sein. Dazu nimmt man ein neutrales Öl (kein Olivenöl) und pinselt den Fisch mit einem Rosmarinzweig, den man in Öl taucht, drei- oder viermal auf jeder Seite ein. Man kann ihn auch mit Weißweinessig einpinseln, der zieht die Poren zusammen, sodass weniger Saft austritt. Dafür spart man mit dem Fett.

• Der Grillrost ist nahe an der Glut, es sollte zwischen ihr und dem Fisch nicht mehr als zwei Finger breit frei sein. Ist der Fisch flach, dann ist er bald gar, schon nach wenigen Minuten! Man dreht ihn nur einmal um. Ist der Fisch groß, ja, sogar dick, dann schneidet man ihn vor dem Grillen an den Seiten mehrmals schräg und tief ein.

• Eine Mischung aus Olivenöl, Petersilie, Knoblauch oder anderen Gewürzen gießt man erst nach dem Grillen über den Fisch, wenn man das mag.

• Die feinste Art, den besten Fisch zuzubereiten, ist ihn zu dünsten. Der geputzte Fisch wird, wenn er zu groß ist, in Stücke geschnitten, in einen Topf gelegt und mit Wasser bedeckt. Ins Wasser kommen die Zutaten in bescheidenem Maße: ½ Zwiebel, 2 geschälte Knoblauchzehen, Pfeffer, ein paar Stängel grüne Petersilie, Salz, ein Teelöffel Olivenöl, den Saft ½ Zitrone oder ein paar Spritzer Essig. Deckel drauf. Nachdem das Wasser 5 Minuten gekocht hat, dreht man die Flamme ab, den Deckel lässt man drauf, so kann der Fisch nachdünsten. Der Fisch ist fertig, wenn sich das Fleisch vom Wirbelknochen löst. Als Beilage passen am besten gekochte Kartoffeln. Jeder würzt den Fisch nach, wie er es mag: mit etwas Pfeffer, Zitronensaft, Olivenöl, zerlassener Butter.

• Dünstet man den Fisch, dann wird aus dem Wasser eine zarte, wohlschmeckende klare Fischbrüh, die man vorweg isst. Man kann sie, während der Fisch dünstet, vorbereiten. Dazu schwitzt in etwas Olivenöl 2 ganze Knoblauchzehen und die feingehackte zweite Hälfte der Zwiebel an, gibt für 6 Personen 2 Handvoll Rundkorn-Reis dazu, etwas Salz und 1–2 EL Tomatenmark. Unter beständigem Rühren gießt man mit ein paar Schöpfern der Brühe auf.

• Jedes Küstenland hat sein eigenes Rezept für die Fischsuppe. Sie wird aus Fischköpfen, Schwänzen, in jedem Fall aus Fischen, die ein festes, glattes Fleisch haben, gekocht. Ob man nun etwas Zwiebeln und Knoblauch oder Zitronengras oder andere Würzkräuter in Öl anschwitzt, ist regionale Geschmackssache. Ob man mit Wasser oder Wein oder Kokosmilch aufgießt, Tomatenmark dazu gibt oder Safran, auch. Wichtig ist nur, dass man die Fischstücke in Öl anbrät und in der Brühe gart, ohne umzurühren. Man schüttelt den Topf vorsichtig. Warum? Weil beim Rühren das Fleisch zerkocht und die Gräten dann in der Suppe herumschwirren.

• Wenn Sie am Meer sind, dann nehmen Sie Fisch direkt am Ufer aus, die Krebse und die Möwen fressen die Innereien sofort auf. Schuppen Sie die Fische im Meerwasser. Danach werden sie nicht mehr mit Süßwasser gewaschen, sondern wie sie sind zubereitet.

Die ursprüngliche Küche

Die ursprüngliche Küche verwendet Grundprodukte aus der Region. Sie sollten von bester Qualität sein: Früchte und Gemüse, sonnengereift, zeitgerecht geerntet und richtig gelagert. Milch, Fleisch und Eier von Tieren, die im Freien leben und natürlich gefüttert werden. Fisch aus dem Meer, dem See oder dem Bach. Sie braucht wenig Zucker, wenig Salz, dafür viele frische und getrocknete Gewürze. Und Appetit.

In ursprünglichen Produkten steckt ein Stück Landschaft, zum Beispiel in der Milch und in den Milchprodukten. Ein wirklich guter Emmentaler Käse, der nicht nach säuerlicher Milch, sondern nach süßen Nüssen schmeckt, wird aus Maimilch gemacht.

Im Mai sind die Almgräser am würzigsten, voll Saft und Kraft, das überträgt sich auf die Milch und auf die weiteren Produkte, die man auf ganz natürliche Weise herstellt. Herrlich schmeckt auch frische Maibutter, sie ist von Natur aus streichfähig und hat einen hohen Anteil an Karotin, an Provitamin A. Innerlich tut sie gut, weil sie schmeckt, und äußerlich, weil sie die Haut pflegt. Eine Brotschnitte und Maibutter drauf: Herz, was willst du mehr!

Manchmal heißt die einfache Küche auch Armeleute-Küche, weil sie wenig kostet. Mein Lieblingsgericht aus dieser Küche ist Kartoffelgulasch. Auch „Pasta fagioli", die Bohnensuppe mit der Pasta drin, schmeckt wunderbar. Dazu sollte aber, bei beiden Gerichten, das Wetter passen: Draußen muss es kalt und nebelig sein, und der dekantierte Rotwein darf nicht fehlen. Auch nicht das frischgebackene Brot.

Ja, und dann gibt es da natürlich die Variationen der Bohnen- und Linsenküche. Ich könnte mich von Linsen ernähren, von roten Linsen, die rasch zerkochen und die beste Suppe ergeben, eine Suppe, die man nur mit etwas Salz zu würzen braucht. Oder die schwarzen, die „Kaviarlinsen"; die muss man etwas länger kochen – etwa dreißig Minuten – und mit etwas Butter verfeinern. Kein Gewürz, sie sind feinwürzig genug. Auch Spalterbsen ergeben eine wunderbare Suppe, die rasch fertig ist.

Ja, und dann mag ich auch sehr die Kichererbsen, sie fehlen in keiner guten Gemüse- oder Fleischsauce, mit der man ein Couscous übergießt. Aus Kichererbsenmehl rührt man mit kochendem Wasser, Zitronensaft und Olivenöl „Humus" an, ein türkisches Kichererbsenpüree. Von den Käferbohnen ganz zu schweigen (mancherorts heißen sie auch Pferdebohnen), die man am Tag vor dem Kochen einweichen muss. Gekocht, danach gut abgeschmalzen, sind sie der beste Partner für ein deftiges Sauerkraut. Es muss nicht immer Wurst zum Sauerkraut sein!

Arme Leute essen in der Früh, was am Abend übrig blieb. Das können auch feine Leute tun, es steht ihnen nichts im Wege. Wer sagt denn, dass man in der Früh klebrige Croissants mampfen soll! Es gibt Alternativen: Haferbrei (Porridge), Sterz aus Maismehl oder Hirse, chinesische Reissuppe mit einem Ei drinnen, oder Reis mit Bohnen, scharf und gewürzt mit Bockshornklee.

Von Reis und Bohnen ernährte sich früher einmal ganz Süd- und Mittelamerika. Bei Reis und Bohnen (Linsen) hat der Mensch, was er braucht: ein reichhaltiges und herzhaftes Essen, wenn es zum Beispiel mit Chili gewürzt wird. Tja, in Südamerika ernährte man sich einmal gesund, man baute viele Kartoffeln an, Mais und vor allem viele Sorten von Kürbis, all diese Gemüse stammen von dort. Heute sind viele Südamerikaner übergewichtig, besonders die Mexikaner, die in Nordamerika leben. Sie haben ihre gesunde Armeleute-Küche leider gegen süßes und fettes Fastfood eingetauscht.

In die ursprüngliche Küche gehören keine Erdbeeren im Winter, die isst man im Sommer frisch aus dem Garten. Der Winter ist für Kürbisse und Kraut (Kohl), für Endiviensalat, Kartoffeln und Äpfel da.

Armeleutekost für Reiche: Rezepte

Türkensterz

Früher aßen die Leute am Land zum Frühstück und am Abend Sterz. Ich mochte ihn als Kind nicht, weil er im Mund immer mehr wurde, aber heute liebe ich ihn. Sterz kann man salzig oder süß essen. Man macht Sterz aus Mais (Türken), Heiden („Hadn" = Buchweizen), auch aus Weizenmehl – und aus Kartoffeln. Türkensterz, das ist Sterz aus Maismehl, kann man kochen, dann nennt man ihn Polenta. Die Polenta aus feinem Maismehl kann man in ein Gefäß füllen und stürzen, danach in Stücke schneiden und grillen. Man kann Polentagrieß aber auch kochen und zerkleinern und dann in einer Pfanne ohne Fett rösten, am Lande nennt man das Rösten unter ständigem Rühren ohne Fett „linden". Kein Wunder, dass ein auf diese Weise zu kleinen „Bröckerln" gelundener Sterz bei den Ohren herausstaubt, isst man ihn Natur und trinkt nur eine Schale Milch dazu. Wunderbar schmeckt er, wenn man ihn abschmalzt, und zwar mit Grammeln. Dazu gibt es Salat; Löwenzahnsalat, mit Kürbiskernöl, warmen gekochten Kartoffeln und harten Eiern abgemacht, schmeckt dazu am besten.

Dalmatinischer Spinat

Arme Bauern, die an einen Ort gebunden waren und nicht wie die Nomaden von Weide zu Weide zogen, gingen mit ihrem Boden sorgfältig um. Sie pflanzten nur ausdauernde, widerstandsfähige und genügsame Gemüse an, wie z.B. in Dalmatien den dalmatinischen Spinat, einen kleinblättrigen Mangold. Er braucht weder Wasser noch Dünger, Liebe braucht er auch nicht, und jedes Jahr kommt er wieder, unerschütterlich. An der gesamten östlichen Adriaküste essen die Leute zu Fleisch und Fisch, auch zum teuersten, Spinat, der mit gekochten Kartoffeln, Salz, Knoblauch und reichlich Olivenöl vermischt wird. Dieser „Gatsch" schmeckt so gut, dass ich ihn auch ohne Fleisch und Fisch täglich essen könnte. Man kocht die geschälten und geviertelten Kartoffeln und den Mangold extra, wobei man die Kartoffeln 10 Minuten früher zum Kochen bringt. Man zerstampft sie, drückt Knoblauch nach Belieben darunter, vermischt sie mit dem abgetropften Spinat und zum Schluss mit goldenem Olivenöl. Pfeffern kann man den köstlichen Gatsch, wenn man möchte, auch.

Kartoffelgulasch

Man schneidet ein paar Zwiebeln fein, schwitzt sie in Fett an, gibt süßes Paprikapulver drauf und die geviertelten, geschälten Kartoffeln hinein, bedeckt mit Wasser und lässt das Gulasch dünsten. Wer will, schneidet sich vor dem Anrichten ein Würstl und ein paar Essiggurken hinein und gibt einen Klacks Rahm dazu. Wer will, gießt die Zwiebel mit Wein auf. Wer will, macht das Gulasch mit festkochenden, wer will mit mehlig kochenden Kartoffeln. Und wer will, lässt den Paprika weg, würzt mit Majoran und Lorbeerblatt und hat eine Erdäpfelsauce. Zu der isst man am Lande „geschnittene Nudeln."

Nudel & Strudel: Rezepte

Feiner Nudelteig selbst gemacht

Man gibt 200 g Mehl auf ein Nudelbrett, macht in der Mitte eine Grube, schlägt 1 großes Ei hinein, salzt etwas **(1)**, *mischt zuerst mit dem Messer* **(2)** *und arbeitet dann mit den Händen den Teig fest und glatt ab* **(3)**. *Zu manchen Nudeln nimmt man auch 2 Dotter statt eines Eis. Ist der Teig gut durchgearbeitet, formt man 2 kleine Laibchen daraus, deckt sie zu und lässt sie ein wenig rasten.*

Dann rollt man sie mit einem Teigroller aus **(4)**; *Brett und Roller werden mit Mehl bestäubt. Der Teig soll für feine Nudeln – und das sollten die meisten sein – so dünn werden, dass man durch ihn hindurch lesen kann. Man lässt die Teigblätter auf einem Tuch ein wenig trocknen, damit sie beim Schneiden nicht zusammenkleben.*

Mit einem scharfen Messe schneidet man nun die Nudeln: Für Fadennudeln schneidet man vier Finger breite Streifen, legt sie aufeinander und schneidet ganz feine Streifen **(5)**. *Will man lange Nudeln haben, so rollt man eine der beiden Teighälften zusammen und schneidet für dünne Nudeln ganz dünne Streifen, für Bandnudeln etwas breitere Streifen, für „Fleckerl" schneidet man aus übereinandergelegten Streifen kleine Quadrate.*

Der gewöhnliche Nudelteil wird wie der feine zubereitet, nur nimmt man etwas mehr Mehl und setzt dem Ei etwas Wasser zu.

Lange Bandnudeln trocknet man, indem man sie über eine Leine hängt. „Fleckerl" breitet man auf einem Tuch aus und legt es an einen warmen Ort. Fadennudeln werden nach dem Schneiden aufgelockert und trocknen rasch.

Wenn die Nudeln trocken sind, bewahrt man sie in Säckchen oder Schachteln an einem trockenen Ort auf.

Strudelteig

Man braucht dazu 250 g Mehl, 1 Ei, 1/8 l lauwarmes Wasser, 5 g zerlassene Butter oder Öl und Salz. Ebenso einen Tisch oder eine von allen Seiten zugängliche Arbeitsplatte, ein frisch gewaschenes Tuch von ca. 80 x 120 cm, das man über die Platte legt und mit Mehl bestäubt. Im Raum soll es warm sein, wie auch die Zutaten handwarm sein sollen. Zum Kneten des Teiges braucht man ein Brett – am besten ein Nudelbrett. Man gibt das Mehl auf die Mitte des Nudelbrettes, macht im Mehl eine Grube, in die gibt man das Ei, dann gießt man langsam das mit der Butter und dem Salz vermischte lauwarme Wasser und „schneidet" mit einem Messer Mehl und Flüssigkeit, bis diese verbraucht ist. Nun knetet man den Klumpen zu einem feinen Teig, der sich weich und gummiartig anfühlt. Gibt der Teig auf Fingerdruck elastisch nach, wirft man die Teigkugel ein paar Mal auf das Brett auf die Arbeitsplatte, das beutelt ihn noch richtig durch. Danach darf er auf einer bemehlten Unterlage, bedeckt mit einer Schüssel, eine halbe Stunde rasten. Dann walkt man ihn auf dem Tuch aus, bedeckt die Oberfläche mit Öl und beginnt den Teig auszuziehen. Dazu fährt man mit den Handrücken unter den Teig und zieht ihn langsam mit beiden Handrücken und Unterarmen in alle Richtungen nach außen. Vorsichtig muss man sein, und schnell. Er darf nicht trocken werden und nicht reißen. Man kann ihn nun auch auf das Tuch legen und versuchen, ihn am Rand – mit dem Handrücken – über die Tischkante zu ziehen. Man bearbeitet ihn immer dort, wo der Teig noch dick ist. Den dicken Rand wird man später dann wegschneiden.

Die Fülle

Während der Strudelteig rastet, bereitet man die Fülle vor. Beim Apfelstrudel sind dies Äpfel, säuerliche Äpfel schmecken besser, man hat sie blättrig gehobelt, mit Zucker bestreut und im Rohr etwas vorgedünstet. Man zerlässt die Butter, röstet die Semmelbrösel darin und zuckert sie. Wer will, nimmt noch Rosinen, Pignoli und geriebene Mandeln. Nun bestreicht man den Strudel mit einem Pinsel, den man in die Butter taucht. Darauf kommt eine Schichte Butter-Zuckerbrösel, auf diese die Äpfel, die man abtropft, danach die Rosinen und Nüsse. Nun rollt man den Teig ein, indem man sich auf eine Seite des Tisches stellt, das Tuch mit beiden Händen, links und rechts fasst und spannt und den Teig mit der Fülle auf diese Weise einrollt. Ist man am Ende des Tisches angelangt, so sollte der Teig fertig eingerollt sein. Man biegt ihn zu einem U und – man braucht nun einen Helfer, der das Backblech hält – schiebt ihn aufs Blech. Die Oberseite streicht man mit Butter und Ei ein. Ab ins vorgeheizte Rohr, das mittlere Temperatur hat.

Sinnenfreude

Strudel, gefüllt mit Äpfeln, Topfen, Zwetschken, Kirschen, Trauben, Marillen, aber auch salzig mit Spinat, Fleisch, Gemüse und Ei … Wer sich den Luxus eines Strudels gönnt, sollte nicht nur, ja muss den Strudelteig selber machen. Warum? Weil das Kneten und Ausziehen des Strudelteigs ein sinnliches Erlebnis ist!

Küchengeräte

Seit Karl Marx das Haushaltspersonal in die Fabrik geschickt hat, weil es dort angeblich besser ist, stehen die Haushalte ohne menschliche Hilfen da. Ersetzt wurden sie durch die neue Technik – technische Sklaven kann man nicht, wie Menschen, ausbeuten. Man läßt sie auf Hochtouren laufen, bis sie kaputt sind. Dann wirft man sie weg. Technik ist erschwinglich. Unlängst schenkte mir jemand ein elektrisches Messer. Wozu brauche ich ein elektrisches Messer!? Ich habe es sofort am Flohmarkt verkauft.

Auch die Technik hat ihre Schnörkel und ihren Überfluss. Alle Küchengeräte, die man nur

einmal im Jahr braucht, die aber eine ganze Lade füllen, sind überflüssig. Alle Küchengeräte, die nach dem Verwenden auseinandergenommen und in einer langwierigen Prozedur gereinigt werden müssen, sind überflüssig. Im Prinzip sind (fast) alle Küchenmaschinen überflüssig.

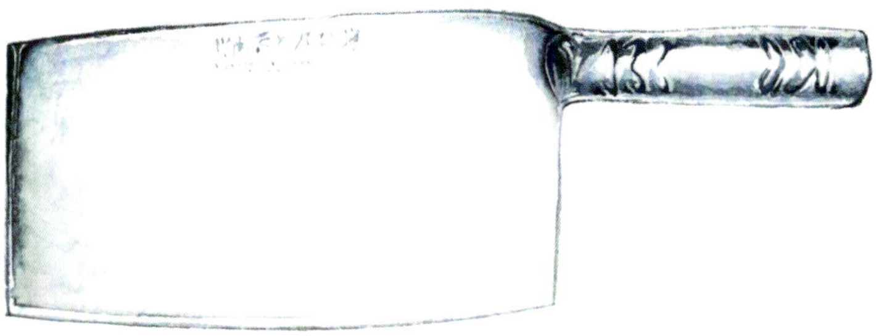

Der japanische oder der chinesische Koch braucht ein einziges gutes Messer in seiner Küche, mit dem putzt und schneidet er alles klein. Und der asiatische Esser braucht nur eine Schüssel und zwei Stäbchen. Die asiatische Art, mit zwei Stäbchen und einer Schüssel pro Esser sowie einem Messer pro Koch auszukommen, hat ihren Ursprung im Eisenmangel des riesigen chinesischen Reichs. Dort lebten schon vor 2000 Jahren Hunderte Millionen Menschen, und die Metallressourcen waren knapp. So hat man die Kochmethode „Einer schneidet für alle" erfunden. Sie hat sich bis heute bewährt und zu höchster Kochkunst geführt. In besseren asiatischen Häusern hat man noch Löffel und eine Schöpfkelle in Gebrauch.

Will man Löffel sparen, kann man, wie in Indien üblich, auch ein weiches Fladenbrot nehmen, das man zu einer Rinne formt und mit dem man das Suppige und Soßige isst.

Wer einfach lebt, bleibt gesund

Es gibt viele Krankheiten, doch nur eine Gesundheit. Für die Krankheiten sind die Ärzte zuständig, für die Gesundheit wir selbst (und ein wenig auch der liebe Gott). Wer so lebt, dass er gesund bleibt, braucht keine Ärzte, außer zur Vorsorgeuntersuchung. Wer sich rechtzeitig mit den Voraussetzungen für das Gesundbleiben beschäftigt, lebt länger. Nicht weil er älter wird, sondern weil er die kostbare, wunderbare, schmerzfreie und glücklich machende Eigenzeit genießen kann. Erkannt hat dies Epikur, der selbst lange verkannt wurde. Weil der römische Dichter Horaz sich in einer seiner Oden als „fettglänzendes Schwein aus der Herde Epikurs" bezeichnete, stellt man sich einen Epikuräer noch heute landläufig als jemanden vor, der sein Leben den leiblichen Genüssen und Ausschweifungen widmet. Dieses Missverständnis hat Epikur nicht verdient. Seine Maxime lautet: Hauptsache gesund! Und gesund bleibt man, wenn man einfach lebt.

Epikur lehnte den Reichtum nicht ab, sah in ihm aber ein Hindernis auf dem Weg zum Glück. Der sichere Pfad, so sagt er, führe über die Einfachheit. Dazu müsse der Mensch nicht darben.

Epikur lebte gut und genügsam. Er trank meist Wasser, manchmal auch Wein, und schrieb an einen Freund: „Schicke mir einen kleinen Topf Käse, damit ich üppig leben kann, wenn ich es einmal will."

Seine Gedanken fasste er in Briefform zusammen. Diese Briefe schickte er an seine Anhänger und Freunde. So blieb seine Philosophie über 500 Jahre lebendig und fand vor allem im Rom der Kaiserzeit großen Anklang. Das Leben auf dem Land, die Freude an einfachen, sinnlichen Genüssen, die Toleranz Andersdenkenden gegenüber, ein friedliches Dasein ohne ideologischen Fanatismus gehen auf ihn zurück. Seine Nachfolger haben Epikurs Ideen weder verändert noch radikalisiert, dazu eignen sie sich nämlich nicht. Die wachsende Schar der römischen Christen aber lehnte Epikurs Lehren ab, auch, weil er dazu rät, das Diesseits möglichst angenehm zu gestalten, denn man müsse annehmen, dass es kein Jenseits gebe.

In seinem „Garten" – so nannte er seine Schule – unterrichtete er auch Frauen und Sklaven. Und auch der Liebe war er in bescheidenem Rahmen zugetan. Als man ihm aber einmal für eine Nacht das Lager an der Seite einer Schönen anbot, lehnte er – er war schon in reiferen Jahren – höflich ab: Er wolle das Vergnügen gerne einem Jüngeren überlassen.

Epikur empfiehlt (zusammengefasst):

- *Bescheidenheit in der täglichen Nahrung*
- *Verzicht auf Reichtum und freiwillige Mäßigkeit, weil man dabei sorglos leben kann.*
- *Verzicht auf äußere Ehrungen durch die Gemeinschaft, weil man dadurch unabhängig vom Lob der anderen wird und sich um so mehr freuen kann, wenn einem echte Freuden beschert werden.*

Früher lebten die Menschen einfach und waren deshalb gesund.

SENECA, 30 N. CHR.

Aus Epikurs Briefen

„Wir sind ehrlich davon überzeugt, dass die größte Freude am Luxus diejenigen haben, welche seiner am wenigsten bedürfen, und dass alles, was die Natur verlangt, leicht zu beschaffen ist, das Eingebildete aber schwer. Einfache Nahrung gewährt den gleichen Genuß wie üppige Lebenshaltung [...] Sich an einfache, nicht aufwendige Lebensweise zu gewöhnen, erfüllt die Forderungen der Gesundheit und macht den Menschen bereit für die Notwendigkeiten des Lebens, stärkt uns für den Fall, dass wir gelegentlich, nach langen Unterbrechungen, uns mit kostspieligen Dingen einlassen und rüstet uns in der Furchtlosigkeit gegenüber dem Schicksal."

„Der Reichtum der Natur ist begrenzt und leicht zu beschaffen; der von eingebildeten Vorstellungen verlangte fällt ins Unendliche."

„Die Lust des Fleisches kann nicht gesteigert werden: sobald einmal das schmerzhafte Gefühl, das dem Mangel entspringt, beseitigt ist, kann sie höchstens abwechslungsreicher gemacht werden [...] Es ist nicht ratsam, über die einfache Beseitigung des Hungers hinauszugehen und zu kostspieligen Gerichten Zuflucht zu nehmen. Einfachheit ist nicht schlechter als Wohlleben."

Gestört werden könnte die Lust laut Epikur durch die Angst vor zukünftiger Not. Gegen sie kann man sich absichern, wenn man freiwilligen Verzicht übt.
„Wer wenig begehrt, findet bereits in der Erfüllung des wenigen Glück."

Der Epikuräer bleibt den Staatsgeschäften fern.
„Glück und Seligkeit gewähren nicht die Menge des Geldes, die Last der Geschäfte, irgendwelche Ämter oder Kommandoposten, sondern die Freiheit vom Schmerz, abgeklärte Regungen der Seele und eine Seelenverfassung, die gemäß der Natur ihre Grenzen kennt."

Aus frischen Radieschen lassen sich mit Hilfe eines kleinen, spitzen Messers die wunderbarsten

Kunstwerke herstellen. Man braucht dazu nur Phantasie und Geduld. Das Schwierigste dabei

sind die Antennen der Käfer; man muß dazu die Wurzel in zwei Teile spalten.

Wie die Neandertaler

Viele Menschen, ob Erwachsene oder Kinder, Junge oder Alte, leiden an Unpässlichkeiten wie Müdigkeit, Völlegefühl, Lustlosigkeit. Dagegen gibt es Pillen. Aber besser hilft eine Diät.

Weizenmehl, Kuhmilch, Hefe und Zucker wie auch Fertiggerichte, die Laktose und Fruktose enthalten, belasten den Körper, also weg damit. Verzichten Sie doch auf diese Nahrungsmittel, und ich wette, es wird ihnen schon nach einigen Tagen besser gehen. Verzichten sollten Sie auch auf Bier und Wein, auf alles was Hefe enthält, auf alles was gärt. Vergönnen Sie den Bakterien in Ihren Gedärmen eine Ruhepause.

Essen Sie Gemüse, Fleisch, Fisch. Man stelle sich bei dem „Erlaubten" vor, dass man isst, was die Neandertaler und die anderen Urmenschen gegessen haben. Einfach Natürliches, nichts Raffiniertes. So entlastet man seinen Körper von überflüssigem Ballast.

Nehmen Sie weniger Salz. Ein Mensch in der Steinzeit nahm zwei bis drei Gramm Salz pro Tag in sich auf, heute sind es zwölf Gramm. Unser Stoffwechsel ist darauf nicht eingestellt. Die Folgen sind Bluthochdruck, Herz- und Nierenerkrankungen.

Der Versuch, wie ein Neandertaler zu leben, hört bei der Ernährung nicht auf. Gehen Sie so oft wie möglich zu Fuß. Am Land wie auch in der Stadt, hier allerdings richtig beschuht. Am Lande sollte es auch ohne Schuhe gehen oder mit dem neuen, eigens dafür konstruierten Zehen-Schuh, einem sehr brauchbaren Kompromiss.

Use it or lose it

Was man nicht braucht, gerät in Vergessenheit, verschwindet. Das ist fein, handelt es sich um schlechte Bücher oder alte Schuhe. Um manches wäre es aber schade, zum Beispiel um unseren Körper. Nutzen wir die Leistungsfähigkeit unseres Körpers aus!

• Der Kiefer braucht Belastung, damit er wächst und den Zähnen Platz macht. Ist dies nicht der Fall, dann wachsen die Zähne kreuz und quer. Das Kind braucht eine Zahnspange. Darüber freut sich vor allem der Zahnarzt. Kinder müssen Hartes kauen und lernen, sich dafür Zeit zu nehmen!

• Wir gehen zu wenig barfuß über die Wiese, dabei ist dies die einzige Möglichkeit, Platt- und Senkfüßen vorzubeugen. Lassen Sie Ihre Kinder barfuß laufen, laufen Sie barfuß, spüren Sie wieder den Boden unter Ihren Füßen.

• Bakterien, aber auch andere Kleintiere, etwa Würmer, brauchen unser Verdauungssystem. Sie brauchen uns als Nährboden und wir brauchen sie für unser Immunsystem. Wir werden vor allem während unserer Kinderzeit von den Tierchen besiedelt, das fängt schon bei der Geburt auf natürlichem Wege an. Schmutz macht uns widerstandsfähig. Übertriebene Hygiene schadet. Ein Haushalt, eine Familie ist kein Operationssaal. Schön, wenn Kinder am Bauernhof aufwachsen, auch ein Hund zum Knutschen fördert die Widerstandskraft.

• Der Mensch ist von Natur aus kein Faultier sondern ein Bewegungstier, und zwar eines, das ausdauernd laufen konnte. In der Steinzeit lief der Mensch in der Savanne sogar den Gazellen nach. Also: Laufen Sie, gehen Sie spazieren, jeden Tag. Der Mensch ist zum Laufen, Gehen und Klettern, aber nicht zum Sitzen am Schreibtisch gemacht.

Alles in einem Topf: Rezepte

In einem einzigen Topf lassen sich die köstlichsten Gerichte brauen. Ist es nicht wunderbar? Man braucht dann nur einen einzigen Topf abzuwaschen, und, lebte man wie die Wüstenvölker, nicht einmal die Teller dazu, weil alle aus einem Topf essen. Von den Hirten und Nomadenvölkern kann man sich die besten Eintopfgerichte abschauen. Diese Völker zogen – und ziehen – von Ort zu Ort und nehmen dabei möglichst wenig Gepäck und Geschirr mit.

Eine Zeitlang klang Eintopf zu sehr nach Krieg, aber nun hat er auch andere Namen: zum Beispiel „Kessel" oder „Wok". Ein Topf, ein Feuer, eine Flamme genügt, und schon zaubert man Kesselgulasch aus Fleisch, Kartoffeln oder Fisch. Oder Wokgemüse mit Fleisch und Würzsaucen.

Im Römertopf

Ein Eintopf ist auch der Römertopf, in Istrien heißt er Peka. Im Prinzip ist es eine Kasserole aus Ton mit einem hohen, bauchigen Deckel. Man füllt sie mit allem was man mag, mit Fleisch, Fisch, Kartoffeln und Gemüse, gibt Olivenöl dazu, würzt ein bisschen, gibt keine Flüssigkeit dazu, da die Tomaten oder der Braten, ja sogar die Kartoffeln selbst Wasser enthalten. Man schließt den Deckel und stellt das Ganze in die Glut. Die hat man im offenen Kamin oder auch im Freien gemacht. Die Glut soll den ganzen Topf, auch den Deckel bedecken. Dann kümmert man sich nicht weiter um das Essen, trinkt ein Gläschen oder zwei und plaudert mit seinen Gästen. Die köstlichste aller Eintopf-Speisen kocht sich nämlich von selber. Nach einer Stunde ist der Peka oder Römertopf-Inhalt gar, gegart im Feuer im eigenen Saft. Ein Gedicht, werden die Gäste sagen, ein Geschenk, sagt man selber. Mit so einer Kochmethode könnte man nämlich täglich Gäste einladen, da sie keine Arbeit macht.

Tipps

So kriegen Sie den Reis weich

Gedünsteter Reis ist ein in jeder Hinsicht sparsames Gericht: wer sich von Reis ernährt, spart Geld und Zeit. Morgens während des Frühstücks stellt man den Reis auf die Kochplatte, lässt einmal aufkochen, schaltet die Platte ab und gibt den Deckel drauf. Kommt man mittags heim, ist der Reis fertig und noch warm. Mit einem Nachteil: Er legt sich immer ein wenig an den Topfrand an. Daher hat man sich andere Methoden ausgedacht. Meine Oma zum Beispiel brachte den Reis in einem eigenen Topf zum Kochen, den sie gut verschlossen früh am Morgen dann in ihr Bett stellte. Da dümpelte der Reis weiter vor sich hin und war zu Mittag durch. Denselben Effekt erreichte man auch mit einer Kochkiste; sie war im Krieg sehr beliebt. Im Prinzip ist sie dasselbe wie das Bett, nur eben kleiner. Ein Reistopf wird in einer Kiste rundum mit Stoff oder Stroh warmgehalten. Moderne Reiskocher haben diese Wärmeisolation in die Wände des Topfes eingebaut. Sie haben einen Stecker, und man kann in ihnen überall, wo es eine Steckdose gibt, Reis weich dünsten. Jeder Chinese, der ins Ausland reist, hat so einen Reiskocher mit, so wie die Engländer darauf Wert legen, dass ein Wasserkocher (mit direktem Draht zu jeder Steckdose) in jedem Hotelzimmer oder Gästezimmer bereitsteht.

Risotto

Risotto ist Reis mit irgendwas, wobei man den Reis mit dem Sud, indem dieses Irgendwas gedünstet hat, unter ständigem Rühren aufgießt. Ein gutes Risotto braucht kein reines Wasser, auch nicht immer Champagner und Trüffeln, es geht auch mit einfachen Zutaten.

Wunderbar werden Risottos mit getrockneten Pilzen, wenn Sie das Einweichwasser verwenden. Oder Risottos aus Spargel; hier kochen Sie aus den Stengeln und Schälresten die Brühe und verwenden nur die Spargelspitzen für den Reis.

Für ein gutes Risotto gilt, dass es umso besser wird, je weniger man mit frischer Butter oder Olivenöl oder Sahne (Schlagobers) spart. Wenn ich im „Risottieren" schwelge, füge ich während des Rührens und Dünstens immer ein wenig frische Butter hinzu. Was aber, wenn Sie zum Beispiel in Ihr Wochenendhaus kommen und eingeschneit sind und im Handgepäck nur ein in Papier eingewickeltes Stück Butter aus dem städtischen Kühlschrank mitgenommen haben, wenn Sie nur noch Reis und Salz im Schrank vorfinden, aber aus dem Keller immerhin drei Stangen Lauch in die Küche holen können – Lauch, den Sie im Herbst sorgfältig in Erde eingeschlagen haben, so dass er sich über den Winter hält?

Nun, dann machen Sie Ihr Lauchrisotto wie folgt: Sie putzen den Lauch, geben Wasser und Salz hinzu und dann den Reis. Jetzt rühren Sie während des Dünstens immer wieder um, die Butter kommt erst vor dem Auftragen hinein! Das ist übrigens der Trick, den Sie für jedes Risotto beherzigen sollten: Geben Sie vor dem Auftragen ein Stück frische Butter hinein, es kann auch süße oder saure Sahne (süßer oder Sauerrahm) sein. Diese Zugabe von frischem Fett macht das Risotto erst richtig sämig! Punkten kann man auch mit mediterranen Risottos, zum Beispiel mit einem schwarzen Risotto aus Tintenfisch & Co. Dabei können Sie ein wenig auftrumpfen, wenn Sie den Gästen erklären, dass ein Tintenfisch etwas anderes als ein Calamaro ist. Der Tintenfisch hat einen dicken Körper, einen weißen Schild als Stütze und kurze Füßchen, man gibt ihn den Vögeln zum Schnabelschärfen. Der Calamaro hat einen länglichen Körper, einen durchsichtigen Schild und lange Füße mit Fangarmen. Calamari bekommt man tiefgekühlt in Säcken. Tintenfische eher am Markt am Meer. Auch die Calamari haben in ihrem Inneren einen Tintensack, doch der von den Tintenfischen ist ausgiebiger und größer. Sie sind die richtigen Patzer. Und nur am Meer kann man ein schwarzes Risotto mit natürlichen Zutaten machen, damit sind wir wieder beim Luxus. So gut sich Calamari und Tintenfisch einfrieren lassen, ihre Tinte macht dabei nicht mit. Sie verliert ihre Farbe und wird wie Grieß. Deshalb gehören das schwarze Risotto und der Fischmarkt zusammen.

Man schwitzt Zwiebel in Olivenöl an, drückt etwas Knoblauch hinzu. Man schneidet die Calamari in dünne Streifen und röstet sie mit dem Zwiebel an. Mit Weißwein aufgießen und das Ganze bedeckt 20 Minuten köcheln lassen. Dann gibt man pro Kopf zwei Handvoll Reis dazu, gießt mit Fischfond, Calamarifond, zur Not auch mit Suppe auf. Und rührt. Knapp vor dem Anrichten kommt die Tinte dazu, so ferne man eine hat. Man kann sie – konserviert – auch kaufen. Aber fragen Sie mich nicht, woraus man diese Tinte gemacht hat. Hat man keine Tinte, ist das Risotto auch gut, mir schmeckt es so überhaupt besser, weil die Tinte intensiv ist. Kurz vor Schluss kommt noch Petersilie dazu, etwas Pfeffer und der Butter-Klacks.

Das Risotto, das aus dem Meer kommt

Angenommen, Sie sind in Ihrem Ferienappartement (mit einer einzigen Kochplatte) am Meer. Auf dem Fischmarkt haben Sie frische Scampi in der Schale gekauft, ein paar Fische, Muscheln, also Meeresfrüchte. Die müssen Sie waschen, putzen und auslösen. Von den Schalen und Gräten kochen Sie mit Salz und Gewürzen einen Fond.

Mit dem gießen Sie dann unter Rühren den Reis immer so viel auf, wie er an Flüssigkeit aufnimmt. Wenn er schon fast weich ist, fügen sie das Fleischliche, das sie in Öl angeröstet, gedünstet, mit Weißwein aufgegossen und mit etwas Knoblauch gewürzt haben, hinzu. Weiter rühren. Kurz vor dem Servieren wieder Petersilie und Butter oder Sahne (Schlagobers) dazugeben.

Freiheit

Was passiert, wenn Ihnen grenzenlose Freiheit geschenkt wird? Grenzenlose Freiheit! Sie werden sich in kürzester Zeit dabei ertappen, dass Sie – vorerst in Gedanken – nach Grenzen suchen, innerhalb derer Sie Ihre Freiheit verwirklichen können. Das ist schwierig genug, denn sobald Sie vollkommen frei sind, zeigt sich Ihre wahre Natur. Es gibt keine Ausreden mehr, wenn Ihnen etwas misslingt. Sie haben die freie Entscheidung – und müssen die Folgen tragen. (Angst vor Selbstverantwortung ist der meistgenannte Grund für die Angst vor der Freiheit.)

Mit Freiheit ist nicht die Freiheit des Konsumenten gemeint, die in der Möglichkeit gipfelt, zwischen Dutzenden Fruchtjoghurtsorten zu wählen. Sondern eine ganz andere, eine Freiheit, die Luxus ist.

1960 behauptete Carl Laszlo: „Luxus ist der Ausdruck der Verwirklichung von Freiheit. Er ist Freiheit von Anpassungszwängen und führt zur Selbstverwirklichung des Individuums."

Im „Aufruf zum Luxus" schrieb er:

Luxus ist Freiheit.

Luxus ist für jeden erreichbar. Reichtum nicht.

Luxus heißt: zu haben, was man haben will, und auf alles verzichten, was man haben soll.

Luxus begegnet allem Natürlichen und Menschlichen mit äußerster Zurückhaltung.

Luxus kämpft für die Seltenheit, für alles Einzelne: für kostspielige Bücher, Einzelanfertigungen auf allen Gebieten, für Exlibris, Monogramm, Portrait, für die Magie der Signatur, für Zauber, Ritual, bedeutungsgeladene Gegenstände, für seltene Steine und Menschen, für Lust, Begierde, Askese und handgeschriebene Briefe …

Hans im Glück

(aus der Sammlung der Brüder Grimm)

Hans hatte sieben Jahre bei seinem Herrn gedient, da sprach er zu ihm: „Herr, meine Zeit ist herum, ich möchte heim, wo meine Braut auf mich wartet, gebt mir meinen Lohn." „Du hast mir treu und ehrlich gedient", antwortete der Herr und gab ihm einen Klumpen Gold, der so groß wie Hansens Kopf war. Hans band um den Klumpen ein Tüchlein herum, das steckte er in einen Stock, den lud er auf seine Schultern. So wanderte er auf der Landstraße dahin, setzte fröhlich ein Bein vor das andere, bis er einem Reiter begegnete, der auf einem hübschen Pferd saß. „Ach, was ist ein Pferd für ein schönes Ding", sprach Hans ganz laut, „man kommt damit im Sitzen vorwärts, stößt sich den Fuß an keinem Stein." Der Reiter, der das gehört hatte, fragte: „Warum läufst du denn zu Fuß?" „Muss ich wohl", sagte Hans, „ich muss ja den Klumpen Gold heim zu meiner Gretel tragen." „Weißt du was", sagte der Reiter, „lass uns tauschen!" Und er stieg ab. „Wenn's recht geschwind gehen soll", sagte er, „musst du nur mit der Zunge schnalzen und hopp, hopp, hopp rufen." Da stieg Hans auf und ritt mit Windeseile davon. Immer schneller und schneller, bis Hans sich nicht mehr im Sattel halten konnte. Das Pferd warf ihn ab, und Hans lag im Straßengraben. Gott sei Dank kam gerade ein Bauer vorbei, der seine Kuh auf die Weide trieb. „Nie wieder", rief Hans, „steig ich auf so einen Gaul, der einem die Glieder bricht. Was habt Ihr es fein mit Eurer Kuh. Die trabt gemächlich dahin und gibt Milch, Butter und Käse dazu. Was gäb ich drum, wenn ich so eine Kuh hätte." „Tauschen wir", sagte der Bauer. Hans war es recht. Er trieb die Kuh vor sich hin und dachte an all die gute Milch, die Butter, den Käse und daran, dass er sich von nun an nur Brot dazu kaufen wollte. Es war heiß, Hans war müde und abends war er hungrig. „Jetzt will ich sie melken", dachte er und machte sich an die Arbeit. Doch so sehr er sich mühte, die Kuh gab keinen Tropfen Milch. Hans zog an den Zitzen, er zog und zog, bis das arme Tier ihm mit den Hinterfüßen einen solchen Tritt versetzte, dass Hans gar nicht mehr wusste, wo er denn war. Bis er aufwachte. Da saß einer neben ihm, der ein Schwein an einem Strick hielt. Der gab ihm ein Speckbrot zu essen und eine Flasche Wein dazu. Hans erzählte ihm die ganze Geschichte. „Klar", sagte der Mann, „die gibt keine Milch mehr, so eine uralte Kuh." Aber Fleisch gibt sie schon, dachte Hans, doch was für eins. Trocken und zäh. Nein, so ein Fleisch mochte er nicht. Da war ihm ein saftiger Schweinebraten lieber. So tauschten die beiden Schwein gegen Kuh. Gestärkt und froh ging Hans seines Weges, bald, ja bald würde er zu Hause sein. Gretel zählte bestimmt schon die Tage, denn sieben Jahre wollte sie auf ihn warten, aber keinen Tag mehr. Das hatten sie einander versprochen.

Ein Bursch gesellte sich zu ihm, der trug unterm Arm eine weiße Gans. Hans erzählte ihm von seinem Glück, wie er doch immer so vorteilhaft getauscht hätte. Und der Bursch erzählte, für wen die Gans bestimmt war. Für das Tauffest von einem Kindlein. Hei, sollte das bei dem Festschmaus aber zugehen. „Heb mal", sagte er zu Hans, „wie schwer die Gans ist. Und fühl doch, wie fett." Hans hob sie, sie war handlich und fühlte sich fein an. Und schon sah er seine Gretel und sich in einem knappen Jahr, wie sie voller Glück ein Kindlein tauften. Aber er hatte auch Freude mit seinem Schwein. „Auch mein Schwein ist rund und fett" sagte er. Doch der andere runzelte die Stirn. „In dem Dorf, in dem ich grad war, ist dem Dorfschulzen ein Schwein gestohlen worden. Sie suchen es überall. Ich fürchte, ihr habt es in der Hand." Da ward dem Hans bang, und froh war er, als der Bursche mit dem Schwein davonging und ihm die Gans überlassen hatte.

Im nächsten Dorf, das dem seinen schon ganz nahe war, hörte er einen Scherenschleifer singen. Er stand da mit seinem Karren und pries seine Arbeit an. „He", sagte Hans, „Ihr seid aber lustig. Geht es Euch so wohl, weil das Schleifen Euch Spaß macht?" „Nein", jauchzte der Scherenschleifer, „weil das Handwerk goldenen Boden hat." Jedes Mal, wenn er in die Tasche greife, so sagte er, klimpere darin das nützliche Kleingeld. Wie man dazu komme, wollte Hans wissen. „Nun, wenn Ihr als Schleifer anfangt." So reichte ihm Hans die Gans und nahm den Schleifstein und noch einen Feldstein dafür. Die lud er sich auf die Schultern und zog glücklich dahin.

Müde war er nun, ihn plagten Hunger und Durst. An einem Feldbrunnen bückte er sich, um Wasser zu trinken. Da fielen die Steine hinein. Als Hans sie mit eigenen Augen versinken sah, sprang er vor Freude auf. Von allen Lasten befreit, lief er über Stock und Stein, hin zu dem Häuschen, wo seine Gretel auf ihn wartete.

05

Nachhaltigkeit
für Genießer

05

Woher der Begriff „Nachhaltigkeit" kommt

Der Begriff „Nachhaltigkeit" kommt aus der Holznutzung. Den alten Römern war Nachhaltigkeit noch egal. Sie beuteten ihre Provinzen aus und holzten den gesamten Mittelmeerraum ab. Erst im Mittelalter gaben vorausschauende Landesfürsten Anweisungen zum schonenden Schlagen von Holz, damit die Vorräte nicht knapp wurden. 1713 verwendete der kurfürstlich-obersächsische Oberberghauptmann Hans Carl von Carlowitz in seiner „Anweisung zur wilden Baumzucht" erstmals den Begriff „Nachhaltigkeit". Die Schmelzöfen für Erz und Glas verschlangen Unmengen von Holzkohle, die von den Köhlern in den Wäldern erzeugt wurde.

Um der Holzknappheit vorzubeugen, bemühten sich die Forstwirte, Engpässe in der Holzproduktion durch den Anbau von schnell wachsenden Fichtenmonokulturen entgegenzusteuern, bis sie nach Windwürfen und Insektenbefall draufkamen, dass der ursprüngliche, gesunde Mischwald mit seinen in nördlichen Regionen langsam wachsenden Harthölzern auf lange Sicht doch der bessere ist.

Die Artenvielfalt der Pflanzen festigt und verbessert den Boden, sie lässt es zu, dass sich eine Vielfalt von Tieren ansiedelt. In Monokulturen gibt es diesen Kreislauf nicht. Deshalb hat der Begriff der Nachhaltigkeit, der ursprünglich nur sicherstellen sollte, dass gleichviel Holz nachwächst wie geschlägert wird, heute eine andere Bedeutung. In einem nachhaltig bewirtschafteten Wald gibt es die unterschiedlichsten, für den jeweiligen Standort geeigneten Baumarten, zwischen denen

Das BIP misst alles, außer was das Leben lebenswert macht.

ROBERT KENNEDY

auch tote Bäume herumstehen. In ihnen leben die Ameisen, das lockt den Specht an.
Die aus Tannennadeln und anderen Resten bestehenden Haufen, in denen die Waldameisen sowie Vögel, die von Insekten leben, wohnen, sind die besten Indikatoren für einen gesunden Wald, in dem Rehe und Hirsche eigentlich nur den Jägern dienlich sind. „Nachhaltigkeit" in der Ökologie bedeutet, dass die Natur nur im Rahmen ihrer Regenerationsfähigkeit genutzt werden soll, dass nicht erneuerbare Ressourcen sparsam genutzt werden, die Absorptionsfähigkeit der Umwelt für Schadstoffe nicht strapaziert wird und große, technische Risiken nur dann in Kauf genommen werden dürfen, wenn sie kalkulierbar sind.

Holz aus nachhaltiger Forstwirtschaft

Als Baustoff ist Holz ideal, da es während seines Wachstums mit Hilfe der Sonne CO_2 bindet. Erst wenn Holz verbrennt oder vermodert, gibt es das CO_2 wieder ab. Man sollte darauf achten, Holz aus nachhaltiger Forstwirtschaft zu verwenden. Das ist in unseren Breitengraden nicht schwierig, Jahr für Jahr wächst mehr Holz zu als verbraucht wird. Beim Tropenholz ist es anders, hier bedarf es strenger Kontrollen. In den Sechzigerjahren waren Tropenhölzer schick. Wer es sich leisten konnte, kleidete sein Büro, sein Wohnzimmer oder das Entree in Palisander-Furnier aus, der Tisch war aus massivem Ebenholz. Dann kamen die Nachrichten aus dem Regenwald, aus dem die Baumriesen für unsere Geschmacksverirrungen stammten. Voll schlechten Gewissens blickte ich auf meinen englischen Sekretär aus Mahagoni. Er stammte zwar aus England und der Baum dafür musste schon im 18. Jahrhundert fallen, dennoch schämte ich mich, denn mir war klar: Kein im Amazonas oder in Nigeria für meine Extravaganzen gefällter Baumriese wächst wieder nach. Heute kommt das tropische Teakholz für die schönen Gartenmöbel aus nachhaltiger Forstwirtschaft. Achten Sie auf die Produktinformation! Diese Möbel dürfen im Freien überwintern und tun jahrzehntelang ihren Dienst, wenn sie wetterfest verarbeitet sind. Sie halten durch Holzverbindungen zusammen, Stirnholz ist nicht sichtbar, so dass kein Wasser eindringen kann. Heimische Hölzer müssen nicht aus nachhaltiger Forstwirtschaft stammen, wir haben heute mehr Wald als in der Vergangenheit, Tendenz wachsend. Noch liegt es in der Freiheit eines jeden Waldbauern, ob er in Monokulturen teure Windwürfe und Borkenkäferschäden riskiert oder nachhaltig einen gesunden Mischwald für die nächsten Generationen wachsen lässt.

Alpenländisches Lärchenholz ist – wie kanadisches Zedernholz – ideal für den Außenbau, weil es ein Harz enthält, das für die Eigenimprägnierung sorgt. Man verwendet es auch zum Decken rustikaler Dächer. Langsam gewachsene Nadelhölzer und Zirben sind teurer, sie haben fest eingewachsene Äste, was sie widerstandsfähig macht. Schnell gewachsene, preiswerte Hölzer haben große Poren und Äste, die herausfallen, man muss sie immer wieder imprägnieren, wenn sie mit Feuchtigkeit in Berührung kommen. Jede Holzart eignet sich für etwas anderes: Verwendet und verarbeitet man Holz artgerecht, so ist es doppelt nachhaltig, weil seine Erhaltung und Pflege wenig kosten wird.

Veränderungen

Früher war manches leichter. Die Ansprüche an die Partnerschaft, an das Wohlbefinden, an den Wohnkomfort waren geringer, und wer „genug Holz bei der Keusche" hatte – was man auch sehen konnte, wenn das Brennholz an der Außenmauer eines Hauses hübsch geschlichtet war –, konnte sich sicher wähnen. In der Speisekammer lagerten die Gläser mit dem Eingemachten und im Keller der Most. Nun, heute sorgt man auch anders vor, mit High-Tec. Man packt sein Haus ein, verwendet die Sonne zum Erwärmen des Brauchwassers, zur Unterstützung der Beheizung oder gar, um Solarstrom zu erzeugen. Man erzeugt Wärme aus dem eigenen Abfall oder aus Biogas im Dorfverband oder im Stadtviertel. Man baut sich ein Passivhaus oder ein Niedrigenergiehaus, das Wärme aus der eigenen Wärme erzeugt, aus Erdwärme oder Tiefenbohrung. Man sorgt für ein komfortables Dasein in einem wohligen Haus vor, meist mit Strom, der wenn möglich aus Wind-, Gezeiten- oder Wasserkraftwerken bezogen wird. Jede Pellets-, Holz-, Gas-, Öl-, Sonnen-, Luft-, Erd-Zentralwärmeanlage braucht nämlich Strom, damit sie funktioniert.

Mit dem Lebensstandard ist auch der Standard der Nachhaltigkeit gewachsen, das klingt paradox, versteht man doch unter Nachhaltigkeit vornehmlich Verzicht auf Belastendes, Überflüssiges und Schädliches. Wer konservativ ist, wer bewahrt und alles macht „so wie früher", schadet der Umwelt nicht, doch er gehört zu einer rar werdenden Spezies. Wie die Fischer auf der Insel. Ihnen genügt eine kleine Pension für die Geldbörse, ein Holzherd in der Küche, ein Tisch im Gasthaus zum Kartenspielen und ein altes Boot mit einem sparsamen 3-PS-Motor. Sie leben tatsächlich wie der Fischer aus dem Märchen „Der Fischer und seine Frau". Wenn nicht Ilsebill wäre, die Frau des Fischers. Sie ist die, die „mehr" will: Zuerst will sie ein komfortableres Leben und danach Macht. Bis sie dem lieben Gott in die Quere kommt und es ordentlich kracht.

Ich kann Ilsebill aber verstehen. Sie will etwas anderes, weil sie mit ihrem Los nicht zufrieden ist. Sie darf dem Fischer bei seinem Glück immer nur zuschauen. Frauen sollten ihren eigenen Weg zum Glück gehen, dabei brauchen sie ihrem Ehemann nicht in die Quere zu kommen. Wie meine Nachbarin am Lande! Um sich ein wenig Luft von ihrem Ehemann, der sie zu sehr liebt, zu verschaffen, geht sie einmal pro Woche den Berg hinunter in die Stadt, das sind zwölf Kilometer. Dort besucht sie die Konditorei und einmal im Monat den Frisör. Dann wandert sie wieder nachhause. So verbringt sie seit vierzig Jahren ihren geheiligten „Ich"-Wochentag. Sie braucht so wenig zu ihrem Glück, und sie braucht die grünen technischen Errungenschaften wie Wärmepumpen, Solarstrom und Windenergie nicht. Zwar lebt sie nicht mehr so wie vor fünfzig Jahren, doch sie verwendet noch heute zum Zubettgehen eine Wärmeflasche, die sie abends mit heißem Wasser füllt. Sie erzählt, dass dies für sie schon ein Fortschritt ist, denn ihre Eltern verwendeten noch eine Bettpfanne, das war eine Kupferpfanne mit einem langen Stiel aus Holz, in die man im Ofen heiß gemachte Steine legte. „Oder Kirschkerne", erzählt sie. Tausend heiße Kirschkerne haben in Summe eine riesige Oberfläche und wärmen das Bett die ganze Nacht.

Tipps

Tipps für einen nachhaltigen Lebensstil im 3. Jahrtausend

- *Fahrrad fahren statt mit dem Auto fahren*
- *Zuhause arbeiten statt zig Kilometer pendeln*
- *Carsharing – „Auto teilen" statt Auto-Besitzen und auch sonst mehr tauschen, teilen, mieten*
- *Bahnfahren statt Auto fahren*
- *In der Heimat Ferien machen statt in ferne Länder fliegen*
- *Qualitativ hochwertige und reparierbare Güter kaufen statt Wegwerf-Ramsch*
- *Weniger als zweimal Fleisch pro Woche essen, dafür viel Gemüse*
- *Fisch und Fleisch von Tieren kaufen, die artgerecht gehalten und gefüttert wurden, statt Fleisch aus Tier-Fabriken*
- *Nahrungsmittel aus der Region und der Jahreszeit entsprechend kaufen statt Erdbeeren im Winter*
- *Gemüse im eigenen Garten pflanzen, und wenn es nur Kräuter am Balkon sind*
- *Abfall sortieren, besser noch: Abfall vermeiden*
- *In der Freizeit wandern, Fußball spielen, lesen, gärtnern, faulenzen, Rad fahren*
- *Bei Kleidern, Spielsachen, Sportgeräten nur das Nötigste kaufen*

Sind wir aber, wenn wir uns an diese Richtlinien halten, unabhängiger?
Eltern und Kinder stehen unter wachsendem sozialem Druck und enormen finanziellen Belastungen, seit Mobiltelefone, PCs, Mopeds, Sportgeräte und Markenware Selbstverständlichkeiten sind. Die Fixkosten zur Erhaltung des Lebensstandards explodieren. Um die Kosten fürs Telefonieren auf ein erträgliches Maß zu beschränken, hatten sich Bekannte, Eltern von zwei Kindern, für Wertkarten-Handys entschieden, womit die zehnjährige Tochter gut auskommt. Zwanzig Euro im Monat sind das Limit. „Um das Geld", sagte der freundliche Mobiltelefonverkäufer zur Mutter, „bekommen Sie schon den Superjugendtarif, in dem alles inkludiert ist." Der vierzehnjährige Sohn hatte sein Handy verloren und braucht nun ein Neues. Also kaufte Mami eins mit grenzenlosem Telefonieren zum Jugendtarif um zwanzig Euro im Monat. Dieser Tarif inkludierte aber die hohen Kosten des Herunterladens von Spielen nicht, denen der Junge nun verfallen ist. Fazit: nach drei Monatsrechnungen über 600 Euro sperrten ihm die Eltern das Telefon. Zwischen ihm und den Eltern herrscht nun Krieg. Beruhigen wird sich die Lage erst, wenn der junge Mann auszieht und sein eigenes Geld für Spielereien ausgeben wird.
Wer ist frei von Bill Gates und den genialen Werbefritzen oder den Beamten aus Brüssel? Letztere haben uns allen nun tatsächlich die neuen Energiesparlampen aufs Auge gedrückt. Wie die Alkoholiker in der Zeit der Prohibition ihren Alkohol, so kaufe ich seither Glühbirnenvorräte dort, wo sie noch käuflich sind. Zweihundert Glühbirnen der alten Art horte ich schon in der Kommode, die werden für die schönen, alten Luster, die schon meine Großmutter von Kerze auf Glühstrumpf umarbeiten ließ, wohl zwanzig Jahre lang reichen. Die neuen Sparglühwürmer sind gewöhnungsbedürftig, sie verlangen neues Design, neue Lampenschirme, für deren Erzeugung die Hersteller eine Menge Energie brauchen. Ich kenne niemanden, der von den Neuen begeistert ist und sie aus freien Stücken kauft, obwohl bewiesen ist, dass sie Energie sparen. Allerdings erst, wenn zig Millionen Menschen diese Lampen benutzen: dann wirkt es sich europaweit in der Energiebilanz aus.
Energiesparlampen benötigen nur ein Fünftel der Energie einer herkömmlichen Glühbirne. Der höhere Preis macht sich nicht sofort, aber später bezahlt. Und wie steht es mit den Halogenlampen? Der Stromverbrauch einer Halogenlampe liegt ein Drittel unter dem einer Glühlampe. Zum Ausleuchten eines Raumes sind deshalb mehrere Lampen nötig. Häufig werden auch Transformatoren benötigt, die rund um die Uhr Strom ziehen. Die einzig ehrliche Antwort ist deshalb: Verzicht!
Wird aus der Summe aller Energiesparlampen nun ein globales Energiesparen werden? Ich denke nicht. Haben wir auf Energiesparlampen umgestellt, werden wir ohne Skrupel zu Weihnachten unsere Einfamilienhäuser mit Energiesparlampen bekränzen, anstatt die Kerzen am Adventkranz anzuzünden, wofür bekanntlich vier Stück genügen. Spart man nämlich auf einer Seite was ein, so gibt man es auf der anderen aus. Und nur ein Heiliger gibt etwas auf, wenn er dafür nicht etwas anderes bekommt. Wer in der Welt des Konsumierens lebt, ist darin gefangen. Freiheit bringt nur der Ausstieg, auch, wenn es aus wirtschaftlichen Gründen vielleicht nur ein Teilzeit-Ausstieg sein kann.

Wer eine Antwort darauf „wie viel Erde verbrauche ich?" wissen möchte, überprüft seinen „ökologischen Fußabdruck". Als Basis für diesen nahm man die Fläche der Erde her, zog von ihr die Gebirge, Meere und Wüsten ab, übrig bleibt die nutzbare Fläche. das sind zur Zeit für jeden Menschen 1,8 Hektar. Um den Verbrauch zu berechnen, zieht man den häuslichen Energieverbrauch, die Ernährung, den Wohnort und das Transportmittel heran, das wir benutzen, weshalb Freaks die glücklich in großen Häusern am Lande leben, ihr Gemüse selber anbauen und alte Autos fahren, schlechter abschneiden als öffentliche Verkehrsmittel benutzende Großstadtmenschen in mit Fernwärme beheizten Kleinwohnungen.

Der ökologische Fußabdruck

Würden alle Menschen auf der Welt so leben wie der durchschnittliche Nordamerikaner, so bräuchte man für diesen Lebensstil fünf Planeten. Lebten alle wie die Schweden, so bräuchte man drei Planeten. Lebten wir wie ein Bangladescher, so kämen wir auch mit weniger als einer Erde aus. Dass heute durch die globale Vernetzung alle Kids der Welt gerne so leben möchten wie die Kids in den USA, ist Tatsache, auch wenn sie im Kino die Dschungelgeschichten von Mogli und Tarzan sehen.

Wie viel „Erde" verbrauche ich? Wer eine Antwort darauf wissen möchte, überprüft seinen „ökologischen Fußabdruck". Als Basis für diesen nahm man die Fläche der Erde her, zog von ihr die Gebirge, Meere und Wüsten ab, übrig bleibt die nutzbare Fläche, das sind zur Zeit für jeden Menschen 1,8 Hektar. Ist doch genug, werden Sie denken, doch es ist nicht so. Menschen in der westlichen Welt verbrauchen in ihrem Leben viel mehr. Um den Verbrauch zu berechnen, zieht man den häuslichen Energieverbrauch, die Ernährung, den Wohnort und das Transportmittel heran, das wir benutzen, weshalb Freaks, die glücklich in großen Häusern am Lande leben, ihr Gemüse selber anbauen und alte Autos fahren, schlechter abschneiden als öffentliche Verkehrsmittel benutzende Großstadtmenschen, die in Fernwärme beheizten Kleinwohnungen mit Home-Office gerade die x-te Beziehung abbrechen.

Kerzen-Meditation

Die Flamme einer Kerze wirkt anders als das Licht einer Glühlampe, ob sie nun Energie spart oder nicht. Wer will schon in eine Glühlampe starren? Wer müde Augen hat und sich etwas Gutes tun will, der sollte es jedoch mit dem Licht einer Kerze versuchen. In Indien nennen sie es „Kerzen-Meditation", sie ist eine Wohltat für Körper und Seele. Man zündet eine Kerze an und blickt in die Flamme, die ungefähr einen halben Meter vom Gesicht entfernt ist. Man hält ein Auge zu und konzentriert sich mit dem offenen Auge auf das Flackern, versucht es festzuhalten, zu „fotografieren". Man schließt das Auge und behält das Bild, so lange es geht. Dann macht man dasselbe mit dem anderen Auge, bevor man mit beiden Augen in die Flamme schaut, um das Bild zu behalten. Wunderbar wirkt die Meditation abends, bevor man schlafen geht.

Das Öko-Ich

Erinnern Sie sich, wie es auf unseren Straßen aussah, als es noch keine Mülltrennung gab? Wie wir das Jausenpapier und die Bananenschalen aus dem Fenster des fahrenden Autos warfen, was auch Vater tat, wir Kinder sowieso, die Mutter schimpfte. Sie war die Einzelne, die aus eigenem Empfinden niemals Mist auf die Straße warf, doch unserem Vater fehlte das Öko-Ich. Er stand für die Masse, und für die Masse führte man die erhöhten Müllgebühren ein.

Erinnern Sie sich, womit man mit Nachhaltigkeit punktete, als der PC aufkam? Es hieß: „Endlich Schluss mit dem Papierkram!" Mitnichten. Heute verbrauchen wir weltweit schon viermal soviel Papier wie vor zwanzig Jahren. Und wenn es nur das Papier wäre, mit dem wir unsere Konsumgüter umwickeln, nur der Pappkarton, in den wir diese Güter stecken, bevor wir sie umwickeln! Unlängst musste ich einen neuen Staubsauger kaufen, da der alte, ein vierzig Jahre lang unverwüstlich gewesenes Erbstück meiner Großtante, kaputt wurde und die Reparatur fünfmal soviel wie der neue Staubsauger gekostet hätte. Der neue, „der flinke, kleine und leichte", wie die Werbung verhieß, war in einen Karton verpackt. Innen ruhten die einzelnen Kunststoff-Teile, jedes für sich in eine eigene Klarsichtfolie verschweißt, auf Schaumstoff. Als ich die Teile zusammen steckte, um das Gerät zu überprüfen, machte es einen Seufzer, ich denke, es bekam in meinem Haus am Lande beim ersten Atemzug schon zu viel Sauerstoff intus. Nun, es handelte sich um einen Produktionsfehler. Also brachte ich das Gerät – vierzig Kilometer auf der Straße – zum Verkäufer zurück. Sie tauschten es aus, die Verpackung ließ ich diesmal zur Entsorgung im Laden, soll sich doch der Hersteller um den Müll kümmern, den er verursacht. Wie viel der Staubsauger kostete? Nun, 42 Euro, Mehrwertsteuer inklusive. In den Laden fuhr ich übrigens mit meinem Auto, das, ähnlich wie mein alter Staubsauger, bereits vierzig Jahre alt ist. Warum, bitte, sollte ich es verschrotten oder austauschen? Es ist ein genialer VW Käfer ohne Katalysator. Er ist kinderleicht zu reparieren, weil er keine elektronischen Teile hat. Mit ihm kurve ich den steilsten Berg hinauf, ganz ohne Vierradantrieb. Sein Spritverbrauch ist hoch, aber ich nütze ihn nicht jeden Tag, vielleicht einmal pro Woche. Ja, ich behalte diesen Käfer und schaffe mir kein Hybrid-Auto an, weil es – noch – zu kompliziert ist.

Das Auto ist der größte Energiefresser. Jemand der mit dem eigenen Auto täglich zwanzig Kilometer in die Arbeit fährt, der die Kinder im Auto selbst zur Schule bringt und in einem „Normalhaus" wohnt, ist der größte Energieverschwender. Lebte er in einem Niedrigenergiehaus, aus dem er und seine Frau mit dem eigenen Auto zur Arbeit und in die Schule fahren, so ist er immer noch ein Energieverschwender. Einer jedoch, der kein eigenes Auto hat, sondern die öffentlichen Verkehrsmittel nutzt, ist ein Energiesparer, auch wenn sein Haus nicht tipptopp isoliert ist.

Wohin wir nur dauernd fahren, um uns das Leben leicht zu machen! Dabei sollten wir überallhin zu Fuß gehen. Sie könnten nie auf Ihr Auto verzichten? Verständlich, aber vielleicht versuchen sie es in kleinen Schritten.

Wer ein Öko-Ich besitzt, muss, sobald er in sein Auto steigt und mit ihm alleine durch die Gegend fährt, ein schlechtes Gewissen bekommen. Das wird kompensiert durch den Kauf von Bioprodukten oder Dämmplatten. Wir verheizen Pellets statt Holz direkt aus dem Wald und fragen nicht, wie viel Energie es braucht, um die Pellets herzustellen. Wir begnügen uns in der Großstadt brav mit einer Kleinwohnung und entfliehen der beengten Misere an verlängerten Wochenenden, indem wir in den Süden fliegen. Wir kommen uns ja sooo grün vor, wenn wir unser biodynamisches Müsli kauen oder ein Energiesparhaus wegen des Fernblicks mitten in die Natur setzen, doch wie grün sind wir wirklich?

Im Internet kann man den „ökologischen Fußabdruck" anklicken, eine Art Maßeinheit für Ihre und meine Umweltverträglichkeit. Probieren Sie's, stellen Sie fest, wie nachhaltig Sie leben. Sie werden sich wundern!

Ein Laib Käse ist der beste Umwelt-Indikator

Schafe brauchen frische Luft, Bewegung und Grünes zum Fressen. Sie fressen fettes Gras ebenso wie die Kräuter eines mageren Rasens, gut wird der Hartkäse aus Schafmilch aber nur, wenn die Nahrung stimmt. Sind zum Beispiel wilde Zwiebeln auf der Weide, dann schmeckt der Käse nicht, besteht die Weide nur aus grünen Gräsern ohne Kräuter und Blumen, kann es sein, dass der Käselaib statt zu reifen zu gären beginn. Auch bei Hartkäse aus Kuhmilch ist es ähnlich. Ein guter Parmesan entsteht nur aus der Milch von Weidekühen, aus der Milch von Silofutter fressenden Kühen gelingt er nicht. Das gilt aber nur für Hartkäse, der in natürlichen Verfahren und in erstklassigen Käsereien erzeugt wird. Man kann Käse aus jeder Milch, ja sogar schon ohne Milch künstlich erzeugen. Kaufen Sie deshalb Hartkäse aus biologischer Produktion, oder direkt am Berg beim Bauern oder der Sennerin.

Schafmilch ist besonders sensibel, sie nimmt Umwelteinflüsse direkt auf. Macht man aus ihr Frischkäse (Topfen), so merkt man noch nicht, wenn die Qualität der Nahrung nicht die beste ist. Das stellt sich erst im Laufe des Reifungsprozesses heraus. Auf meiner Insel gelingt es den Bauern nicht mehr, so wie früher, nur mit den Bakterien aus der Luft den Käse zum Reifen zu bringen. Schuld ist die veränderte Umwelt, obwohl es weit und breit keine Autos und keine Fabriken gibt. Niemand kann sich globalen Umweltveränderungen entziehen. Der ursprünglich magere Rasen wird durch den erhöhten Stickstoffgehalt in der Luft immer fetter. Auch weil es früh im Jahr zu warm wird, reift der Käse, in den alten steinernen Käsereien, ohne künstliche Kühlung, nicht mehr so langsam wie er soll; bevor er reif wird, ist er schon verdorben. Deshalb ist wohlschmeckender, milder Hartkäse aus unbehandelter Milch, auf natürliche Weise gereift, ein hochsensibles Produkt. Er ist der beste Umwelt-Indikator.

Sparsam speisen

Wenn Sie Nudeln kochen, dann schütten Sie das Kochwasser weg, nicht wahr? Nun, wenn Chinesen ihre Wan-Tans kochen, dann schütten sie das Kochwasser nicht weg. Sie trinken es als warme Brühe zu den Wan-Tans. In jedem Wan-Tan-Restaurant werden die köstlich schmeckenden, gefüllten Teigtaschen, von denen es viele Variationen gibt, mit dieser Brühe serviert. Man bestellt sich zum Essen kein Getränk, weder Wasser, Cola oder Bier. „Diese trübe Brühe, sie schmeckt nach Nichts", bemängelte ich diesen Brauch. Meine Begleiterin lächelte schockiert. Sie sagte: „Oh, doch. Im Kochwasser ist Energie drin, ein wenig Mehl, ein bisschen Salz. Diese Brühe wärmt den Magen und bereitet ihn auf das Essen vor." Und noch etwas lernte ich von ihr: Grünen Tee soll man bis zu sieben Mal aufgießen, weil er von Aufguss zu Aufguss besser wird. Nur nach dem ersten Aufguss schüttet man das Wasser weg.

Alternativen

Man kann eine Menge an Geld und Lasten sparen, wenn man nicht alles, was man nutzt, besitzen muss. Jede Stadt, die auf sich hält, hat auch eine Bibliothek, in der man sich Bücher leihen kann. Private Vereine errichten Tauschbörsen, auch in regionalen Radiosendungen bieten Menschen Dinge oder Arbeitsleistungen zum Tausch an. Das Internet ist fürs Tauschen eine ideale Plattform.

Ich weiß, viele Dinge möchte man sofort besitzen, zum Beispiel so einen tollen Pritschenwagen, mit dem man alles Mögliche transportieren kann: Holz, Bauschutt, einen Christbaum. Welch Unsinn, sich deshalb einen solchen Wagen gleich zu kaufen. Es genügt, wenn ihn einer hat. Dann borgt man ihn – gegen Bares oder Tausch – aus. In jeder Stadt gibt es Geschäfte, wo man Maschinen borgen kann: Rasenmäher, Bohrmaschinen, kleine Bagger, Fußbodenschleifmaschinen, Sägen, Hobelmaschinen. In jeder größeren Stadt gibt es Car-Sharing-Clubs. Man teilt sich den Wagenpark mit den anderen Vereinsmitgliedern. So hat man immer das Auto zur Verfügung, das man wirklich braucht: eine Limousine für den Ausflug mit der Schwiegermutter, einen Kombi zum Einkauf am Möbelmarkt und im Sommer ein Cabriolet, wenn man es gerne kühl um die Ohren hat. Auch Schi fährt man besser mit geborgten Bretteln, in den Geschäften sind immer die neuesten Modelle vorrätig. Und ist man einmal unterbeschäftigt, dann meldet man sich zum Talente-Tausch. Auch dafür gibt Plattformen im Internet.

Mieten und tauschen ist eine Alternative, die sich vor allem positiv auf die Brieftasche auswirkt. Wie oft kann man für den Preis der Anschaffung und Erhaltung eines Autos Taxi fahren? Und warum fahren wir dann nicht ausschließlich mit dem Taxi? Dahinter stecken Mechanismen, die für jeden anders sind. Man möchte ja nicht warten, sondern sofort fahren. Man möchte nicht mit einer fremden Person das Auto teilen. Man möchte unabhängig sein. „Alles hat seinen Preis", schrieb Epiktet. Auch die Freiheit.

In den USA, wo das Recht auf Glück in der Verfassung steht, als ob sich das Glück fassen ließe, ist es jedermann überlassen, seines Glückes oder Unglückes Schmied zu sein. Nordamerikaner sind flexibler. „Do it yourself", hieß es vor vielen Jahren, als die Heimwerkerbewegung in Amerika aufkam, die im Glauben gründet, dass ein jeder alles kann, wenn er es nur will. Auch ein Haus bauen, und zwar ohne Gesellen oder Meisterprüfung. Heute sind die Baumärkte in Europa der größte Marktplatz für das illegale Handwerk. Jeder schafft gerne etwas mit den eigenen Händen, und wenn es ein Haus ist, das fürchterlich aussieht: Er ist darauf stolz und hält es für das allerschönste. Wer dem Nachbarn beim Bauen hilft, dem hilft der Nachbar auch. Am besten getroffen haben es dabei die Handwerker. Ich kenne keinen Tischler, Elektriker, Spengler, Schlosser oder Zimmermann, der für die Arbeiten, die er selbst nicht macht, einem anderen Handwerker je etwas zahlt, weil eine Hand die andere wäscht, und zwar nicht mit Gefälligkeiten sondern mit Werken und Taten, die jeder fühlen und sehen kann. Ideal ist es auch,

wenn man zuhause einen handwerklich begabten Menschen an seiner Seite hat. Was man sich da alles spart! Enorme Summen! Und außerdem ist so ein Mensch ständig und gerne beschäftigt.
„The makers movement", so heißt die jüngste Bewegung in Amerika. Viele junge Leute haben die Büroarbeit am Bildschirm satt. Sie wechseln vom „white collar job" zum „blue collar job". Sie haben nun ein Werkzeug in der Hand, ein Stück Holz oder Metall, sie schrauben, nageln und nieten, und wenn das Ding fertig ist, funktioniert es sogar.
Nun, der Ton unter Handwerkern ist etwas rauer. Bei der Arbeit wird man schmutzig. Aber das Resultat ist sichtbar und fühlbar, die Arbeit befriedigender als jeder Büro-Job.

Alles hat seinen Preis.
EPIKTET

Das ideale Haus

Der als exzentrisch bekannte Schirennläufer Bode Miller hat eine interessante Lebensgeschichte. Er wuchs bei seinen Hippie-Eltern mitten im Wald auf. Sie waren Selbstversorger, schickten ihren Sohn in keine Schule und ließen ihn selber drauf kommen, wozu er Talent hat. Er probierte alle möglichen Sportarten aus, bis er als Vierzehnjähriger fand, dass Schifahren ihm am meisten taugt. Als Carl Zuckmayer mit seiner Familie nach Amerika emigrieren musste, zog er als Selbstversorger aufs Land, weil er sich das Stadtleben nicht leisten konnte. Er gewöhnte sich so an das unabhängige Leben in der Natur, dass er später, als er nach Europa zurückkam, wieder auf einen Bauernhof zog.
Es gibt ihn nicht, den typischen Selbstversorger, doch es gibt ihn immer wieder. Und auch Selbstversorger gehen mit der Zeit. In den Siebzigerjahren legten sie einen schwarzen Schlauch in Schlangenform auf das Dach ihrer selbst gebastelten Hütte aus Lehm und Holz und machten sich auf diese Weise ihr Warmwasser selbst. Heute kaufen sie für ihre Hausboote schwarze Müllsäcke mit einem Ventil und hängen sie in die Sonne. Ein Sack Warmwasser muss dann für einmal Duschen reichen. In den Siebzigern bauten Freaks nach Süden gerichtete Hauswände aus Bierflaschen, die wärmten sich tagsüber so auf, dass sie in der Nacht die Wärme in den

Innenraum abgaben. Auch Wintergärten kamen damals auf, sie hatten eine Glaswand, dahinter einen Raum mit dunklem Boden und dunkler Rückwand aus speicherndem Material. Alles wirkte provisorisch, die Richtung jedoch stimmte: Man nutzte Sonne, Wind und Abfälle bereits zu einer Zeit, in der die meisten „normalen" Leute noch glaubten, dass der Strom fast gratis aus der Steckdose kommt.
Heute, wo es auch der Selbstversorger gerne bequem hat, muss man schon einiges in die Technik investieren, um unabhängig von Scheich, Atomlobby und Gasprom zu sein. Welche Art der Energieversorgung man wählt, hängt davon ab, ob man neu baut oder etwas Altes umbaut. Für Erdwärmegewinnung braucht man ein Grundstück, das man völlig umgräbt, und Raumtemperierung mit der Sonne rechnet sich erst, wenn man die Heizschlangen im Boden oder in der Wand hat. Heizkörper brauchen zu hohe Temperaturen, die ihnen die Sonne allein nicht geben kann. Beim ökologisch toppfitten Neubau ist jedoch zu bedenken, dass jeder Neubau Landschaft verbraucht! Ist es nicht ökologischer, Altbauten zu sanieren?
Wie also sieht das ideale Haus für Selbstversorger aus? Der Bewohner soll sich darin entspannen, er soll sich wohlfühlen, er soll es genießen. Das geschieht, wenn all seine Sinne zufrieden sind! Die Räume sind wohl temperiert, das Haus ist hell und sonnig, das Raumgefühl stimmt. Das Haus hört sich gut an, und es riecht gut. Es ist wohnlich im Bad, und im Bett möchte man auch mal am Nachmittag versinken. Das Haus liegt in der Nähe vom Arbeitsort, am großen Küchentisch sitzt die Familie beisammen, ein jeder kann sich in seinen Raum auch zurückziehen. Das Haus ermöglicht Alleinsein, Zusammensein, Intimität und Familie. Es bietet den Bewohnern Sicherheit und Schutz. Gute, aber auch schlechte Zeiten möchte man in ihm verbringen.
Ein Selbstversorger-Haus für Genießer, das, auf heutigem Standard gebracht, der Thoreau'schen Hütte im Wald entspricht, kommt nicht ohne Strom aus. Es ist in Mitteleuropa aus unbehandeltem Holz, auch das Dach ist aus Holz, es versorgt sich mit Sonnenwärme und Solarstrom. Im Mittelmeer-Raum, etwa auf einer Insel, ist es aus Stein und nutzt neben der Sonne auch den Wind. Photovoltaik macht das Leben in den entlegensten Gegenden unabhängig und angenehm, sie ist teuer in der Anschaffung und es sollten nicht zu viele Geräte dran hängen. Für eine Almhütte jedoch ist die Kombination von Photovoltaik für die Stromgewinnung plus Heizung mit Holz ideal und besonders umweltfreundlich. Das Wasser stammt in einem Selbstversorgerhaus aus der Zisterne, wenn es nicht an einem Bach liegt. Die Fäkalien werden im modernen Plumpsklo biologisch aufbereitet und in geringer Menge am Feld verwendet, der Kompost kommt in den Garten. Ein ideales Selbstversorgerhaus muss nicht wie eine Almhütte oder ein mediterranes Steinhaus mit kleinen Fenstern und niedrigen Räumen sein, sollte sich jedoch von der traditionellen Bauweise etwas abschauen. Dort, wo die kalten Stürme her wehen, ist es geschlossen, wo die Sonne hinein lacht, offen. Der Eingang sollte im Süden sein und die Möglichkeit bestehen, auch Regentage oder sehr heiße Tage, beschützt durch ein Dach, im Freien zu verbringen.

Vorräte anlegen

Macht man vieles selbst, kann man sparen und zugleich gesund leben, darin liegt der Unterschied zum konsumorientierten Sparen mit abgelaufenen Fertiggerichten und Gummibrot aus dem Armeleute-Supermarkt. Die neue Armut findet man nicht in der Hütte am Land, sondern in der Gemeindewohnung in der Stadt. Möchte man sich mit Energie, Getreide, Gemüse, Eiern, Fleisch und Milchprodukten selbst versorgen und völlig unabhängig von Wirtschaftskrisen machen, so braucht man dazu Land. Und Zeit braucht man auch. Wer in unseren Breitengraden komplett unabhängig wirtschaften möchte, braucht eineinhalb Hektar. Bezieht man Fleisch und Fisch von außerhalb, genügen schon dreitausend Quadratmeter. Wichtig ist ein Haus mit Speisekammer und einem großen Keller, man braucht Platz für die Produkte aus der Vorratswirtschaft.

Vorratswirtschaft ist nachhaltiges Handeln in den eigenen vier Wänden. Außerdem macht Vorräte anlegen Spaß. Beginnend mit dem Sammeln von Gläsern und Flaschen mit Schraubverschluss bis zum Entwerfen von hübschen Etiketten, vom Sammeln der Kräuter, Pilze oder Früchte bis zum Einkochen im Dampf.

Dörren und Trocknen

Man trocknet an der Sonne, an der Luft im Schatten, im Backofen. Zum Luft- oder In-der-Sonne-Trocknen legt man die Teile auf ein sauberes Papier, ein Gitter oder fädelt sie auf. Äpfel, deren Kerngehäuse man entfernt, schneidet man in Spalten oder Ringe auf und vergisst, legt man sie zum Trocknen auf Papier nicht, das Ganze hie und da zu schütteln. Ebenso verfährt man mit Pilzen. Getrocknete Pilze kann man durch eine Kaffeemühle drehen und pulverisieren, diese Würzmischung ist sozusagen das sibirische Pendant zum Curry in Indien. Birnen müssen sehr reif sein, will man sie an der Sonne trocknen. Möchte man Hagebutten für Tee trocknen, so dürfen es auch die Reste vom Zubereiten einer Hagebutten-Marmelade sein, auch Früchtetees bestehen aus getrockneten Resten, die beim Einkochen abfallen. Aromatisch und süß, so, als ob sie kandiert wären, schmecken getrocknete Maulbeeren. Feigen und Trauben trocknet man in der Sonne auf einem Holzrost. Man verwendet dazu jene süßen Feigen, die ab Mitte August reifen. Die frühen Sorten eignen sich nicht zum Trocknen.

Gedörrt hat man früher Kirschen, Marillen und Zwetschken in einer eigenen Dörrhütte, die mit Holz befeuerte wurde. Heute gibt es Dörrgeräte, man kauft sie in jedem Baumarkt. Oliven trocknet man im Backrohr oder im Backofen langsam bei niedriger Temperatur. Sind sie eingeschrumpelt, wälzt man sie in grobem Meersalz, aber auch in Zucker und schichtet sie in Gläser ein. Bevor man Vogelkirschen, Heidelbeeren, Berberitzen oder Preiselbeeren im Backrohr bei 50 °C trocknet, setzt man sie zum

Vor-Schrumpeln auf einem sauberen Backpapier der Sonne aus. Getrocknete Preiselbeeren sind sehr gesund und ein vorbeugendes, fiebersenkendes Heilmittel, ebenso getrocknete Heidelbeeren. Sie stopfen bei Durchfall. Erbsen und Bohnen zu trocknen erinnert an „Krieg" und ist schon lange nicht mehr üblich. Normalerweise lässt man sie am Strauch trocknen, doch wenn der Herbst zu nass ist, kann man sie auch in den Hülsen an einen trockenen Ort legen. Auf meiner Insel in der Adria machen es die Leute immer noch so: Sie nützen ihren Dachboden als Trocknungsort. Hinauf in den dunklen Dachboden kommen Zwiebel, Knoblauch und Kartoffeln. Letztere treiben in trockener, dunkler Umgebung erst sehr spät aus. Zwiebeln und Knoblauch flechtet man zu Zöpfen und hängt diese am Dachboden auf.

Im Alpenland trocknet man Speck an der Luft, er braucht, wird er nicht geräuchert, einen hohen Fettanteil. Man verwendet den ganzen Bauch oder Teile davon, spritzt das Fleisch mit Knoblauchwasser ein, reibt Salz, Koriander, Kümmel und Wacholderbeeren ein und lässt das Ganze mit der Schwartenseite nach unten an einem kühlen, dunklen Ort liegen. Danach hängt man den Speck an einem luftigen, fliegenfreien Ort auf. Die Güte des empfindlichen, luftgetrockneten Specks hängt von dem ab, was das Schwein gefressen hat. Es muss das Beste vom Besten sein. An der Küste trocknet man Fische und Oktopus hinter einem Fliegengitter an der Sonne. Das Gitter hängt man auch an der Wäscheleine auf. Auch Obst, das gerne Insekten anlockt, sollte man zum Lufttrocknen hinter ein feinmaschiges Gitter geben.

Im Grunde gibt es fast nichts, das sich nicht zum Trocknen eignet, wie ein Blick auf asiatische Märkte zeigt. Dort, wo noch nicht jeder ein Tiefkühlfach besitzt, ist es die gängigste Methode, energie- und marktunabhängig für ein paar Monate versorgt zu sein.

Kräuter-Essig

Essig wird aus Obstabfällen, Most oder Wein gemacht. Man kann Kräuter und Beeren in Essig einlegen, um ihn zu aromatisieren, z.B. mit Himbeeren. Estragonessig schmeckt besonders fein. Dazu braucht man Weinessig, eine Mischung aus getrockneten Estragonblättern, Zitronenmelisse, Petersilie, Holunderblüten und Kerbel sowie Gewürze wie Neugewürz, Nelken, Pfefferkörner, Ingwer, Muskatnuss und Zitronenschale. Man gibt den Essig in eine große Flasche, gibt die Würzmischung dazu, bindet die Flasche zu und stellt das Ganze 4 Wochen in die Sonne. Danach seiht man die Gewürze ab und füllt den Essig in Flaschen. Die Menge der Gewürze variiert je nach der des Essigs. Hauptgewürz ist der Estragon. Richtlinie: 25 Büschel Estragon, 1 Holunderblüte, je 1 Büschel der anderen Kräuter, 10 Pfefferkörner und Nelken, ½ Muskatnuss und die Schale einer halben Zitrone auf 10 Liter Essig.

Senfgurken

Am Markt werden im Herbst zu sehr günstigem Preis schlanke, mittelgroße Gurken angeboten, die sich zum Einlegen als Senfgurken eignen. Man schält und entkernt sie, schneidet sie in Stücke, salzt sie ein und lässt sie 24 Stunden ziehen. Dann schüttet man kochenden Essig darüber, lässt die Gurken 24 Stunden stehen. Abtropfen und in Gläser schichten. Dazwischen gibt man ein paar Kren-(Meerrettich-)scheiben, Senfkörner, Schalotten, Knoblauchzehen und Lorbeerblätter. Nun gießt man kalten Estragonessig darüber, so dass das Ganze bedeckt ist. Man verschließt die Gläser mit Pergamentpapier. Die Senfgurken munden besonders, wenn man sie beim Anrichten mit Öl mariniert.

Sterilisieren

Erhitzte Nahrungsmittel, unter Luftabschluss aufbewahrt, sind haltbar. Man kann alles sterilisieren, Fleisch, Geflügel, Gemüse, Obst, Pilze. Zucker, Salz, Essig und Gewürze, die man dazu gibt, dienen nicht dem Konservieren, sondern nur dem Geschmack, deshalb kann man mit diesen Zutaten sparsam sein. Damit das Eingemachte nicht verdirbt, muss man peinlich sauber sein. Es gibt viele Patentgläser. Wichtig ist, dass man das Einmachgut in saubere Gläser füllt – man wäscht sie vorher heiß aus. Man bedeckt das Einmachgut mit Flüssigkeit, reinigt den oberen Glasrand, den Gummi und den Deckel. Alles muss trocken sein. Sterilisiert wird in einem eigenen Topf. Mit Klammern werden die Deckel hinunter gedrückt. Sie schließen, kühlt das Ganze ab, luftdicht.

Früchte, die sterilisiert werden, sollen einwandfrei und nicht zu reif sein. Man schichtet sie in die Gläser und übergießt sie mit Zuckerwasser – in Wasser durch Kochen aufgelöstem Zucker. Bei manchen Sorten, etwa bei Heidelbeeren, schichtet man den Zucker in Lagen zwischen die Beeren.

Viele Früchte schmecken auch gut zu Fleischgerichten. Man muss keinen oder nur wenig Zucker hinzufügen, im Gegenteil: gemischt mit Gewürzen, mit feinem Essig übergossen, können sie eine delikate Beilage sein, wie Essigpflaumen, Essigbirnen oder auch Kirschen.

Essigpflaumen

Große, nicht zu reife Pflaumen werden mitsamt den Stielen in die Gläser gefüllt. Darüber kommt eine Lösung aus 750 g Zucker auf 1 Liter Weinessig, mit Zimtrinde und Gewürznelken (in ein Mullsäckchen eingebunden) aufgekocht. Nach dem Erkalten die Lösung über die Pflaumen schütten und 10 Minuten bei 95 °C sterilisieren. Essigbirnen werden auf dieselbe Art gemacht.

Grüne Sauce – Salsa verde

Die zu gekochtem Fleisch herrlich schmeckende Sauce wird aus Kräutern hergestellt. Bohnenkraut, Borretsch, Estragon, Fenchelblätter, Kerbel, Pfefferminze, Gartenkresse, Sauerampfer passen gut. Man kocht 1–3 Eier hart, hackt das Eiweiß fein, verrührt den Dotter mit feinem Öl. Dann vermengt man alles mit den gehackten, pürierten Kräutern und bindet es mit Weinessig, füllt in Gläser und sterilisiert 30 Minuten bei 90°.

„Falsche Kapern" und echte Kapern

Hübsch ist die Kapuzinerkresse als Garten- aber auch Terrassenpflanze. Sie trägt orangefarbene Blüten und Früchte. Diese sind, wenn sie klein, fest und grün sind, ein pikant schmeckender Kapernersatz aus Mitteleuropa, da Kapern bekanntlich nur im mediterranen Raum, an den Mauern alter Gebäude, wachsen. Die Originalkapern blühen wunderschön. Die Früchte beider Pflanzen werden sauber gewaschen, mit Salz bestreut und 24 Stunden in einer Schüssel in einem kühlen Raum stehen gelassen. Tags darauf werden sie sauber abgewischt, in Gläser gefüllt und mit einmal gekochtem, erkalteten Weinessig übergossen, danach 10 Minuten bei 80 °C sterilisiert.

Kürbis wie Melone

Ein Wunder, diese Kürbisse. Ein Segen für Gemüsefreunde, man macht aus ihnen Suppen, Saucen, Nudeln, Gulasch – und auch Kompott. Für dieses passt – wie für die Gerichte – als Gewürz am besten Ingwer und Zitronenschale. Man schneidet die Kürbisse in Stücke und kann sie über Nacht in Essig einlegen, muss aber nicht. Man kocht sie in geläutertem Zucker, bis sie schön glasig sind. Dann lässt man das Ganze eine Woche mit einem Tuch bedeckt stehen. Danach füllt man sie in Einmachgläser und übergießt sie mit dem noch einmal mit Ingwer, Pfeffer und Zitronenschale aufgekochten Sirup, bevor man die Gläser sterilisiert.

Preiselbeeren

Geht man im Herbst auf eine Almwanderung, so wird man nicht die Einzige sein, die Preiselbeeren pflückt. Diese Beeren haben es in sich. Sie enthalten eine Menge Vitamine und geben jedem Wanderer, der zwischendurch eine Faustvoll frischer Früchte isst, Durchhaltekraft für die nächste Stunde. Natürlich gibt es die kultivierten Preiselbeeren, Cranberries, die eigentlich kultivierte Moosbeeren sind. Echte, kleine Preiselbeeren sind aromatischer. Früher konservierte man sie, indem man sie trocknete oder – wie Sauerkraut – einer Milchsäuregärung unterzog. In dieser Form enthalten sie Vitamin C in Maximal-Dosierung.

Gut verlesene, saubere Beeren werden mit Zucker vermischt und bei schwacher Hitze langsam zum Kochen gebracht. Auf 1 kg Beeren rechnet man 5 kg Zucker. Man lässt die Früchte einmal aufwallen, füllt sie in Gläser und sterilisiert 20 Minuten lang bei 90°C.

Fruchtsäfte

Wer gerne süße Säfte trinkt, sie jedoch „Natur pur" genießen möchte, wer an Fruktose-Unverträglichkeit laboriert und keine Fertigsäfte verträgt, der sollte sich seinen Fruchtgenuss selber machen. Es geht nichts über einen aus im Himbeergarten oder auf freier Flur selbst gepflückten Himbeeren erzeugten Himbeersaft. Oder über Traubensaft aus Isabella-Trauben. Und Holundersaft ist so leicht zu machen, dass man gerne auf den Kauf von Fertigprodukten verzichten kann.

Im Prinzip gewinnt man Fruchtsäfte, indem man den Früchten die konzentrierte, aromatische Flüssigkeit entzieht – durch Dampf, Auspressen, Stehenlassen mit oder ohne Zucker, Passieren und Stehenlassen, durch Übergießen mit kochendem Wasser, durch Stehenlassen unter Zusatz von Zitronensäure.

Am Köstlichsten sind kalt gerührte Säfte: Beeren werden zerdrückt, mit Wasser und Zitronensäure vermischt, nach 24 Stunden filtert man den Brei, fügt pro Liter Saft 750 g Zucker hinzu, gießt den Saft durch ein feuchtes Leinentuch in heiß ausgewaschene Flaschen und verkorkt sie.

Vergorene Beerensäfte mit Zucker

Zerdrückte Beeren lässt man mit einem Tuch bedeckt 5 Tage gären, dann gießt man die Flüssigkeit durch ein Tuch, gibt auf 1 Liter Saft 1 kg Zucker, lässt unter Rühren 5 Minuten kochen und aufschäumen, füllt danach in heiß ausgewaschene Flaschen ab, die man verkorkt und zu bindet oder versiegelt.

Am wenigsten Arbeit macht das Entsaften in einem improvisierten Dampfentsafter: In einen sehr großen Topf gießt man etwas Wasser, ca. eine Hand hoch, und legt einen Ziegel oder zwei Holzstücke hinein, auf die man einen kleineren Topf stellt. Über den Rand des großen Topfes spannt man ein Leintuch, das mit den Früchten und der entsprechenden Zuckermenge belegt wird. Dann schließt man den Topf mit einem passenden Deckel, so dass das Tuch festgehalten wird, doch so, dass man die Enden des Tuches oben zusammenbinden kann. Der Topf wird erhitzt, der Dampf entzieht den Früchten den Saft. Diesen füllt man in Flaschen, die man sterilisiert.

Es eignen sich dafür wunderbar Himbeeren, Brombeeren, rote Ribisel (rote Johannisbeeren), Erdbeeren mit Rhabarber, zerkleinerte Äpfel, Heidelbeeren, Kirschen, zerkleinerte Trauben. Weiche Früchte zuckert man eine Stunde vor der Zubereitung ein, auf diese Weise wird ihnen schon ein Teil des Saftes entzogen.

Aus dem Rest eingezuckerter und entsafteter Früchte kann man immer noch Marmelade kochen.

Marmeladen, Konfitüren, Gelees

Das wichtigste außer den Früchten und sauberen Gläsern ist ein Topf, in dem nichts anbrennt, ein Holz-Kochlöffel zum ständigen Umrühren, ein Schöpflöffeln zum Abschäumen. Je nach Frucht zerkleinert oder püriert man sie. Nach der Art des Zuckers, den man verwendet, richtet sich die Zuckermenge. Früher kochte man Marmeladen im Verhältnis Frucht:Zucker 1:1 ein, heute nimmt man eher das Verhältnis 1:½ oder, dank der Industrie 1:1/4. Früher nahm man Gläser und verschloss sie mit Zellophan, heute nimmt man Gläser mit Schraubverschluss. Wichtig ist, dass die Gläser sauber sind. Man stellt sie zum Einfüllen in das Becken der Küchenspüle, das fingerhoch mit Wasser gefüllt ist. Zum Einfüllen verwendet man einen Trichter, den man kaufen kann. Ich schneide ihn mir aus einer PET-Flasche, die ich „köpfe".

Mit Gelierzucker oder Gelierpulver geliert die Marmelade früher und besser. Man kocht sie nach Angabe und füllt sie heiß in die Gläser bis zum Rand, gibt das Zellophan drüber oder dreht den Schraubverschluss fest und stellt die Gläser dann auf ein Papier oder sauberes, nasses Tuch. Dann lässt man sie auskühlen. Während sie noch warm sind, wischt man sie sauber ab. Will man ganz sicher gehen, dass sie auch noch bis zur nächsten Generation halten, gibt man vor dem Verschließen etwas hochprozentigen Rum

auf die Oberfläche und zündet ihn an. So hat man die letzen Bakterien vernichtet.

Meine Lieblingsmarmelade ist die aus schwarzen Ribiseln (schwarzen Johannisbeeren), die meiner Kinder Erdbeer- und Marillenmarmelade, meine Mutter mochte, in Erinnerung an den Krieg, am liebsten ihre Vierfrucht-Marmelade aus Himbeeren, Kirschen, Ribiseln und Stachelbeeren, und weil mir die Früchte praktisch in den Schoß fallen, mache ich auf der Insel jedes Jahr Feigenmarmelade nach dem Rezept meiner Nachbarin.

Schwarze-Johannisbeer-Marmelade

Die Beeren entstielen, waschen, abtropfen, in ein Gefäß füllen, das man ins Wasserbad stellt. Hier kochen sie so lange, bis sie breiig geworden sind. Dann passiert man die Masse und kocht sie mit Zucker – 500 g auf 1 kg – bis zur Gelierprobe auf. Zur Gelierprobe lässt man ein wenig Marmelade auf einen Teller rinnen. Wenn die Masse nicht mehr rinnt, ist die Marmelade bereit zum Einfüllen.

Feigenmarmelade

Reife Feigen schmecken langweilig in der Marmelade, deshalb vermischt man sie mit Zitronen. Auf 70 dag Feigen kommen 30 dag Zitronen im Ganzen. Beides wird fein geschnitten und durch den Wolf gedreht oder auf andere Weise zerkleinert. Dieses Mus wird mit Zucker 1:1/2 bis zur Gelierprobe gekocht.

Lagern

Will man sich in Notzeiten selbst versorgen, so ist das Wichtigste eine Lagerung, die ohne Strom auskommt. Vergessen wir also den Gefrierschrank. Was man zur Lagerung braucht, ist Raum! Wobei wir wieder beim Luxus ankommen. Wir brauchen Räume, die kühl sind. Keller für das Frischgemüse und Obst, Keller für Getränke. Auch luftige Dachböden eignen sich gut: für Zwiebel, Kartoffeln, Speck und Würste. Das Eingemachte darf auch in einem Schrank lagern.

Gemüse überwintern am Besten im Erdkeller. In ihm gibt es ein Sandbeet mit ca. 30 cm hoch Sand, darin fühlen sich Karotten, Sellerie, Kren, Petersilienwurzeln, schwarze Rettiche, Schwarzwurzeln, Porree sehr wohl. Man sollte das Beet ab und zu gießen. Gemüse braucht es nicht allzu dunkel. Kellerfenster sollten, solange es keine Minusgrade gibt, offen sein und mit einem Gitter versehen, denn schon im Herbst kommen gerne die Mäuslein bei den Fenstern herein. Ist genügend Licht vorhanden, treiben die Wurzeln aus – Rüben, Petersilien Selleriegrün kann man auf diese Weise im eigenen Keller ziehen.

Aufgetürmt zu Pyramiden lagert man Rotkraut, schwarze und weiße Rettiche, weiße und rote Rüben.

Kartoffeln, die am besten am dunklen Speicher lagern, brauchen es trocken und müssen hie und da sortiert werden, um die faulen Exemplare zu entfernen.

Karfiol (Blumenkohl), aber auch Weintrauben hängt man verkehrt an einen Bindfaden, Kochsalat und Endiviensalat stellt man auf den Kopf.

Lagerobst soll von einwandfreier Qualität sein und bei zunehmendem Mond geerntet werden. Birnen und Äpfel sollte man in Papier packen oder zumindest so auf luftige Regale legen, dass sie einander nicht berühren. Die Temperatur des Lagerkellers sollte nicht unter 3 °C sinken und hie und da soll ein Keller gut belüftet werden.

Glücklich im Park

Bei einem Aufenthalt in Peking verlor ich meinen Pass und es sollte eine Woche dauern, bis ich mein Visum für die Weiterreise bekam. Ich wollte mir doch das ländliche, das schöne China im Süden ansehen. Nun saß ich fest in der ödesten Megastadt dieser Welt. Ich war schon öfter in Peking gewesen, mein Sohn arbeitet hier. Unter seiner Wohnung im dreißigsten Stockwerk breitet sich das unendliche Betonmeer der Stadt aus, über ihm der ewig graue Himmel. Schalldichte Fenster sperren den dröhnenden Verkehrslärm aus. All der glänzende Marmor, der dem Bau jenen Hauch von Luxus verleiht, der in der neuen chinesischen Gesellschaft erstrebenswert ist, ist bei näherem Hinsehen aus Kunststoff.

Als ich das erste Mal in Peking war, fuhren die Menschen Rad, Millionen Menschen fuhren am Morgen mit dem Rad zur Arbeit in die Fabrik und am Abend in ihre Wohnungen zurück, nicht ohne sich am Markt mit Chinakohl einzudecken. Bei meinem nächsten Besuch in den Neunzigerjahren fuhren schon Privatautos auf den Straßen, es gab jeweils zwei Fahrbahnen, eine für die Fahrräder, eine für die Autos, und auf beiden war der Verkehr fließend. Heute sind die Fahrräder noch nicht verschwunden, doch muss man aufpassen, sich beim Radfahren in Peking nicht zu vergiften, deshalb tragen all jene, die sich noch kein chinesisches Kleinauto – eine Art „Volkswagen" um dreitausend Euro – leisten können und in die Pedale treten, einen Mundschutz.

In zwanzig Jahren wuchs diese Stadt ins Gigantische und sie wird weiter wachsen, sie liegt in einer wüstenähnlichen Ebene, kein Berg, kein Fluss, kein See begrenzt sie. Der an Feiertagen von Millionen besuchte See beim Palast der Kaiserin ist künstlich. Bald ist der Plan, das Wasser vom Süden Chinas nach Peking zu pumpen, Realität, und die ewigen Gletscher Tibets werden noch lange ihr Schmelzwasser in die Flüsse im Reich der Mitte schicken. Sechs Autobahnringe durchziehen die Stadt in Etagen, der Verkehr fließt, vorbei an den Fenstern der neuen Büros, wo die Underdogs vor ihren Computern sitzen. Wer auf sich hält, residiert über dem dreißigsten Stock, wer oben ist, der sitzt auch oben. Deshalb gibt es für Geschäftsanbahnungen ganz oben kurzfristig Büros zu mieten, um beim Kunden gleich Eindruck zu machen. Platz zwischen den Hochhäusern ist genug, weil die Stadt schon in Maos Zeiten breite Boulevards für die Aufmärsche der Massen bereithielt.

Erst seit den olympischen Spielen 2008 gibt es ein Netz von U-Bahnen. Sie sind die modernsten der Welt, voll überwacht, klimatisiert, sauber wie Operationssäle, auch in der Rush-Hour am Morgen und am Abend nie überfüllt, weil die Menschen diszipliniert in der Reihe warten. Für die Züge, die Pekings arbeitende Bevölkerung in die Umgebung bringen, gibt es Platzkarten und Warteräume. Wenn der Zug voll ist, fährt er ab. Die Lenkung der Massen funktioniert wie am Schnürchen. Kritisch wird es, schwimmt man gegen den Strom. Allein das Überqueren der Straße, auch an den Ampeln, ist lebensgefährlich. Nicht der Fußgänger sondern das Auto hat in Peking Vorrang.

Eine Woche in dieser Stadt! Wie sollte ich es hier aushalten? Es war auszuhalten, und mehr

noch: Ich kehrte zufrieden und ein wenig beschämt nach Europa zurück. Denn auf Anraten meines Sohnes ging ich in den Park.
Es war eine Art von Park, wie es ihn in jedem Stadtviertel gibt. Ein Park, der für die Pekinger, die in kleinsten Wohnungen leben, erweiterter Wohnraum ist. Zwischen Baumalleen und Seerosenteichen gibt es Kiefernwäldchen und kurz gehaltene Rasenflächen, blühende Sträucher und Gräser, Felsformationen, Pavillons; und überall trifft man Menschen wie dich und mich, sie sehen nur ein wenig anders aus. Aus einem Transistorradio tönt Tanzmusik, Paare tanzen auf einem kleinen Platz, Dancing-Stars aus den Gemeindebauten schweben über den Kies, wiegen sich zu Tango, Rumba, Englisch Waltz, sie haben lange geübt und sie üben immer noch. Wie lehrt es uns Meister Lao Tse? Er lehrt, Dinge reifen zu lassen, nichts zu überstürzen. Im Schatten eines Pavillons singt eine Frau Peking-Oper, ein Mann begleitet sie auf einer Fidel. Es klingt fürchterlich in meinen Ohren, doch als ich sehe, wie andächtig die Zuseher den beiden lauschen, verzaubern die beiden Musikanten auch mich. Auf einem breit angelegten Kiesweg spazieren zwei Menschen rückwärts. Man sagt, Rückwärtsgehen verlängere das Leben. Ein Herr trägt seinen Singvogel im Käfig spazieren. Man sagt, der Vogel brauche frische Luft. In einem Wäldchen gibt ein älterer Mann Tai-Chi-Unterricht. Er trägt praktische, weite Hosen, ein zugeknöpftes Mao-Sakko und einen langen, dünnen Bart. In Zeitlupe bewegen sich Menschen in einer Gruppe, sie machen jede seiner eleganten, kraftvoll verhalten Bewegungen nach. Der Alte sei, erklärt mir ein Beobachter auf Englisch, ein berühmter Tai-Chi-Meister, jeden Tag ist er hier zu finden und viele Leute besuchen seinen Unterricht. Dafür zahlt man einen kleinen Beitrag. Chinas Staatsangestellte gehen früh in Pension, die meisten schon ab Fünfzig, doch danach rosten sie nicht. Sie lehren, helfen den Jungen oder machen sich als Volontäre für die Allgemeinheit nützlich. Es ist schön, sagte der Herr, wenn man in China alt wird.
Dem Nächsten etwas beibringen hat hier Tradition. Es beginnt früh, wie bei den zwei Kindern, die unter einer Schirmkiefer eine Art Kung-Fu üben. Der Bub ist vielleicht sechs, das Mädchen etwas größer. Er springt durch die Luft, zieht Beine und Arme an, streckt sie wieder nach vor, sie versucht es, zu zaghaft. Mit Geduld zeigt ihr der Kleine den Sprung immer wieder vor. Eine zarte alte Dame und ein junger Lehrer kicken sich einen Federball zu, unglaublich welche Energie die kleine Frau in ihrem Körper hat. Überall stehen selbst mitgebrachte Klapptischchen, an ihnen spielen zwei Männer Schach, drei oder vier kibitzen. Und überall in diesem, aber auch in jedem kleinsten chinesischen Park, ja, sogar an manchen Autobus-Stationen, stehen Turngeräte. Es sind robuste, einfache Fitnessmaschinen, Fahrräder zum Treten, Reckstangen, Geräte zum Schulterstrecken und Rückenstärken. Sie sind fix im Boden verankert und ich wünschte, sie stünden auch in Europa in jedem Park. Und da ich recht gut bin im Turnen, hatte ich bald eine Menge Zuseher, neue Freunde, Gratulanten. Bewegungen, die sie nicht kannten, machten sie nach. Sie zeigten mir ihre Übungen vor. Es waren ältere Damen in Hut und

Jeans, die, während sie ihre Muskeln stärkten, miteinander tratschten. Es waren gut gebaute Athleten im Trainingsanzug, mit Siebzig noch reif für den Roncalli-Circus. Es waren Businessmänner im Anzug, die ihre Aktentaschen neben die Rudermaschine stellten und wohl eine Arbeitspause für ihr Konditionstraining nützten. Als ich zum zweiten Mal herkam, kannten einige mich schon. Ich machte in der letzten Reihe beim Tai-Chi mit, keiner lachte über meine eckigen Bewegungen. Einige wollten wissen, wie alt ich bin, nur, um mir ihr Alter zu sagen. Wir bewunderten uns gegenseitig.

Nun gab es auch junge Leute an diesem Ort, Paare, die Kinderwägen schoben. Ihre Kinder übergewichtig, herausgeputzt wie Puppen, die Kinderwägen von der Marke Rolls Royce. In China gibt es genügend Probleme mit der neuen, der verwöhnten Generation. Seit einigen Jahren gibt es McDonald's, süßes Zeug, Schokolade und orangerot gefärbte Haare, aber draußen, nicht im Park.

Die Zukunft findet in Megastädten statt. In ihnen leben, das beweisen die den Öko-Konferenzen zugrunde liegenden Daten, die umweltverträglicheren Menschen, wenn sie so wie die meisten der älteren Pekinger leben: in kleinen Wohnungen. Sie fahren Rad und benutzen öffentliche Verkehrsmittel. Im Urlaub, in der Freizeit, in der Pension bleiben sie zuhause. Um der drohenden Welt-Erstickung an Abgasen zu entgehen, brauchen wir, so die Zukunfts-Architekten, mehr U-Bahnen und Grün in der Stadt. Auf die Idee, die Menschen wieder aufs Land, in die leer werdenden Dörfer und Städtchen zu schicken, kommt niemand.

Ach, wie schön ist es hier, sagen die Großstädter, wenn sie im Urlaub tief einatmen, Bergluft oder Seeluft genießen, Sonne, Aussicht auf die Alpen, das Meer, blauen Himmel, das Frei-Sein von Arbeitszwang und Erfolgsdruck. Ach, wie schön ist es hier, sagte ich, als ich nach Europa zurückkehrte. Die schönen alten Städte, die bezwingbaren Berge und klaren Seen, der Wohlstand! Natur, Kultur und Komfort. Und doch ist den Menschen, denen ich nach meiner Landung begegnete, die Unzufriedenheit ins Gesicht geschrieben. Keiner lächelte mich an wie Frau Zhie, die rückwärtsging, und keiner machte stolz seine Klimmzüge am Reck wie Herr Zhu.

Eine Rose ist eine Rose ist eine Rose …
(Gertrude Stein)

„A rose is a rose is a rose …" Keine künstliche Blume gleicht einer duftenden Rose. Gertrude Stein drückte die Unbeschreiblichkeit einer Rose auf ihre Weise aus, Hans Christian Andersen hat der Natur und den feinen Leuten, die sich zu weit von ihr entfernt haben, ein Märchen gewidmet. Es beginnt damit, dass ein armer Prinz der Tochter des Kaisers, die er zur Frau begehrt, seinen größten Schatz sendet: eine Rose vom Grab seines Vaters – die herrliche und einzige Rose, die der nur alle fünf Jahre blühende Strauch hervorbringt. Wie das Märchen ausgeht? Lesen Sie's. Andersen hat es für Kinder und für Erwachsene geschrieben.

Der Schweinehirt

Es war einmal ein armer Prinz; er hatte ein Königreich, das ganz klein war, aber immerhin groß genug, um darauf zu heiraten. Nun war es freilich ein wenig keck von ihm, dass er ausgerechnet zur Tochter des Kaisers sagen wollte: „Möchtest Du meine Gemahlin werden?" Aber es wollte es dennoch wagen. Auf dem Grabe des Vaters des Prinzen wuchs ein herrlicher Rosenstrauch. Der blühte nur jedes fünfte Jahr und dann trug er nur eine einzige Rose. Aber die duftete so süß, dass man alle seine Sorgen und seinen Kummer vergaß, wenn man an ihr roch. Die wollte er der Prinzessin schenken, und er ließ sie ihr zusenden. Als die Prinzessin und die Hofdamen das Paket sahen, klatschten sie voller Erwartung in die Hände, und als die herrliche, süß duftende Rose zum Vorschein kam, riefen sie: „Oh, wie niedlich die gemacht ist!" Und der Kaiser rief: „Sie ist bezaubernd". Aber als die Prinzessin die Rose befühlte, war sie nahe daran, zu weinen. „Pfui, Papa" rief sie, „die ist nicht künstlich. Sie ist natürlich!" Und sie warf die Rose zu Boden. Natürliche Rosen galten nämlich als zu wenig vornehm. Natürliche Rosen gab es überall und so nahm sich niemand an diesem Tag die Mühe, die Rose näher zu betrachten. Mit dem Müll wurde sie weg gekehrt.

Mit dem nächsten Geschenk des Prinzen, einer Nachtigall, die die schönsten Melodien sang, verfuhr die Prinzessin ähnlich, nachdem sie bemerkte, dass der Vogel kein künstlicher sondern ein natürlicher Vogel war. „Wie ungebildet muss doch dieser Prinz sein, der eine natürliche Rose und eine lebendige Nachtigall schenkt" sagten die Hofdamen. Der Prinz bekam postwendend eine Abfuhr.

Aber er ließ nicht locker. Er beschmierte sich mit Dreck, verkleidete sich als Schweinehirt und bewarb sich am kaiserlichen Hofe um eine Arbeit, die er auch bekam. Er hütete die Schweine und fand genug Zeit zum Basteln. Zunächst bastelte er einen Kochtopf, der erstens eine Melodie, nämlich „Oh, Du lieber Augustin", spielen konnte und zweitens die Neugier befriedigen. Hielt man einen Finger in den Kochdampf, so konnte man sogleich riechen, welche Speisen auf jedem Herd in der Stadt zubereitet wurden. Auf diesem Topf kochte er, und als eines Tages die Prinzessin und ihre Hofdamen beim Schweinestall vorbeikamen und den Topf „Oh, Du lieber Augustin" spielen hörten, verspürte die Prinzessin den dringenden Wunsch, diesen Topf zu besitzen. Sie schickte eine Hofdame in den Stall, um den Preis auszuhandeln. „Zehn Küsse will ich dafür", sagte der Schweinhirt, das war so unverschämt, dass die Hofdame es zuerst gar nicht heraus brachte. Sie musste nochmal verhandeln, doch der Schweinehirt blieb bei seiner Bedingung. Nein, er wollte die Küsse nicht von den Hofdamen, „Igitt!" sagten diese, sondern nur von der Prinzessin. So ging es hin und her, bis sie ihn tatsächlich küsste. Sie bekam den Topf und einige Zeit später noch ein Schellenspiel, das der Schweinehirt als nächstes bastelte. Dafür musste sie ihm aber einhundert Küsse geben. Sie lehnte ab, doch dann siegte die Gier. Sie willigte ein, ihn zu küssen. Und, wie schon beim ersten Mal, stellten sich die Hofdamen davor, nicht ohne, eine über die andere gebeugt, der Küsserei zuzuschauen. Der Kaiser kam zufällig daher, und als er sah was da passierte, traute er seinen Augen kaum. „Packt Euch!", rief er und warf seine Tochter mitsamt dem Schweinehirten hinaus vor das kaiserliche Tor. Da stand sie nun und heulte und war furchtbar unglücklich, der Regen prasselte hernieder und wusch dem Schweinehirten die Schminke davon; und als er vor ihr stand, so jung und fesch wie er war, sagte er: „Einen ehrlichen Prinzen, der Dir die Rose und die Nachtigall schenkte, wolltest Du nicht haben. Aber einen Schweinehirten konntest Du für eine Spielerei küssen, das hast Du nun davon." Dann ließ er sie im Regen stehen und rauschte davon, weil nicht alle Märchen mit einem Happy-End aufhören.

Autoren:

Friederun Pleterski studierte Romanistik und Kunstgeschichte in Wien sowie Semiotik bei Umberto Eco in Bologna. Seit den 80er Jahren ist sie als freie Autorin und Journalistin tätig. Publikationen u. a. *Ein Haus in Dalmatien, Dalmatinisches Inselbuch*, im Christian Brandstätter Verlag erschienen: *Die Freuden des natürlichen Lebens, Wohnen mit allen Sinnen, Vom natürlichen Umgang mit der Zeit; Verzaubern und Verführen, Ich liebe dich wie du wohnst*. Friederun Pleterski lebt in Wien, in Kärnten und auf einer Insel in Dalmatien.

Renate Habinger besuchte die Höhere Graphische Bundeslehranstalt/Abteilung Grafik-Design in Wien, seit 1975 ist sie als Buchillustratorin und Grafikerin tätig. Zahlreiche Ausstellungen und Publikationen; im Christian Brandstätter Verlag erschienen u. a. (gemeinsam mit Friederun Pleterski): *Die Freuden des natürlichen Lebens, Wohnen mit allen Sinnen* und *Vom natürlichen Umgang mit der Zeit*. Zahlreiche Auszeichnungen, u.a. mehrfach den Österr. Staatspreis für Kinder- und Jugendliteratur.

Literaturhinweise:

- **Chic Simple:** *Clothes. A. Knopf, New York 1993*
- **Chic Simple:** *Home. A. Knopf, New York 1993*
- **Epikur:** *Philosphie der Freude. Briefe, Hauptlehrsätze, Spruchsammlung, Fragmente. Insel, Frankfurt/Main 1999*
- **Maximilian Fussl:** *Der Kampf der ersten lateinischen christlichen Autoren gegen Luxus und Vergnügungen. Dissertation, Wien 1968*
- **Adolf Loos:** *Ins Leere gesprochen. Prachner, Wien 1981*
- **Horst Mühlmann:** *Literatur, Luxus und Komfort. Wortgeschichte und Wortvergleich. Dissertation, Bonn 1975*
- **Bernard Rudofsky:** *Sparta/Sybaris. Residenz, Salzburg 1987*
- **Werner Sombart:** *Liebe, Luxus und Kapitalismus. Wagenbach 1992*
- **Henry David Thoreau:** *Walden. Oder Leben in den Wäldern. Diogenes, Zürich 1979*
- **Rüdiger Vischer:** *Das einfache Leben. Vandenhoeck & Ruprecht Studienhefte, Heft 11, Göttingen 1965*

Die einfachen Übungen von Seite 113 stammen von Else Neumann.